臺灣歷史與文化 研究輯刊

八 編

第 10 冊

台灣鸞堂的經營與發展：
以埔里昭平宮育化堂爲例

何 艷 禧 著

花木蘭文化出版社

國家圖書館出版品預行編目資料

台灣鸞堂的經營與發展：以埔里昭平宮育化堂為例／何艷禧
著 -- 初版 -- 新北市：花木蘭文化出版社，2015〔民 104〕
目 6+228 面；19×26 公分
（臺灣歷史與文化研究輯刊 八編；第 10 冊）
ISBN 978-986-404-436-8（精裝）
1. 寺廟 2. 民間信仰 3. 南投縣
733.08   104015137

ISBN- 978-986-404-436-8

臺灣歷史與文化研究輯刊
八 編 第 十 冊   ISBN：978-986-404-436-8

台灣鸞堂的經營與發展：以埔里昭平宮育化堂為例

作　　者　何艷禧
總 編 輯　杜潔祥
副總編輯　楊嘉樂
編　　輯　許郁翎
出　　版　花木蘭文化出版社
社　　長　高小娟
聯絡地址　235 新北市中和區中安街七二號十三樓
　　　　　電話：02-2923-1455／傳眞：02-2923-1452
網　　址　http://www.huamulan.tw 信箱 hml 810518@gmail.com
印　　刷　普羅文化出版廣告事業
初　　版　2015 年 9 月
全書字數　141131 字
定　　價　八編 29 冊（精裝）台幣 58,000 元

台灣鸞堂的經營與發展：
以埔里昭平宮育化堂爲例

何艷禧　著

作者簡介

何艷禧，台灣省南投縣人，民國 51 年生，民國 75 年畢業於私立逢甲大學財稅系，80 年 8 月正式成為國小教師，開始教與學的人生之路，99 年畢業於中興大學歷史研究所。

對台灣鸞堂的探討，是因為父親在很年輕時受到昭平宮育化堂鸞生的幫助和影響，從此投入了扶乩的生涯，改變了他的人生。父親人生觀的改變是引起我對台灣鸞堂研究興趣的重要原因。

喜好閱讀，尤其是文史類。踏入教育界，純然是為了讓患腦性麻痺的女兒有機會學習完整的體制內課程；不想她離群，希望她如一般人，有一樣的人際關係、一樣的社交生活、一樣的多采人生。

近年開始熱衷古道、小鎮的尋幽訪勝，尤偏好探訪大陸歷史名城和古鎮。

提　　要

台灣是個多元族群的社會，除了原住族群外，大量的中國移民更與之交織出一部台灣的開拓史，而民間寺廟在這樣多族群的互動中，往往扮演著相當重要的角色。清領時期，關聖帝君是台灣墾民的守護神，受文人士紳的影響，從防番的功能漸漸發展成鸞堂信仰。尤其日治時期鸞堂的戒除煙毒成效顯著，使鸞堂信仰漫延全台，形成了一鼓風潮，而這鼓風潮也吹進了內山的埔里盆地。

昭平宮育化堂所處之地，原是中部平埔族初入埔里聚居的區域，自創堂之初，即與周遭聚落有地緣及祖籍的多重關係。就鸞堂系統而言，昭平宮育化堂雖然發展成為中部重要的鸞堂，並自成一系統，但可確定其鸞法源自竹、苗的客家鸞堂，透過鸞堂間的相互交流，使其在台灣中部佔有一席之地。

本研究以昭平宮育化堂為核心，探討昭平宮育化堂與埔里地方社會間的關係，並將其置於埔里社會發展的背景下，分析埔里地方社會的形成、昭平宮育化堂的興起及發展歷程；論究隨著時空背景的變換、社會經濟結構的轉型，昭平宮育化堂如何發展成為地方公廟，並從其歷史淵源、組織發展、祭祀活動和參與廟務的地方人士的探究中，剖析文人士紳在鸞堂中的角色，和如何讓鸞堂與地方發展相輔相成，以及昭平宮育化堂與埔里地方經濟活動間的關係。

埔里地方社會的繁榮，主要肇因於自然資源及人文資源的豐富。今日埔里地區的民間信仰，鸞堂仍佔有極重的分量，如何帶動地方產業的發展，昭平宮育化堂仍具有重要的作用，而透過昭平宮育化堂凝聚人心，激發居民的鄉土意識，創造出屬於埔里的地方特色，也是昭平宮育化堂因應永續經營之道。

謝　辭

　　研究所進修一直是求學生涯時的未竟之路，工作、成家後，這條路距離更遠了，直至小孩上高中、大學，能獨立自主，這條看似已無機會成行的路，卻突然敞開眼前，因此也就顧不上其他，慨然的走了上去。重做學生固然是一種幸福，但課業的壓力、體力的負荷，卻如影隨形，時時考驗著，尤其工作、家庭與學業之間如何取得平衡，更是夜深人靜尤需苦讀時，每每深思的問題。所幸這未竟之夢，仍是支撐我堅持下去的最大動力，研究所課程終是平安、順利的完成。

　　兩年多的研究生涯，眞眞感謝家人的體諒，除了包容我對家務的無法盡心盡力外，有時還得容忍我在不堪壓力下所爆發出來的莫名脾氣，父親更是常常爲了我的研究需要，以近 80 的高齡，到處幫我打聽、詢問，甚至帶著我蒐集資料、訪查相關人事；我的指導教授林正珍老師，更爲了怕我這半途入行的學生，不知如何田調、訪談，幾番親自帶著我實地操作，現在想來，這遲來的求學夢想，實在是有著很多幸福的陪伴。

　　這本論文能順利完成，除了對林老師、父親及家人的感謝外，還要感謝昭平宮育化堂許多鸞生的幫忙，尤其是前任董事長蔡茂亮先生、現任董事長黃冠雲先生、經理賴榮銹先生、會計詹淑芬小姐等，他們對於我的要求總是不厭其煩的提供幫助。另外也要感謝王志宇老師和孟祥瀚老師的指導，使論文中未能釐清與缺失的部分，能得到改進。

　　生命中的順境，總是要得到許多貴人的相助才能圓滿；逆境也是要靠許多貴人相挺才能突破，而同學們的精神支持和彼此的互勉，在這一場也許是個人求學生涯的期末考試中，被印證了是最佳夥伴，在這裡也一併感謝他們！

何艷禧

2010/12/10

目

次

圖目錄

第一章 緒 論

昭平宮育化堂位於埔里，大正元年（1912）創立，是主祀三恩主（關聖帝君、孚佑帝君與司命眞君）的鸞堂，與恒吉宮媽祖廟相鄰，透過台灣民間信仰中對神佛靈驗之信仰分享，而與埔里居民生活密切結合。本篇論文以「昭平宮育化堂的經營與發展」爲題，來探究埔里地區在開發過程中，關聖帝君如何從防番功能的角色，演變成以扶鸞〔註1〕降筆勸世爲特色的鸞堂信仰，並且在適應社會變遷的過程中，地方士紳文人又如何扮演領導與教化的角色？昭平宮育化堂在跨越日本殖民政府與國民政府兩個不同的時代時，又是如何面對和因應？

鸞堂信仰於清代隨著商人與士子往來於海峽兩岸而被帶入台灣，它是以扶鸞爲主要活動的一種宗教組織，早期參與者多以傳統文人士紳爲主，因其扶鸞之所在，被認爲是一個能與神佛相通的地方，故稱爲「鸞堂」。由於鸞堂中所施行之事以降筆造善書和勸誡爲主，所以又稱爲「善堂」、「聖門」、「聖教會」，日治時期則以「降筆會」稱之。〔註2〕王志宇根據「鸞堂」的內涵以及其扶鸞的儀式，認爲「鸞堂」這個名詞有廣狹二層的涵義，廣義的鸞堂泛指使用扶鸞進行神人溝通的組織，另一狹義的意義是指以三恩主信仰爲核心所發展出來的「儒宗神教」。「儒宗神教」的名稱於大正八年（1919）時由楊明機〔註3〕等人扶乩而出，其目的在統合台灣當時已存在同時供奉關聖帝君、

〔註1〕 扶鸞又稱扶箕、扶乩、揮鸞等，在扶鸞的過程中，神明會附身在正鸞生（或稱正乩生）的身上，寫出一些文字來傳達神明的想法，信徒通過這種方式與神佛溝通，以了解神佛的意思。

〔註2〕 臺灣慣習研究會，臺灣省文獻委員會譯編，《臺灣慣習記事第一卷（下）》（台中：臺灣省文獻會，1984），頁86～87。

〔註3〕 楊明機，光緒25年（1899）生於三芝，自稱十六歲開始扶鸞，而這年（1915）

孚佑帝君、玄天上帝、岳武穆王等恩主公信仰。〔註4〕楊明機派下的台中聖賢堂在所刊行的《聖賢真理》中曾說明「儒宗神教」的宗旨：「所謂鸞堂乃以儒為宗，以神為教，故曰：『儒宗神教』……藉神靈飛鸞闡教，題詩文以提醒人心，守三綱五常，……此乃鸞門揮鸞以宏揚孔孟道德……。」〔註5〕顯見鸞堂具有濃厚的儒家色彩。日治時期台灣的鸞堂由於協助戒除鴉片煙癮有顯著的成效，而在短短的幾年，傳遍全台，寫下台灣宗教史上特別的一頁。

第一節　研究動機與目的

　　埔里地區的開發受清廷「封山」禁令的影響，顯然晚於西部平原，但各種宗教的信仰隨著番漢開墾的腳步，卻也一步步的在這盆地上生根。受日治時期戒煙運動風潮的影響，關聖帝君從鄉土神轉而為知識份子藉降乩以戒煙害而受居民的信仰，鸞堂也隨之在埔里盆地蓬勃發展起來，昭平宮育化堂就在這樣的氛圍下，於大正元年（1912）由埔里居民倡議興建。大正四年（1915）西來庵事件發生，這是日治時期臺灣人藉宗教力量反抗日本統治的重要事件。此事件對往後各地鸞堂的活動及發展影響甚大，及至日治後期的皇民化運動，日人對臺灣的民間宗教信仰採取打壓的政策，許多民間信仰活動因此停辦或轉為地下活動，鸞堂的扶乩降筆也不例外。二戰後初期，埔里地區卻突然興起鍛鍊新乩、著造善書的風潮，尤其是昭平宮育化堂鍛鍊新乩、造善書的傳承不斷，甚至協助其他宮堂創建、鍊乩、著書等。〔註6〕昭平宮育化堂並非埔里地區最古老的廟宇，卻有能力發展成為重要的地方公廟，其中定有其特殊的原因，而探究昭平宮育化堂的發展緣由，正是本文研究的動機之一。因此本文以埔里地方社會發展為背景，以昭平宮育化堂為核心，研究其歷史淵源、發展變遷、宗教活動和參與堂務活動的地方人士，藉以了解隨著時空背景的轉換，在社會經濟結構不斷轉型下，昭平宮育化堂如何使其能夠持續

也正是西來庵事件發生之時，四年之後（1919），扶出儒宗神教法門。王志宇，《臺灣的恩主公信仰：儒宗神教與飛鸞勸化》（台北：文津出版社，1997），頁51～52。

〔註4〕王志宇，《臺灣的恩主公信仰：儒宗神教與飛鸞勸化》，頁31～32。

〔註5〕聖賢堂扶鸞著作，《聖賢真理》（台中：財團法人台灣省台中聖賢堂，2010），頁3。

〔註6〕康豹、邱正略，〈鸞務再興──戰後初期埔里地區鸞堂練乩、著書活動〉（水沙連區域研究學術研討會，國立暨南大學主辦，2008），頁2。

獲得多數居民的認同，而維持其寺廟地位不墜。

　　我的祖父何金輝與父親何肇陽都在很年輕的時候，便參與了鸞堂的活動，父親更在民國五十三年（1964）擔任昭平宮育化堂第二屆管理委員會的總務，而當時他的堂哥何肇欽擔任副經理一職。父親兄弟小學及中學時，正是日本積極推行皇民化時期，因此接受的是日本教育，戰後的高中課程改而接受國民政府的國語教育。對於傳統的漢文學，接觸的範圍和時間可說很短，但父親卻深受儒家思想的影響。不知是儒家思想使他進入鸞堂的信仰世界，亦或是鸞堂的教化宗旨使他一輩子以孔門子弟自居，總之，從和文到漢文，在這文化衝擊中，存在於民間隱性的固有道德信念，應是讓父親父子、兄弟認同台灣鸞堂活動意義的原因。因此，本研究也將探討參與昭平宮育化堂鸞堂活動中的士紳文人〔註7〕，探究促使這些地方菁英大量進入鸞堂信仰的可能因素，以及這些地方菁英如何藉由宗教的活動交織出地方社會的文化網絡，進而影響一般庶民百姓。

　　一直以來，中國的民間信仰多被視為與下層階級相關聯，但台灣的鸞堂活動因有文人士紳的積極參與而與其他的宗教信仰有所不同。在歷經了清領、日治、國民政府三個政權的更迭，台灣社會階層的流動和價值觀均發生了劇烈的改變。隨著教育的普及，傳統文人在地方上所能發揮的影響力已沒有過去那麼顯著，目前鸞堂重要的職務，一般民眾也漸漸能居於領導階層。今日，在科技高度發展、知識傳播快速下，台灣民間宗教逐漸具有「功利主義」色彩，〔註8〕各種宗教活動透過政治或商業包裝，吸納信眾。鸞堂的儒家性格在這樣的潮流下如何定位和找出發展的方向？透過對昭平宮育化堂歷史的研究，期望除了可以了解埔里鸞堂的發展過程外，或許也可以藉此對台灣民間宗教的發展進一步的探究。

第二節　研究回顧

　　關於臺灣鸞堂發展的研究，在日治時代就已開始，而當時由於鸞堂扶鸞

〔註7〕　本研究所稱的文人泛指日治時期通曉文墨、深具漢文能力者，士紳也不再是傳統士紳，而是具有經濟能力、學識且其職業是多元的，如商人、醫生、公職人員等。
〔註8〕　李亦園，〈台灣民間宗教的現代趨勢〉，《宗教與神話論集》（台北：立緒文化，2004），頁242～258。

戒煙的效果顯著，加上鸞堂的內部組織嚴密，被視為類似秘密結社的行為。台灣總督府一方面因鴉片專賣收入銳減，影響了總督府的財政收入，另一方面又恐鸞堂藉扶鸞祕密結社與抗日份子相互呼應，便由主管政治思想的高等警察查緝取締。〔註9〕鸞堂的資料最初就是因應日本殖民政府管理的需要，派遣日本警察調查所得。日人丸井圭治郎即利用這批資料，在其《臺灣宗教調查報告書》一書中，探討鸞堂的歷史、組織與戒煙儀式，他並認為鸞堂的扶鸞儀式類似巫覡行為。〔註10〕不過，當時也有日本學者，如增田福太郎等，並不認同這樣的看法。昭和元年（1925），增田福太郎為親自體驗台灣的宗教禮俗，在參訪宜蘭勉民堂、木柵指南宮等廟宇後，在《臺灣本島人の宗教》〔註11〕著作中，將鸞堂歸類為「儒教」類的宗教，李世偉在〈日據時期臺灣鸞堂的儒家教化〉一文中，即認為增田福太郎的分類可說相當準確把握了鸞堂的特質。〔註12〕除此之外，《台灣總督府公文類纂》〔註13〕和「台灣慣習研究會」的雜誌《臺灣慣習記事》第一卷〔註14〕，對於當時鸞堂的相關報導，也是研究日治時期台灣鸞堂活動和發展的最原始資料。二戰後，有關台灣鸞堂的研究中，王世慶利用《台灣總督府公文類纂》的資料寫了〈日據初期臺灣之降筆會與戒煙運動〉一文，探討鸞堂的傳入與在各地的發展概況，及其組織、經費來源和戒煙方法等，並根據澎湖一新社樂善堂鸞書《覺悟選新》的記載，〔註15〕認為台灣鸞堂的創設是咸豐三年（1853）由閩地傳入澎湖，再傳至台灣本島。〔註16〕宋光宇卻另有看法，他指出臺灣各地的鸞堂雖以澎湖為最早，但其源頭可能有兩個，一個是福建泉州，一個是廣東，後來由澎

〔註9〕 李世偉，《日據時代臺灣儒教結社與活動》，頁 234～235。

〔註10〕 丸井圭治郎，《臺灣宗教調查報告書》，卷 1（台北：捷幼出版社，2006），頁16～17。

〔註11〕 增田福太郎，《台灣宗教論集》（南投：台灣省文獻委員會，2001），頁 16。

〔註12〕 李世偉，〈日據時期臺灣鸞堂的儒家教化〉，《臺灣的民間宗教與信仰》（台北：博揚文化，2000），頁 98。

〔註13〕 《台灣總督府公文類纂‧元臺北縣》，明治三十四年，永久保存第四十六卷，第三門警察，高等警察，降筆會案卷。

〔註14〕 臺灣慣習研究會原著，《臺灣慣習記事》，明治三十四年（1901）起至明治四十年（1907）為止共刊行七卷。

〔註15〕 澎湖一新社樂善堂原名「普勸社」，創立於咸豐三年（1853），其社員大都為當地文人學士，光緒十三年（1887）改號「一新社」，十七年（1891）再開樂善堂，同年著書《覺悟選新》頒行勸世。

〔註16〕 王世慶，〈日據初期台灣之降筆會與戒煙運動〉，《清代台灣社會經濟》（台北：聯經出版社，1994），頁 421。

湖向北傳入宜蘭，成立喚醒堂和碧霞宮。〔註 17〕王見川則運用鸞書資料與日警調查報告互證，將鸞堂分成三大系統，一是由宜蘭喚醒堂分香而來的新竹宣化堂、淡水行忠堂系統；二是新竹明復堂系統；三是澎湖一新社系統。〔註 18〕鄭志明則將鸞堂的創設分爲南北兩宗，源於澎湖一新社，傳自泉州的爲南宗，北宗爲宜蘭新民堂系統。〔註 19〕王志宇則經由田野調查後，發現台中地區的鸞堂是自成系統，而整理出埔里「懷善堂系統」、「育化堂系統」、彰化「三興堂系統」和台中聖賢堂系統。〔註 20〕至於南部的鸞堂系統發展，上述學者或未涉及，或未做清楚界定。

　　在善書的研究方面，早期學者主要以善書的收集、分類整理爲主，像蔡懋棠的〈台灣現行的善書〉，介紹他當時收集的善書，並進行了版本及形式的考證，比較了當時台灣北中南各地鸞堂所刊印的善書數量、年代與規模。〔註 21〕鄭喜夫、魏志仲與林永根則對善書書目誌進行研究與編纂，〔註 22〕宋光宇則在此基礎上，進一步增補了台灣的鸞書書目。王見川再依據這些學者的研究和他個人的收集，整理出〈光復（1945）前台灣鸞堂著作善書名錄〉，〔註 23〕這份資料使光復前的台灣鸞書更完備、清楚。對於鸞書的著作及其功用，鄭志明所撰《臺灣扶乩與善書現象——善書研究的回顧》是以善書爲中心，探討鸞堂及善書的社會教育功能，並認爲善書在內容方面偏重家庭倫理與社會倫理。〔註 24〕宋光宇也在 1982 年發表〈地獄遊記所顯示的當前社會

〔註 17〕　宋光宇，〈解讀台灣的第一本善書《覺悟選新》〉，《中研院史語所集刊》65：3（1994），頁 681。

〔註 18〕　王見川，〈清末日據初期臺灣的鸞堂〉，《臺灣的齋教與鸞堂》（台北：南天書局，1996），頁 187。

〔註 19〕　鄭志明，〈台灣民間鸞堂儒宗神教的宗教體系初探〉，《台灣民間宗教論集》（台北：學生書局，1988），頁 91～150。

〔註 20〕　王志宇，《台灣的恩主公信仰：儒宗神教與飛鸞勸化》（台北：文津出版社，1997），頁 46～48。

〔註 21〕　蔡懋棠，〈台灣現行的善書〉，《台灣風物》，第 24 卷第 4 期（1974），頁 7～36。〈台灣現行的善書（續）〉，《台灣風物》，第 26 卷第 4 期（1976），頁 84～123。

〔註 22〕　魏志仲編《台灣儒宗神教法門著造善書經懺史鑑》，林永根編《鸞門暨台灣聖堂著作之善書經懺考》都是對台灣鸞書的書目誌進行編纂，鄭喜夫則就《白衣神咒》及「關聖帝君」善書進行版本、出處、內容、時間等善書書目誌的研究。

〔註 23〕　王見川，〈光復（1945）前台灣鸞堂著作善書名錄〉，《民間宗教》，第一輯（台北：南天書局，1997），頁 173～194。

〔註 24〕　鄭志明，《臺灣扶乩與善書現象——善書研究的回顧》（嘉義：南華管理學院，

問題〉，〔註25〕同樣提出善書反應出當前的家庭倫理、政治風氣、經濟犯罪和宗教問題等。宋光宇之後又陸續發表了〈從最近十幾年來的鸞作遊記式善書談中國民間信仰裡的價值觀〉〔註26〕、〈清代臺灣的善書與善堂〉〔註27〕、〈臺灣的善書及其社會文化意義〉〔註28〕等文章，內容也大多以善書反映當時社會現象為論述重點。

對於鸞堂信仰與儒家關係的研究，王志宇《台灣的恩主公信仰——儒宗神教與飛鸞勸化》一書，針對所謂「儒宗神教」的恩主公信仰，探討其活動、教化與社會救濟等方面的發展。〔註29〕李世偉在《日據時代台灣儒教結社與活動》一書中將儒家區分為顯性儒家與隱性儒家，而參與宗教勸化的即為隱性儒家，在日治時期透過宗教進行教化，並努力保存舊有文化藉以對抗日本人的殖民統治。〔註30〕另外李世偉在〈日據時期台灣的儒教運動〉〔註31〕、〈從中國到台灣——近代儒教研究的回顧與展望〉〔註32〕等文章中，也對鸞堂的濟世活動及儒教運動的發展有深入的探究。王見川《臺灣的齋教與鸞堂》除了回顧臺灣鸞堂研究之外，也探討了鸞堂系統、扶鸞著書、善書內容。〔註33〕此外，歐大衛、焦大年合著的《飛鸞——中國民間教派的面面觀》則針對飛鸞扶乩的歷史和慈惠堂、一貫道、奧法堂等民間教派的扶鸞活動及組織發展作完整的呈現。〔註34〕鄭志明則在〈台灣民間鸞堂儒宗神教的宗教體係初探〉

1998）。

〔註25〕 宋光宇，〈地獄遊記所顯示的當前社會問題〉，《民間信仰與社會研討會論文集》（南投：省府民政廳，1982），頁133。

〔註26〕 宋光宇，〈從最近十幾年來的鸞作遊記式善書談中國民間信仰裡的價值觀〉，《宗教與社會》（台北：東大圖書公司，1995），頁263～289。

〔註27〕 宋光宇，〈清代臺灣的善書與善堂〉，《民間信仰與中國社會國際研討會論文集》（台北：漢學研究中心，1993），頁75～93。

〔註28〕 宋光宇，〈臺灣的善書及其社會文化意義〉，《第一屆臺灣本土文化學術研究會論文集》，下冊（台北：臺灣師範大學國文系，1995），頁781～807。

〔註29〕 王志宇，《台灣的恩主公信仰——儒宗神教與飛鸞勸化》，台北：文津，1997。

〔註30〕 李世偉，《日據時代台灣儒教結社與活動》，台北：文津，1999。

〔註31〕 李世偉，〈日據時期台灣的儒教運動〉，收於王見川、李世偉《臺灣的宗教與文化》（台北：博揚，1999），頁153～252。

〔註32〕 李世偉，〈從中國到台灣——近代儒教研究的回顧與展望〉，《臺灣的宗教與文化》，頁253～278。

〔註33〕 王見川，《臺灣的齋教與鸞堂》（台北：南天，1996），頁215～216。

〔註34〕 歐大衛、焦大年，《飛鸞——中國民間教派的面面觀》（香港：中大出版社，2005）。

一文中，試圖分析研判台灣鸞堂的屬性，和與佛教、道教、齋教或一般通俗信仰祠廟的差別問題，並討論其宗教體系。〔註35〕

　　在區域研究方面，康豹、邱正略的〈鸞務再興──戰後初期埔里地區鸞堂練乩、著書活動〉一文，探討戰後初期埔里地區突然興起的鍛鍊新乩、著造善書的風潮。〔註36〕王見川〈光復前台灣客家地區鸞堂初探〉〔註37〕和李世偉〈苗栗客家地區鸞堂的調查研究〉〔註38〕，則從《總督府公文類纂》和鸞堂出版的鸞書中，整理出光復前台灣客家地區鸞堂的活動狀況及其歷史發展，使大家對客家人的宗教信仰有更深的認識。許玉河〈澎湖鸞堂之研究〉〔註39〕、周怡然〈終戰前苗栗客家地區鸞堂之研究〉〔註40〕、鄭寶珍〈日治時期客家地區鸞堂發展：以新竹九芎林飛鳳山代勸堂為例〉〔註41〕，也是著重在單一區域研究，探討清末日治時期客家地區各鸞堂之間的網絡關係，以及士紳文人如何透過參與鸞務的活動來建構文化支配的概況。

　　至於寺廟組織的研究也有許多，包括祭祀圈、信仰圈、神明會等，其中「祭祀圈」一詞在台灣本地學者及研究台灣宗教信仰的日本學者著作中，頗為常見。「祭祀圈」的概念起源於日人岡田謙在研究士林的民間宗教活動時，把祭祀圈當作共同奉祀一個主神的民眾所居住之地域。〔註42〕其後經施振民和許嘉明在參與「濁大計畫」後，將之運用在彰化平原的研究。施振民透過祭祀圈的概念，建立彰化平原的聚落發展模式〔註43〕，許嘉明則以祭祀圈的概念，分析研究區域內的福佬客地方群體，重建彰化地區的拓墾

〔註35〕鄭志明，〈台灣民間鸞堂儒宗神教的宗教體係初探〉，《台灣民間宗教論集》（台北：台灣學生，1984），頁91～150。

〔註36〕康豹、邱正略，〈鸞務再興──戰後初期埔里地區鸞堂練乩、著書活動〉。

〔註37〕王見川，〈光復前台灣客家地區鸞堂初探〉，《臺灣的民間宗教與信仰》（台北：博揚，2000），頁293～319。

〔註38〕李世偉，〈苗栗客家地區鸞堂的調查研究〉，《臺灣的民間宗教與信仰》，頁321～338。

〔註39〕許玉河，〈澎湖鸞堂之研究〉，臺南師範學院臺灣文化研究所碩論，2004。

〔註40〕周怡然，〈終戰前苗栗客家地區鸞堂之研究〉，中央大學客家社會研究所碩士論文，2008。

〔註41〕鄭寶珍，〈日治時期臺灣島內客家地區鸞堂發展──以新竹九芎林飛鳳山「代勸堂」為例〉，中央大學客家社會研究所碩士論文，2008。

〔註42〕岡田謙著，陳乃蘗譯，〈臺灣北部村落之祭祀範圍〉，《台北文物》，9（1960），頁16。

〔註43〕施振民，〈祭祀圈與社會組織──彰化平原聚落發展模式的探討〉，《中央研究院民族學研究所集刊》，36（1973），頁191～208。

史。〔註44〕隨後，林美容將祭祀圈的概念加以系統化、理論化，直接探討祭祀圈的內在結構，並認為只有對自成體系的一套規範、行為、組織或概念等內在結構有清楚的了解，才能將之放在歷史脈絡裡做進一步的考察，也才能從中發現與其他社會、經濟、政治和文化體制間的相互關聯。〔註45〕

近年，張珣在其〈祭祀圈研究的反省與後祭祀圈時代的來臨〉論文中，將宗教與其他社會文化層面作連結，進行社會組織與社會結構的討論，他認為祭祀圈應該是一個思考的架構，當形成之後，必須進行社會、經濟、政治等因素的解釋，如此才是研究的重心。〔註46〕而林正珍在透過台中樂成宮媽祖遶境十八庄的實錄後，認為，若將「祭祀圈」視為是一種地域單位，應是指某區域內人民為了共神信仰而舉行的祭祀活動，就地方組織層面而言，表現的是漢人以神明信仰來結合與組織地方人群的形式，而且，不論結合的是哪一種人群，祭祀圈都有清楚的界線，界線內的居民就有義務參與祭祀。所以她認為祭祀圈可以說是漢人群體祭祀的原型，表現出傳統漢人社會以聚落為最小單位的融合與互動過程。她並認為，祭祀圈的活動完全出自於居民的自發性組織來運作，基本上和行政官僚體系無關，也不受其控制，因此，祭祀圈是民間得以自由發揮其組織力量的一個空間，也是政治秩序整編的對象。〔註47〕

其他有關寺廟活動與地方社會的研究，學者多半透過具體的地方志或歷史個案，研究寺廟的宗教科儀與活動，以及組織運作與國家、地方社會交互間的影響，如張家麟在《臺灣宗教儀式與社會變遷》一書中認為宗教儀式和社會變遷密不可分，有時候是社會變遷衝擊了宗教儀式，造成宗教儀式必需滿足現代社會的本質，才有辦法維持古老的宗教儀式，像扶鸞儀式、拜斗儀式都是存留到現在，行之久遠的儀式；有時宗教儀式的變化卻是來自社會結構轉變的刺激，而賦予儀式新的生命。〔註48〕李亦園在《宗教與神話論集》

〔註44〕許嘉明，〈彰化平原福佬客的地域組織〉，《中央研究院民族學研究所集刊》，36（1973），頁165～190。

〔註45〕林美容，〈由祭祀圈來看草屯鎮的地方組織〉，《中央研究院民族學研究所集刊》，62（1987），頁106。

〔註46〕張珣，〈祭祀圈研究的反省與後祭祀圈時代的來臨〉，《國立台灣大學考古人類學刊》，58（1987），頁78～111。

〔註47〕林正珍，《台中樂成宮——旱溪媽祖遶境十八庄》（台中：財團法人台灣省台中樂成宮，2007），頁23～26。

〔註48〕張家麟，《臺灣宗教儀式與社會變遷》（台北：蘭臺網路，2008）。

中，也提出了台灣民間宗教的現代趨勢與民間寺廟的轉型與蛻變，並探討了
信仰與文化、宗教與迷信、儀式與皈依等課題。〔註49〕王志宇則在〈廟會活
動與地方社會：以臺灣苑裡慈和宮為例〉一文中，藉由苑裡慈和宮舉辦的進
香、普度、建醮等廟會活動，來探究這些廟會活動的發展與變化，以及與地
方社會間的關係；〔註50〕另外在《寺廟與村落：臺灣漢人社會的歷史文化觀
察》一書中，更將過去調查的寺廟與村落的聯繫的現象建立起來，通過寺廟、
神祇、民間傳說與風水觀念等，解析隱藏在居民背後的文化思想。〔註51〕王
世慶的〈民間信仰在不同祖籍移民的鄉村之歷史〉則從不同祖籍移民之信仰，
探討如何從點分佈的祖籍神明信仰，經歷史過程而融合發展成為地區全面性
信仰中心。他認為閩粵移民渡台之初，只對所攜自原鄉之神像香火祈求，其
信仰圈僅限於家族內，隨村落之成立，漸次擴展其宗教信仰至社區後，各祖
籍不同的移民也逐漸融合，進而建立一個聯合各莊的信仰中心。〔註52〕蔡相
輝則在〈臺灣寺廟與地方發展之關係〉中，運用方志、碑文等史料，分析寺
廟與地方發展之關係，認為移民藉由寺廟拓墾土地、促進地方社會發展和興
辦福利事業，而知識分子和官方則利用寺廟實行教化、平定變亂、安撫人心。
〔註53〕范良貞的〈獅山勸化堂與南庄的地方社會〉一文，也將寺廟與地方社
會的關係置於地方社會發展的背景下分析，討論其歷史淵源、發展演變、祭
祀活動和參與廟務的地方士紳，探究隨著時空背景的轉換、社會經濟結構的
轉型，區域鸞堂如何發展成為公眾信仰的寺廟。〔註54〕陳建宏也在〈公廟與
地方社會──以大溪鎮普濟堂為例（1902～2001）〉中以桃園縣大溪鎮「普濟
堂」作為研究地方社會的主軸，對其形成「地方公廟」過程進行探究，除探
討普濟堂興起及發展之時空背景與社會概況外，亦呈現從鸞堂轉換為地方廟

〔註49〕李亦園，《宗教與神話論集》（台北：立緒文化，2004）。
〔註50〕王志宇，〈廟會活動與地方社會──以臺灣苑裡慈合宮為例〉，《逢甲人文社會
　　　　學報》第12期，2006，頁239～262。
〔註51〕王志宇，《寺廟與村落：臺灣漢人社會的歷史文化觀察》（台北：文津出版社，
　　　　2008）。
〔註52〕王世慶，〈民間信仰在不同祖籍移民的鄉村之歷史〉，《清代臺灣社會經濟》（台
　　　　北：聯經出版社，1994），頁295～372。
〔註53〕蔡相輝，〈臺灣寺廟與地方發展之關係〉，文化大學史學研究所碩士論文，
　　　　1976。
〔註54〕范良貞，〈獅山勸化堂與南庄的地方社會〉，中央大學歷史研究所碩士論文，
　　　　2007。

宇的過程中，寺廟與地方社會之間的互動關係與領導階層變動的因素。〔註55〕

綜觀暨有的研究成果，埔里地區尚缺乏以單一鸞堂作為研究地方社會的專論，即使少數有涉及相關討論，也未能深究。大部分的研究焦點仍以善書的探究，與勸化功能對社會之影響及區域鸞堂淵源系統之分類為主，忽略個別鸞堂擴展的背景分析，以及士紳文人的參與對鸞堂發展的影響，因此在這部分仍有極大的拓展空間。本文並不以介紹鸞堂的歷史沿革及其功能為滿足，希冀能以昭平宮育化堂為核心，討論其與地方社會相互間之關係，進而從中了解各時期的社會發展對地方信仰的影響，以及在適應社會變遷的同時，鸞堂所展現的社會意義。

第三節　研究方法與資料的搜集、運用

本研究將藉由相關檔案、史料、方志等資料和專書、論文之剖析，分為埔里地方社會的形成、鸞堂的歷史發展、鸞堂組織與宗教活動和鸞堂與地方社會關係等四部分。而在研究的時間與空間界限上，本文主要以大正元年（1912）昭平宮育化堂創建至今的時間、空間為主軸。

一、時　間

埔里地區在清領時期以關聖帝君為主祀神的廟宇只有座落在現今一新里的參贊堂，其功能主要是防番，是一拓殖守護神。日治時期鸞堂信仰開始在埔里發展，當時以恩主公為主祀神明的鸞堂有參贊堂、懷善堂、醒化堂、通天堂、育化堂等5間鸞堂，但在大正四年（1915）「西來庵事件」爆發後，受到日本當局的查緝，鸞堂的發展進入了衰微期。昭和六年（1931）九月，日軍發動對東北的戰爭，高揭「非常時」的口號，並提倡「皇國精神」，對臺灣的民間宗教、習俗提出改善方針，鸞堂的宗教活動也被迫沉潛而行，不敢太過造次。〔註56〕而當戰後改朝換代之際，帶來了經濟動盪、政治不安，導致人心惶惶，但如此的環境反而提供鸞堂再興的好時機。由於本研究的主體為昭平宮育化堂，因此在時間斷限上，大致以大正元年（1912）昭平宮育化堂

〔註55〕陳建宏，〈公廟與地方社會～以大溪鎮普濟堂為例（1902～2001）〉，中央大學歷史研究所碩士論文，2004。

〔註56〕李世偉，《日據時代臺灣儒教結社與活動》（台北：文津出版社，1999），頁112～121。

創立為始，下限則至民國九十九年（2010）為止，惟在分析早期地方社會之形成與發展時，將上溯至清領時期。至於將研究時間拉長至今的原因，主要為維持研究的完整性，將日治時期以來的鸞堂信仰發展，透過昭平宮育化堂的歷史脈絡，探究與地方社會的發展關係。

二、空　間

本文討論的空間範疇主要是以現今南投縣埔里鎮作為論述對象。

圖 1-1　埔里行政區域圖

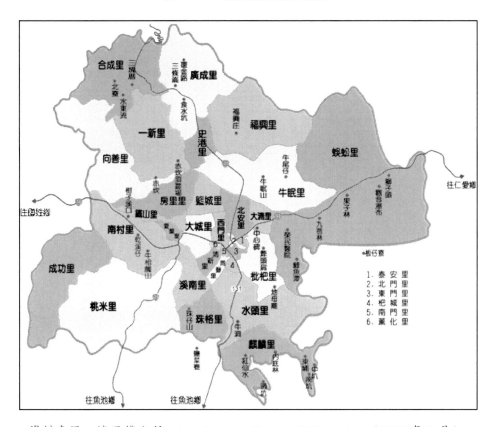

資料來源：埔里鎮公所：http://www.puli.gov.tw/222map.htm（2010 年 9 月）

區域內原為住在茄苳腳庄（現今的同聲里）的埔蕃和眉番（聚居於現在的史港里）兩族聚居之地，〔註57〕道光年間中部平埔族集體遷移入住，接著

〔註57〕鳥居龍藏原著，楊南郡譯註，《探險台灣》（台北：遠流，1996），頁 351～352。

閩粵漢人漸次進入拓墾。在地形上，本區是一典型的盆地地形，日治時期埔里鸞堂相繼創建並散布在盆底平地和盆弦邊的丘陵地。隨著戰後鍛新乩、著善書的蓬勃發展，由盆地往四周幅射延伸至魚池、國姓、草屯、南投、仁愛等地，甚至遠達台南佳里。鸞堂的扶鸞戒煙活動興起於客家族群，依據昭和十年（1935）埔里盆地族群人口統計顯示（表 2-5），客家族群占了全區人口的 39.66%，埔里地區鸞堂信仰的興起，是否受客家族群信仰的影響？鸞堂信仰在埔里社會的發展過程中，究竟發揮了什麼樣的作用？本研究也將藉由昭平宮育化堂的發展歷程、與其他鸞堂往來的關係，來建構埔里地區鸞堂的發展概況。

三、研究方法

本文將以歷史學的方法從事個案研究，以昭平宮育化堂爲例，運用該堂所保存前人的鸞籍簿、鸞生名冊、出版的善書，以及其他相關出版品等史料作爲基礎。此外，也透過田野調查塡補一些遺漏事蹟，討論該堂的創始及發展、內外部的活動、組織結構及成爲埔里地區重要鸞堂的因素分析。另外，也將利用田野調查和文獻資料，討論士紳文人在鸞堂中所扮演的角色與鸞堂信仰傳播的關係，以深入了解當時的社會歷史環境和鸞堂參與者所抱持的觀念。

四、資料的收集與運用

除了參考既有史料及研究外，我從 2008 年 10 月開始對昭平宮育化堂相關的人、事、物進行資料蒐集，取得極爲重要資料，如鸞書、法人登記簿、簡史、鸞籍簿、歷屆信徒大會和董監事會議記錄等，其中，現任董事長黃冠雲先生提供即將集結出書的堂志初稿，更是珍貴且難得的史料。在田野訪談的過程中，因得到昭平宮育化堂老鸞生們詳細的口述資料，而得知鸞堂發展的概況。茲將本文使用的史料性質大致說明如下：

（一）鸞書：鸞堂集結成冊的鸞書通常能反應出社區居民的生活，內容雖爲勸世詩文，但透露出在地居民日常生活習性。除此之外，文中亦記載該堂創建過程、新乩鍛練、成書經過、判功過、鸞堂間相互往來的訊息及活動等。卷首頁通常記載刊刻地點、年代及派定擔任堂內職務的眾鸞生，卷末頁

則有印贈信徒的名冊及出版資料，由這些記錄可觀察出當時參與鸞務的人群活動範圍、參與者身分。一般而言，鸞堂大多由地方上具有聲望的士紳文人所創建，相對於佛、道兩教由方外之士所主持，或是民間教派神壇由中下層民眾所構成，鸞堂的組織成員有其特殊性。這些文人士紳不僅藉由鸞務的推行而實現自身理想，同時也提高鸞堂活動的可信度與知名度，因此鸞書是了解鸞堂歷史不可或缺的材料。昭平宮育化堂共出版有《破迷針》、《引悟線》、《滄海遺珠》三集、《頌春仙藻》等七冊的鸞書。

（二）簡史：昭平宮育化堂的簡史概述了它的創建、改建、業績、人事、鸞務推行及鸞堂的組織、堂規等，對於鸞堂的活動及轉變做了完整的記錄，同時也對自身過去歷史的發展提出看法，可和鸞書中的記述相互印證，有助於對昭平宮育化堂的研究。

（三）法人登記簿：民國七十年，昭平宮育化堂由管理委員會改制為財團法人，各屆董監事名冊、土地使用情形、董事會辦事細則及志工服務管理辦法等，均有完整記載。

（四）鸞籍簿：昭平宮育化堂自開堂後，凡欲為鸞生者，均須申請，經過恩主核准後始得為鸞生，因此育化堂內保存了相當完整的鸞生基本資料。鸞籍簿登錄的鸞生基本資料，對於說明士紳文人參與鸞堂的各項活動狀況，有實質的幫助。

（五）業務計劃書：昭平宮育化堂改制為財團法人後，每年均須召開董監事會議及信徒大會，會議中所決定的年度業務執行計劃等資料，可提供瞭解鸞堂如何轉型及適應社會變遷，對於鸞堂的多元發展，和與地方社會等相關議題有許多幫助。

（六）南投縣志稿：埔里盆地如今的地貌、人文景觀，是平埔族、閩粵漢人和埔、眉社族人經過生存競爭和融合的結果。這塊土地也是中部平埔族延續命脈的最後樂土，但在歷經清廷的開山撫番政策、日本的殖民統治和戰後國民政府一連串的經濟發展策略後，埔里各方面不管是在人口結構、產業發展或宗教信仰，均有顯著的改變，這些歷史遺蹟，在縣志稿中均有詳細的紀錄。

另外，經費預算書也是研究鸞堂內部相關信仰活動的重要資料，對於深入理解鸞堂信仰的人群活動、鸞堂的多元發展、以及地方社會變遷對鸞堂的影響等有許多幫助。不過，由於帳冊資料包含了敏感的資產與收支金額等問

題，廟方管理人大多不願這方面的資料被揭示，如何在尊重鸞堂的意願和不
違背探究真實狀況下取得平衡，也是本研究需要努力的地方。

五、研究流程

圖 1-2　研究流程

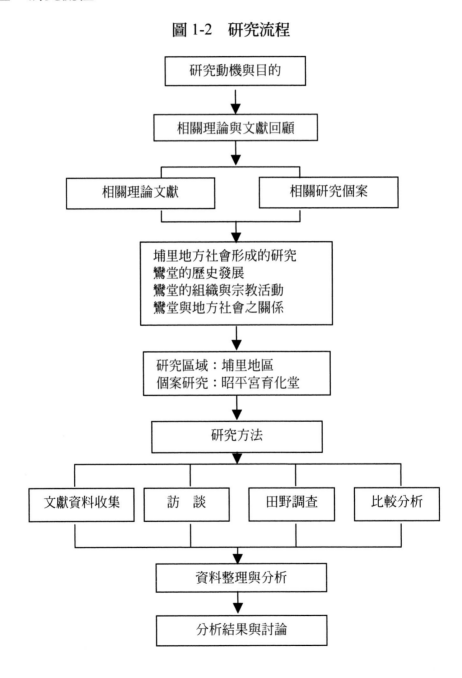

六、章節安排

本文共分爲六個章節，除第一章緒論和第六章結論外，第二章從漢人入墾前的埔里族群分佈，探究平埔族融入漢人社會的過程，並就關聖帝君信仰的發展，分成拓殖守護神與鸞堂信仰來做初步的討論。第三章以昭平宮育化堂的創立，探討士紳文人在鸞堂發展過程中所扮演的角色，及其如何透過組織運作展現與社會網絡的關係。第四章就昭平宮育化堂的宗教事業與堂務發展爲討論重點，說明鸞堂的祭祀活動對鸞堂本身的發展與地方居民的影響。第五章探究昭平宮育化堂扮演埔里地區鸞務再興的推手所依恃的條件爲何？及探討鸞堂面對現代社會快速變遷的腳步如何因應？最後爲結論，總結前述各章的研究成果。

小　結

埔里地區的鸞堂於二戰後再度蓬勃發展，昭平宮育化堂對於新成立鸞堂的錬乩、造書與發展，或是協助或是指導，皆有著不可輕忽的重要地位。而一些地方士紳文人熱心參與鸞堂事務，使曾遭日警查緝取締而沉寂多時的扶鸞造書風氣得以延續發展，並協助更多的鸞堂開堂鍛乩，形成一個跨堂際的互助組織。這些鸞堂不定期的舉辦堂際之間的交誼活動，也帶動了埔里地區的鸞務發展，使鸞堂成爲當時重要的宗教信仰，也進一步促使埔里地區的各廟宇建立區域性的聯誼組織。〔註58〕

扶鸞活動具有爲民解惑及淨化人心的功能，透過此類活動，一來可減輕居民平日生活的壓力，二來因鸞堂教化業務的推展，使社區居民的生活更加多元，而產生內聚性的鄉土意識與地方認同。鸞堂的儒家思想與民間信仰所懷抱的「行善積德」、「做功德」的觀念並不相悖，尤其是昭平宮育化堂又與埔里恒吉宮大媽廟爲鄰，配合廟會相關活動的進行，也更凝聚了地方社會的社區意識與地方認同。

〔註58〕民國五十年（1961）創立埔里區寺廟聯誼會，發起人許清和、陳石鍊、江榮宗、陳南要等人均是昭平宮育化堂重要的執事人員。

第二章　埔里的開發與民間信仰的發展

　　埔里盆地初期的拓墾，是由平埔族群而非漢人來扮演主要的角色，平埔族以跨族群方式聯合遷入埔里，除了因在原居地遭遇共同的問題外，漢文化的侵入對其也產生很大的影響。台灣沃野千里，草萊未闢的廣大土地，在台灣海峽的天險和原住民對自身領域的保護下，漢人一直未曾有機會入墾。但在荷蘭人、西班牙人、鄭成功等陸續闖入後，藉著軍事力量，移民者開始來到這個地方，拓墾的腳步逐漸增多。雍正、乾隆之後，有組織的墾民更大批的到來，在地方豪強與政府軍隊的保護下，對台灣的拓墾逐步展開，傳統中國的政治運作模式也隨之進入此地。在這樣有組織、有計畫的力量下，平埔族是最先受到衝擊的族群，尤其這樣的力量更被明顯的表現在政治、經濟、文化、教育等各方面，原住民族只有接受一途，縱然曾有反抗與衝突，但也隨即因力量不足而妥協或消亡，[註1]這種情形，同樣的也表現在宗教信仰上。平埔族原屬泛靈論者，有傳統的祖靈祭，[註2]依據吳子光[註3]在原住民記述中，對岸裡社宗教信仰的觀察，說他們很喜歡「野祀」，舉行典禮時會抬著偶像四處巡行，也有乩童降神，傳達旨意，燒符咒、過火等儀式。王幼華認為應該是受中國道教的影響，因為這些都是福建、廣東民間宗教常有的儀式。[註4]且就現存可見的資料，對原住族群宗教紀錄最早有乾隆五

〔註1〕　王幼華，《族群論述與歷史反思》（苗栗市：苗栗縣文化局，2005），頁287～288。
〔註2〕　潘英，《台灣平埔族史》（台北：南天書局，1996），頁301。
〔註3〕　吳子光是清代客家籍台灣文學創作的重要人物，其著作《一肚皮集》等，內容豐富，有「山城文獻初祖」之譽。吳子光在其著述中頗有記述其家族來台經過，以及與岸裡社頭人相處的情形。
〔註4〕　王幼華，《族群論述與歷史反思》，頁378。

十一年（1786）二月十五日祭天上佛神明，觀音娘娘、張天師的祭文，〔註5〕嘉慶十三年（1808）二月舉行三朝祈安大會等。〔註6〕可見，道光年間移居於埔里地區的平埔族，早在移入之前因已習與漢人雜處，漸次轉化或改變而逐漸漢化，因此在移住埔里之後，也帶進了漢人的信仰模式。

　　台灣的關聖帝君信仰在清代已十分盛行，由於移住者不斷的拓墾，壓縮了原住民的生活空間，因此早期的移民除了要承擔自然災害的風險外，「避番害」也是求神庇護的動機之一，而關羽英勇俠義的形像，一直以來深入人心，成為鄉土守護神，自是有跡可循。本章將從時間和空間的角度切入，討論埔里地方社會的形成，探究關帝信仰在埔里地區拓墾時的地位和演變，以及鸞堂信仰在埔里興起的原因。

第一節　埔里盆地的拓墾

　　埔里盆地四周崇山峻嶺，地形地貌多樣，加上氣候穩定而適中，因而動物、植物等生態資源豐富，在未有文字歷史記載之前，即曾有不同的族群相繼在埔里盆地及其周邊地帶活動，今在愛蘭、赤崁等台地，依據考古學家多方考據，發現在二、三千年前，已有聚落建立，呈現了豐碩的文化現象。〔註7〕日治初期，鳥居龍藏在寄給理科大學坪井正五郎教授的書信中，稱讚埔里是「研究人類學最方便的地方」。〔註8〕可見這地區曾經是多樣族群的生活重地，並共同奠下今日埔里鎮發展的基礎。

一、自然環境

　　埔里盆地是台灣中央地帶分布的數十座盆地中面積最大者，位於中部山區「埔里盆地群」的最北端，臨北港溪，全境座落在今埔里鎮境內，面積42平方公里，佔全鎮總面積約26%，海拔介於380～700公尺之間。〔註9〕埔里盆地北邊有眉溪流過，南邊有發源於日月潭東北丘陵間的南港溪，南港溪向

〔註5〕陳炎正主編，《台中縣岸裡社開發史》（豐原：台中縣立文化中心，1986），頁100。

〔註6〕同上，頁90。

〔註7〕簡史朗、劉益昌，〈埔里盆地及周緣地區調查概報〉，《台閩地區考古遺址普研究計畫》，第七期（2004），頁1。

〔註8〕鳥居龍藏原著，楊南郡譯註，《探險台灣》，頁345。

〔註9〕涂進萬等人主編，《水沙連》，第1期（南投：水沙連雜誌社，1995），頁1。

北流經盆地之西南邊，於水尾附近與眉溪會合後出盆地，向西匯入烏溪。埔
里盆地舊為湖泊，因淤積與北港溪、南港溪的蝕切作用而枯竭，地形包括盆
弦丘陵與盆底平原，盆底平原位於盆地的中心地區，由南港溪與眉溪沖積切
割而成，地勢低且廣闊，土壤、水源皆適合農業生產，現今埔里的行政區域
大致與埔里盆地相符合。〔註10〕

圖 2-1　埔里鎮地形圖

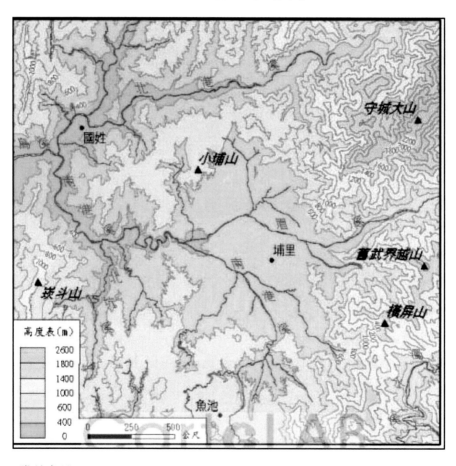

資料來源：

內政地司：http://www.land.moi.gov.tw/land/map/Html&Img/25_index.htm

（2009/12/31）。

埔里地區氣候屬副熱帶重溼氣候區，其特點為四季溫和，年溫差小，年

〔註10〕林朝棨，《南投縣地理志地形篇稿》（台北：成文出版社，1983），頁653～660。

雨量可達 2,100 餘公里，集中於夏季，10 月至次年的 2 月為乾季。〔註11〕由於雨量充沛、氣候溫和，周邊山群連聳、丘陵起伏，盆地平原平坦廣闊、河川蜿蜒，這種優越的自然條件，遠在史前時期即吸引不少族群在此生活與定居，由水蛙窟與大馬璘遺址的出土物及文化內涵可說明，埔里盆地史前即為台灣中西部交通的重要中繼站。〔註12〕

二、平埔族入墾前的埔里

　　隔離政策是清帝國領台之初重要的原住民政策，在清代的文獻記載裡，埔里盆地屬「水沙連」〔註13〕地區的一部份，道光二十一年（1841）台灣道熊一本在〈條覆籌辦番社議〉寫道：

> 彰化縣東南六十里林圯埔起，二十五里集集埔，入山為水沙連。北路山口，南至鸞社、丹社，東至萬、霧、斗、截社，北至眉社、水眉社，西至山外為界；南北直長一百三、四十里，東西橫長約六、七十里，為水沙連全境。〔註14〕

道光二十七年（1847）閩浙總督劉韻珂的〈奏開番地疏〉也這樣記載：

> 竊照台灣四面環海，大山南北互峙，山以西系屬內地，山以東系屬番社。而彰化縣所屬之水沙連內山，即屬生番地界：坐落縣之東南，距城百有餘里，各生番分社而居。其田頭、水裏、貓蘭、審鹿、埔裏、眉裏等六社毗連一處，南北袤延一百餘里；陂原沃野，地盡膏腴。〔註15〕

〔註11〕王洪文，《南投縣地理志氣候篇稿》（台北：成文出版社，1983），頁 1114。

〔註12〕石璋如、劉益昌，《大馬璘》（台北：中研院史語所，1987），頁 143。

〔註13〕「水沙連」一名依據伊能嘉矩在『台灣文化志』中的解釋乃係分佈於彰化地方山邊的平埔番 Arikun，對該地區內山生番稱 Tualihen 或 Soalian，漢音譯為「沙連」，該地因有日月潭之湖水，且為「水社」所在而加添「水」字而稱之。廣義的水沙連約包括沙連堡的濁水溪流域、五城堡、埔里社堡之廣大番境，亦即今之竹山鎮之一部（田仔溪以南山區除外）及鹿谷鄉、名間鄉、集集鎮、水里鄉、信義鄉、魚池鄉、埔里鎮、國姓鄉、仁愛鄉。狹義的水沙連則指五城堡〈今魚池鄉〉及埔里社堡等清代漢人勢力以外區域，大約為今之魚池鄉和埔里鎮。

〔註14〕熊一本，〈條覆籌辦番社議〉，《治臺必告錄》，卷三（臺灣文獻叢刊第 17 種，台灣銀行經濟研究室），頁 236。

〔註15〕劉韻珂，〈奏開番地疏〉，《治臺必告錄》，卷三（臺灣文獻叢刊第 17 種，台灣銀行經濟研究室），頁 214～215。

由這些文獻的記錄可知，清代所謂的「水沙連」地區，是泛指當時台灣中部「界外番地」，而埔里盆地屬於「水沙連」的一部份，因此，被劃為化外生番地區。清廷豎石畫界，嚴禁原住民族群出界，也禁止漢人和平埔族群進入狩獵或拓墾，僅在特定期間，由通事築一簡易寮所做為交易之地，以煙、布、糖、鹽等物資換取原住民族群的山產、獵物、皮鞭以為清廷課餉。〔註 16〕因此，相對於西部平原拓墾的氾濫，埔里盆地當時在漢人眼中，可說是一待開發的世外桃源。

在官方的文獻裡，對埔里盆地的先住民通常只言及埔裏、眉裏二番，特別是嘉慶、道光年間以降，許多議開埔里盆地的文字記錄裡，大多只論及埔、眉二番。但依據簡史朗、劉益昌等參加「台閩地區考古遺址普查研究計畫第七期」〔註 17〕有關埔里地區遺址調查，發現盆地內和其周緣地區，在不同的時間裡均有人群的活動。由盆地內眾多出土的考古遺址來看，我們很難只認定埔、眉二番為埔里盆地的先住民，黃叔璥在〈番俗六考〉中曾提及，「巴老完、問仔眉、觸甲描、楮江四社，昔屬水沙連統轄，今移於巴老完，合夥同居，與民仔里武俱通於悠武，乃生番矣。」〔註 18〕鍾幼蘭等學者據以推想此區域的土著族群，不同社群之間可能曾發生過兼吞或合併等情形，因此，認為埔里盆地既是「水沙連番地」的一部份，自有「生番」居住其間，只是族群間的互動與分佈可能遠比我們所知道的還要複雜，對「番人」的種類或各番社的內部情形，至目前為止並不了解而已。〔註 19〕

三、平埔族入墾的背景

清代平埔族的遷移是台灣社會史上的重大課題，而對於中部平埔族大舉遷入埔里的原因，學者的說法不一：劉枝萬以為直接原因是在西部平原與漢人的生存競爭失敗，間接原因則是漢人垂涎埔里盆地的豐腴土地，但礙於封

〔註 16〕黃叔璥在〈番俗六考〉中附載：「通事另築寮於加老望埔，撥社丁，置煙、布、糖、鹽諸物，以濟土番之用；售其鹿肉皮筋等項，以資課餉」。〈番俗六考〉，《臺海使槎錄》，卷六（台北：成文出版社，1983），123 頁。

〔註 17〕此計畫為內政部委託中央研究院歷史語言研究所的調查研究工作，在 2003 年度的第七期計畫執行後，台閩地區遺址資料檔之建立即全部完成。

〔註 18〕黃叔璥，〈番俗六考〉，《臺海使槎錄》，頁 123。

〔註 19〕鍾幼蘭，〈平埔族群與埔里盆地——關於開發問題的探討〉，刊於劉益昌、潘英海主編：《平埔族群的區域研究論文集》（南投：台灣省文獻委員會，1998），頁 106～107。

山禁令，乃先使平埔番潛入開墾；〔註20〕伊能嘉矩與洪敏麟認爲肇因於與漢
人土地競爭失敗的結果；〔註21〕溫振華則認爲土地的喪失以及大租、屯餉、
隘糧等生活來源在漢人欺瞞侵佔下，變得有名無實以致無以爲生，是其遷離
原鄉之動力；〔註22〕梁志輝與鍾幼蘭則以爲非單一因素造成平埔族大舉遷
徙，但認爲族群遷移是人類歷史演進過程裡的通例，而人口壓力所造成的生
活空間擠壓，確是平埔族大舉遷徙的重要因素。〔註23〕王幼華對上述則有不
同的看法，他認爲原住民的流亡，不外乎土地的被佔，無力抵抗，期望生存
下去而已。〔註24〕洪麗完卻認爲平埔族入埔開墾並非完全是因爲土地流失、
生活無依才移居，反而是一種需要投資的開墾活動。〔註25〕

　　綜觀以上學者的看法，主要原因仍在於漢人大量的入墾，造成人口的增
加，而人口增加的壓力自然會引起土地的競爭，生存空間的爭奪亦隨之而至，
可以說，平埔族的遷移，是物種生存法則優勝劣敗下的產物，加上清帝國的
「番地政策」，使這樣的結果更無可避免。柯志明在其清代台灣族群地權政治
的研究中，探究在清政府的「番地保護政策」下，爲什麼平埔族無法避免「番
地」流失殆盡？他整理出康熙、雍正、乾隆三朝熟番地流失的管道，認爲康
熙朝係由於法規制度紊亂，「番地」的流失主要是透過「民番無礙、朦朧給照」
的管道，被漢業戶假借無主荒地名義轉成民業而流失。雍正朝時，清廷爲整
頓前朝的稅制與土地、人口資料，於是進行清理田土與戶口的地稅改革，因
而又造成以「番佃墾戶首報陞科」〔註26〕的土地流失管道。乾隆朝的前期，
由於清廷把重點放在防範界外私墾，對於界內熟番地的保護法規不夠周詳，
態度過於消極，導致番地以「番業戶轉賣過戶給漢人」的方式繼續流失，直

〔註20〕劉枝萬，《台灣埔里鄉土志稿第一卷》（1951，未刊印發行），頁176。

〔註21〕洪敏麟，〈住民志平埔族篇〉，《南投縣志槁（七）》（台北：成文出版社，1983），
　　　　頁2337；伊能嘉矩，《南投縣志槁（十一）埔里社林圮埔地方誌》（台北：成
　　　　文出版社，1983），頁4005。

〔註22〕溫振華，《臺灣原住民史政策篇（二）》（南投市：臺灣文獻館，2007），頁84。

〔註23〕梁志輝、鍾幼蘭，《平埔族史篇（中）》（南投：台灣省文獻委員會，2001），
　　　　頁124～125。

〔註24〕王幼華，《族群論述與歷史反思》（苗栗市：苗栗縣文化局，2005），頁241。

〔註25〕洪麗完，《熟番社會網絡與集體意識》（台北：聯經出版社，2009），頁290。

〔註26〕清初因爲稅額過重，使得申請荒地的漢人以多報少，或者以番戶爲名，漢人寧
　　　　爲佃戶，以避重（正供）就輕（番餉）。而政府爲多收稅額,雍正二年改革稅制,
　　　　企圖清釐所有隱地，並要求墾番地的漢人首報陞科，至雍正九年減稅，這才
　　　　使得許多漢人首報陞科，但番業也因而成爲民業。

到乾隆朝中期，隘番制設立後，才積極的設法防堵。〔註27〕然而，乾隆以後鬆弛的官禁，造成中國沿海居民大量的移入，使台灣進入了以開墾土地為特色的社會狀態，僅管當朝積極防堵，但這些拓墾的行動，已造成了與原住民之間的土地爭奪。清廷各階段的族群政策，雖然對番地均有保護的作用，但因執行者的無能，導致政策失效，平埔族的淪亡就在這些執行不力，以致弊端叢生的政策之下，短短二百年間，幾乎喪失了原有的一切。

（一）「番屯制度」的實施

乾隆五十三年（1788），清帝國在平定林爽文事件後，對台實施番屯制度，可以說是埔里盆地開發過程中一個重要的轉捩點。當時，閩浙總督福安康於事件後，建議仿四川屯練之例，挑選曾助清軍打仗的熟番為屯丁，酌撥近山未墾及荒廢埔地以資養贍，此即所謂的「番屯制度」。這一制度的實施，代表清政府正式將「熟番」，以及部分「化番」〔註28〕納入屯制中，成為地方武力。〔註29〕而此「番屯」的設置，表面上是以土地犒賞平埔族，其實也是清廷基於治安（主要對象為漢人）考量，利用平埔族的「忠誠」，作為清廷分化族群（「以番治番」）、民族相制（「以番制漢」）的策略。〔註30〕

根據屯制，屯所設立之處是衡量地方險要情形，並參照各社人數與營汛位置而設定的，統籌撥給之養贍埔地也是各社按丁撥地。這些養贍埔地既是未墾及荒廢埔地，自與屯所相去甚遠，結果即發生屯所與埔地因相去遙遠，致使平埔屯丁無法前往開墾，於是將土地贌耕給漢佃，使當初「自行耕種」的理想淪於有名無實，屯政因此不彰，日久廢弛。〔註31〕

今日，我們論及「番屯制度」的成效時，往往將之歸咎於平埔族的「不善耕種」，因此將這些屯地絕大多數招租給漢佃耕種，而導致通事、土豪之詐欺、屯弁之舞弊、佃戶之抗租等問題發生，更甚而遭到侵吞或私相典賣。

〔註27〕 參見柯志明，《番頭家：清代台灣族群政治與熟番地權》（台北：中央研究院社會學研究所，2001），頁357。

〔註28〕 乾隆朝以後對於原住民身份係以「熟番」、「歸化生番」、「生番」等稱謂分類。「熟番」與「歸化生番」皆「納餉內附」，不過「歸化生番」與朝廷的關係，沒有熟番與清朝密切，是納餉，但不受清朝統治。見溫振華，《臺灣原住民史政策篇（二）》，頁10～11。

〔註29〕 溫振華，《臺灣原住民史政策篇（二）》，頁53。

〔註30〕 洪麗完，《熟番社會網絡與集體意識》，頁76。

〔註31〕 劉枝萬，《南投縣沿革志開發篇稿（六）》（南投：南投縣文獻委員會，1958），頁285；另參閱溫振華，《臺灣原住民史政策篇（二）》，頁53～69。

〔註32〕針對此點，施添福從平埔族缺乏「力農」環境與條件的角度，討論其土地流失的原因，認為平埔族並非如一般人所以為的「不諳耕作」，平埔族之不能「力農」，係因官府無能與需要負擔過於沉重的「餉」與「役」，以致欠缺安心耕作的條件與環境。〔註33〕洪麗完卻另有看法，她以為施添福的「國家剝削」說，主要是從地方官員執行政策的過程與實際落實狀況的角度來看，她分析清政府以治安為基調的統治政策，並非依據平埔族人群的實際生活狀況而設計，加上中央政府與地方官在理番政策執行上的落差，才使護番、恤番措施，難以落實，因而埋下了中部平埔族出走西部平野的原因。〔註34〕

除了上述學者的看法，我們若再從原住民的生活習性，和台灣物產的豐富及多樣性來探究，所謂的「不善耕種」，對原住民來說是不夠客觀的，《臺海使槎錄》〈赤嵌筆談〉就有一則記載：

物產（百穀花果竹木鳥獸蟲魚鹽硫磺）

內山之番，不拘月日，捕鹿為常；平埔諸社，至此燒埔入山，捕捉獐鹿，剝取鹿皮，煎為膠、漬肉為脯及鹿茸筋舌等物，交付贌社，運赴郡中，鬻以完餉。十二月，臺、鳳進貢西瓜及王瓜，飽茄熟；……

〔註35〕

另外，朱仕玠的《小琉球漫誌》、丁紹儀的《東瀛志略》等，對台灣出產有烏魚、虱目魚、西螺柑、軟霧、麻豆柚等也多有細述，如「鳴蜩幾日弔秋菰，出網鮮鱗腹正腴。頓頓飽餐麻虱目，臺人不羨四腮鱸。」〔註36〕此外，《小琉球漫誌》中也提到台灣原住民織成的布料——「達（卓）戈紋」，是他們有名的特產，由苧麻、樹皮、夾雜狗毛捻為線後編織而成，是非常堅固耐用。〔註37〕由這些臺灣特有的物產常被記述者述及來看，平埔族是不需要怎樣「善耕」就可衣食無缺的，「不善耕種」，顯然是從漢人農耕的觀點來看待事

〔註32〕同上。
〔註33〕施添福，〈清代臺灣「番黎不諳耕作」的緣由〉，《中央研院民族學研究所集刊》，69 期（台北：中央研院民族學研究所，1990），頁 67～91。
〔註34〕洪麗完，《熟番社會網絡與集體意識》，頁 88～89。
〔註35〕黃叔璥，〈赤嵌筆談〉，《臺海使槎錄》，卷一（台北：成文出版社，1983），頁 52。
〔註36〕朱仕玠，〈瀛涯漁唱（上）〉，《小琉球漫誌》，卷四（台北：成文出版社，1984），頁 112～113。
〔註37〕朱仕玠，〈海東賸語（下）〉，《小琉球漫誌》，卷八（台北：成文出版社，1984），頁 227～228。

件。而清廷番屯制度的施設，使隘墾邊區附近和養贍埔地在 18 世紀末葉逐漸成爲平埔各社和漢人移墾之地，終於 19 世紀初爆發郭百年侵墾事件。

（二）郭百年事件

由於水沙連化番曾響應清廷勦平林亂，而被納入柴里小屯的地方防禦系統中，並以八娘坑（約今南投縣集集鎮一帶）作爲水沙連社的養贍埔地。〔註38〕此後漢佃便有了以開墾養贍埔地爲進墾的理由，於是發生了郭百年侵墾並殺戮當地社番（埔裏社）的事件。嘉慶 19 年（1814），水沙連社丁首黃林旺，勾結嘉義人郭百年、彰化人陳大用及臺灣知府衙門門丁黃里仁等，藉已故生番頭目、通事之名義向臺灣府僞稱水裏、埔裏二社因窮困欲招漢佃耕種土地，請准開墾該地。次年（1815），郭氏得墾照即擁眾入山，先於水沙連界外社仔（今水里鄉社仔）墾番埔三百餘甲，再由社仔侵入水裡社（水社）墾地四百餘甲，復侵入沈鹿（今新城），築土圍，墾五百餘甲。之後，僞稱朝廷當官權貴，更率佃丁壯民千餘人挺進埔里盆地，大肆開墾。社眾不服，抵抗月餘，郭百年於是詐稱以撤走漢佃爲交換，謀使埔番壯丁入內山獵取鹿茸，而後趁機大舉攻社，殘殺無數老弱婦孺，佔領埔社領域並招攬大量漢人入住埔里盆地開墾。〔註39〕

事件發生之後，臺灣總兵武隆阿於嘉慶二十一年（1816）冬北巡時，得知此事，彰化知縣吳性誠更以埔裏社逼近內山，一經准墾，恐盜賊兇犯，從此淵跡，使番人無棲身之所，乃建議趁開墾未深，將之盡驅出山。武隆阿納其言，下令嚴辦，但所謂嚴辦也只是「予郭百年以枷杖，其餘諸人宥之」，再由署北路理番同知張儀盛、吳性誠等赴沈鹿拆毀土城，驅逐耕佃，並在集集（今集集鎮洞角）和烏溪（今國姓龜仔頭）二處分立「嚴禁不容奸入，再入者斬」、「原作生番屬，不造漢民巢」禁碑，禁止漢人番眾互越滋事。〔註40〕

清政府雖封山立碑，嚴禁越墾，但偷墾行爲仍層出不窮，而侵墾者不只是漢人，平埔族亦然。而清朝官方之所以無法抑制不斷發生的侵墾行爲，乃緣於當時台灣政局漸呈紊亂，閩粵、漳泉移民械鬥頻仍，政府無暇顧及「番

〔註38〕洪麗完，《熟番社會網絡與集體意識》，頁 282。
〔註39〕詳見姚瑩，〈埔裏社紀略〉，《東槎紀略》（台北：成文出版社，1984），頁 81～83。
〔註40〕林文龍，《台灣中部的開發》（台北：常民文化，1998），頁 189～192；劉枝萬，《南投縣沿革志開發篇稿》，頁 131～136。

政」，加上渡台禁令廢弛，移民者眾，使內山侵墾較前尤甚。〔註41〕在此同時，受「郭百年事件」的影響，埔裏社也有了生存的危機意識，除了人口大減外，還要面對盆地內外其他社群的威脅，於是引進平埔族群來壯大自己的勢力，似乎成爲唯一可行之道，在道光四年（1824）的埔裡社番土目阿密等所立的「思保全招派開墾永耕字」中，有這樣的描述：

> ……緣因前年郭百年侵入開墾，爭佔埔地，殺害社番死已過半，未幾再遭北來兇番窺我社，慘微少番丁，遂生欺凌擾害，難以安居。阿密、大舌等正在思慮保全，幸有思貓丹社番親來社相商，……阿密、大舌以及思貓丹社番親等竊思木有本，水有源，自我祖上以來，原與打里摺一脈相生，同氣連枝。……而今此本社地廣番少，屢被北番擾害，慮乏壯丁共守此土，如得該親打里摺來社同居墾耕，一則可以相助抗拒兇番，二則平埔打里摺有長久棲身之處，所謂一求兩得而無虞矣。〔註42〕

埔裏社的態度及邀請，雖適時的給平埔族提供了生存之路和有利的生活環境，但卻又讓侵墾者有機可乘，「田成發事件」便是一例，〈埔裏社記略〉寫道：

> 道光三年，遂有萬斗六社革通事田成發，詭與埔社番謀，招外社熟番爲衛，給以荒埔墾種，埔社聽之，田成發乃結北投社革屯辦乃貓尉，革通事余貓尉，招附近熟番，潛往復墾，而漢人陰持其後，俟熟番墾成，涸入爲侵佔之計。〔註43〕

　　從〈埔裏社記略〉的記載裡，我們得以窺見當時族群互動的情形，除了漢人的處心積慮外，鄰近埔里盆地的平埔族也蠢蠢欲動，更由於社域的位置，得以率先與盆地內的原住族群接觸。平埔族的遷入已是時勢所趨，而埔裏社的策略，更使盆地內的生態結構有了新的變數。

　　「郭百年事件」可以說是引發中部平埔族大舉入埔的導火線，平埔各族群在西部既與漢人爭地失利，便需另尋生存空間，而埔裏社的引入正給了他們這個機會。於是，在互取所需的情況下，侵墾的漢人和平埔族遂改變了埔里盆地的族群結構，逐漸成爲盆地內的新主人。

〔註41〕張勝彥，《南投開拓史》（南投：南投縣政府，1984），頁34。
〔註42〕轉引自劉枝萬，《南投縣沿革志開發篇稿》，頁43。
〔註43〕姚瑩，《東槎紀略》（台北：成文出版社，1984），頁85。

四、平埔族的入墾

中部平埔族遷移入埔里，實際反應的是清帝國的原住民政策已無法保障他們的生存空間，因此，迫使他們不得不往內山遷移。而平埔族群進入埔里的形式及入埔以後的拓墾過程和社群分佈的情形，不管是日治時期的學者如移川子之藏、伊能嘉矩等人的調查，或是近代台灣學者如劉枝萬、洪敏麟、溫振華、邱正略、鍾幼蘭、簡史朗、張耀錡、鄧相揚等人的研究，讓我們得以知道平埔族是以跨族群的方式，有組織、有計畫的大規模入埔拓墾。而各社群能在族群認同上，取得類似的看法，彼此互相扶持，同居共墾，也是長期與漢人在土地的競爭下體認出來的結果。這樣的體認，在道光三年（1823）初移入之際，在共同簽訂的「公議同立合約字」的文件中，即清楚的寫著：

> 無如番性愚昧易瞞易騙，而漢佃乘機將銀餌借，所有各社番園俱歸漢人買贌殆盡，其大租又被漢佃侵佔短折，隘糧屯餉有名無實，隘番屯番枵腹從公，飢寒交迫逃散四方。沐等會集各社通事土目，酌議欲爲社而安居，先爲番謀食。……是以鳩集公議，各社抽撥壯番，自備資斧往彼開墾，除荊棘闢草萊，俟開荒成田，然後丈劃定額歸隘歸屯，屯餉隘糧兩無虧欠，則衣食有資可以策應奉公赴辦，但恐各社番丁眾志不一、爭長競短、始勤終怠，爰是公同議立合約，凡我同約番親，須當約束本社番黎竭力開墾，所有開墾成田成園，按照各社番丁口灶丈量均分，毋許侵入內山擾動生番、毋許恃強凌弱、毋許引誘漢人在彼開墾、毋許傭雇漢人在地經營，若有不遵，鳴眾革逐。〔註44〕

由合約內容可知，大租、屯餉、隘糧等是當時平埔族重要的生活依據，當缺乏了這些生活資源後，要在漢人的社會中生存，是多麼不容易的事。爲避免重蹈在西部平原遭漢人欺瞞侵占的厄運，平埔族也吸收學習漢人合作開墾的方式，共同立約鬮分埔地開墾，並排除漢人加入開墾的行列，連「傭雇漢人」都不被允許。

依據當地古文書〈思保全招派開墾永耕字〉、〈望安招墾永耕字〉、〈承管埔地合同約字〉、〈分墾蛤美蘭鬮分名次總簿〉等文獻記載，自道光三年以降至咸豐末年間，陸續遷入之平埔族計有洪安雅（Hoanya）、拍瀑拉（Papora）、

〔註44〕轉引自劉枝萬，《南投縣沿革志開發篇稿》，頁39～41。

道卡斯（Taokas）、巴布薩（Babuza）與巴宰海（Pazeh）等五部族，共計三十餘社，是中部地區有史以來最大規模的移民潮，也是埔里的開發與成為平埔族集中移住地的開始。〔註45〕

五、聚落的形成與發展

平埔族的生活原是小規模非固定性的集村方式，番社大者約四百人左右，小者僅二、三十人，其所以採集村的原因，主要是因集團的經濟生活方式，以及為防範生番之故。〔註46〕一般平埔族社的經濟規模不大，如前所述，乃因生活所需易於取得，故不需要太多的土地利用及農耕技術。當地力衰竭時，即有遷移行動，而為了方便遷移，人口過於膨脹時，部分人口便遷出另建新社。〔註47〕但是，隨著漢人拓墾勢力的擴大，平埔族非固定性小規模的集村生活，因為生活空間被壓縮，也漸漸改變成固定性的聚落生活。這樣的改變，雖有其為適應大環境的變化而不得不為，但在入埔里拓墾後，學習自漢人的農墾組織和耕作技術，使得他們很快的便成為盆地內主要的族群和拓墾者。中部平埔族雖然因共同的遭遇，以跨社群的方式大規模的移住埔里，但各社群仍有各自的生存因素和理念，因此，入埔以後各社的發展狀況，仍是值得重視與研究的課題。

平埔族社群究竟如何在埔里形成定居的聚落？其聚落分佈的情形如何？伊能嘉矩和劉枝萬是以「番社」做為聚落組成的基本單位，並根據〈承管埔地合同約字〉文件中記載：「公議先到之番親願踏出覆鼎金現居宅地土園壹所不論先後來之番親皆可在此築室住居不得阻擋」〔註48〕，和〈水沙連紀程〉中：「埔裏社番及招來諸熟番皆跪迓於道，即延館於覆鼎金山下之番寮」〔註49〕推測，初始入埔的社群應是聚居在「覆鼎金」（今杷城里鹽土與茄冬腳附近）一帶，〔註50〕之後，可能再依各自所分得的土地就近居住，以

〔註45〕 參見潘英編著，《台灣平埔族史》，頁203～205；鍾幼蘭，〈平埔族群與埔里盆地——關於開發問題的探討〉，頁114～121。

〔註46〕 石再添等，〈濁大流域的聚落分佈與地形之相關研究〉，《臺灣文獻》，28卷2期（1977，6月），頁80。

〔註47〕 邱正略，〈清代臺灣中部平埔族遷移埔里拓墾之研究〉，私立東海大學歷史研究所碩士論文，1992，頁24～25。

〔註48〕 劉枝萬，《南投縣沿革志開發篇稿》，頁53。

〔註49〕 鄧傳安，〈水沙連紀程〉，頁442。

〔註50〕 清道光三年以前原是布農族系統蛤美蘭社（埔裏社）的領域。王萬富、鄧相

便於耕種。從〈分墾蛤美蘭鬮分名次總簿〉的內容和附圖也可窺知（圖 2-2），此圖根據劉枝萬的研究指出，可能是清末（最晚可推斷為光緒九年）按實際情形繪製而成。〔註 51〕

圖 2-2　分墾蛤美蘭鬮分名次總簿附圖

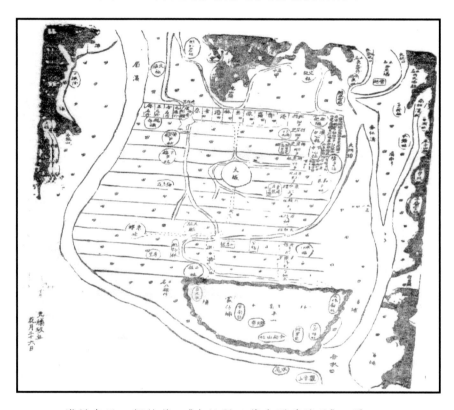

資料來源：劉枝萬，《南投縣沿革志開發篇稿》，頁 80。

　　平埔族群剛進入埔里盆地拓墾時，因為地緣的關係，屬於洪安雅族的北投社和南投社來得最早，他們的原鄉（今草屯和南投）和埔社距離最近，因此建立的聚落皆沿著大圳頭、番社溝沿岸和覆鼎金周邊靠水源之處。洪安雅族建立的聚落既都圍繞在番社溝兩側和覆鼎金周邊一帶，因此後到的其他族群在聚落的營建上不得不往埔里盆地的北半部尋求發展。〔註 52〕簡史朗也認為，後來不分新來後到，都以埔社舊社址「覆鼎金」小丘的四圍周邊做為落

　　揚，《埔里采風》（南投：埔里鎮公所，1994），頁 62。
〔註 51〕劉枝萬，《南投縣沿革志開發篇稿》，頁 81。
〔註 52〕洪敏麟，〈住民志平埔族篇〉，《南投縣志稿（七）》，頁 2344。

腳居住的地方，形成暫時性的大型跨族混居式聚落，等到土地墾成，再以拈鬮〔註53〕的方式確定各社分得土地的位置，到這個時候差不多才確定了各族群、社群的聚落將建立在何處。〔註54〕

圖2-3　平埔族入墾埔里盆地的時間進程和鬮分圖

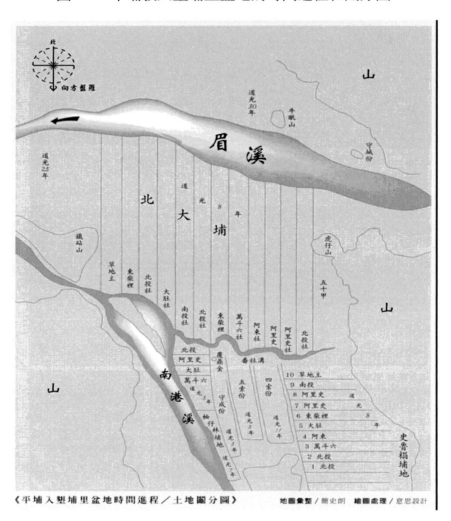

〈平埔入墾埔里盆地時間進程／土地鬮分圖〉　　　地圖彙整／簡史朗　繪圖處理／意思設計

資料來源：簡史朗，〈西部平埔族群入墾埔里時之聚落形成〉，頁31。

〔註53〕爲公平分配管業或決定先後次序等而作籤，讓參與之人拈選、抽籤決定。參考台灣中部平埔族古文書數位典藏，http://www.tchcc.gov.tw/pingpu/pn6.htm（2010/2/24）。

〔註54〕簡史朗，〈西部平埔族群入墾埔里時之聚落形成〉（國立暨南大學主辦：水沙連區域研究學術研討會劉枝萬先生與水沙連區域研究，2008），頁27。

圖 2-4　埔里盆地平埔族聚落分布圖

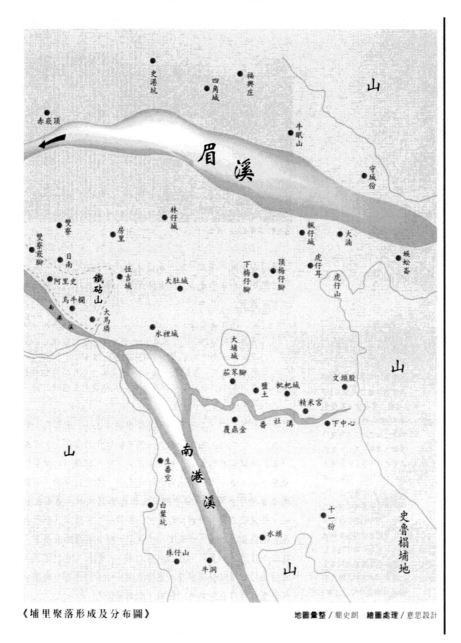

資料來源：簡史朗，〈西部平埔族群入墾埔里時之聚落形成〉，頁 32。

洪敏麟對此又有不同的看法，他認為平埔族群是以「打里摺」〔註 55〕的

─────────────────────

〔註55〕打里摺，Ta-ri-tsi，為遷徙、居住於埔里盆地的平埔原住民族之語詞，其意義

觀念合力拓墾，入墾埔里盆地後的聚落也是以血緣、地緣相結合，而有單族組成的聚落和複族組成的聚落，〔註56〕茲列表如下：

表 2-1　平埔族聚落的組成

族　　別	聚　　落　　名
洪安雅族	水頭、牛洞、珠仔山、十一份、五港泉、文頭股、中心仔、鹽土、九叢楓、桃米坑、福興、茄冬腳
巴宰族	烏牛欄、阿里史、虎仔耳、牛眠山、大馬璘、大湳、蜈蚣崙、鐵砧山
拍瀑拉族	水裡城、生番空
巴布薩族	林仔城、下梅仔腳、興吉城
道卡斯族	房里、日南、雙寮、水尾、牛相觸、日北、下史港坑、頂梅仔腳、刣牛坑
洪安雅、巴布薩	白葉坑、枇杷城
巴布薩、拍瀑拉	大肚城
巴布薩、巴宰族	眉裡社
巴宰族、洪安雅、道卡斯	守城份

整理自洪敏麟，《南投縣志稿（七）》，頁 25。

　　洪敏麟認為埔里盆地拓墾初期，平埔族群是以一種滿懷經驗教訓的心理，有計劃地自西部平原出走埔里，尋找重建家園的樂土。因此，在聚落的形成上表現出強烈的宗族獨立的意味，也特別強調個別種族的血緣觀念，因此，初移居時，以單族聚落佔絕對多數。〔註57〕而由平埔族優先選擇較具安全性和靠近水源的地方建立聚落來看，漢人合作開墾的方式，已漸為他們所吸收模仿，由此，也學會留意水源取得的問題，以改善農耕，增加農作產量。〔註58〕今日埔里盆地各聚落的發展，應是平埔各族拓墾歷程中所奠下的基礎。

　　　　原為「番親」之意，是平埔原住民族人彼此暱稱之語，現衍生為多族群之間，融合相處之意涵。參考打里摺文史數位資源中心，http://dore.gia.ncnu.edu.tw/textdb/pingpu/index.html，2010/2/24。
〔註56〕洪敏麟，〈住民志平埔族篇〉，《南投縣志稿（七）》，頁 2340。
〔註57〕同上，頁 2361。
〔註58〕劉枝萬，《南投縣沿革志開發篇》，頁 268。

　　同治十三年（1874）琉球王國船難者遭台灣原住民殺害，日本藉故出兵攻打東南部的原住民部落，爆發了「牡丹社事件」，受此事件影響，清廷的治台政策也隨之改變。光緒元年（1875）解除「封山」禁令，改北路理番同知為中路撫民理番同知，成立埔里社廳，轄區有埔裏社、北港溪、五城、集集等四堡十二番社，管理漢人和土著。光緒四年（1878）臺灣鎮掛印總兵吳光亮以漢人聚集的埔裏社街建大埔城，此城後來成為台灣中部撫番工作的主要據點。〔註59〕由日後的歷史發展來看，清帝國的撫番工作進行頗為順利，然所謂的撫番等同漢化，中部平埔社群的文化，就在大埔城的城牆下，逐漸消失。

　　自道光以降，義學於各地興起，平埔族隨著義學的興起，入塾就讀者漸增，漢化情況嚴重。光緒年間，由於清政府強化「開山撫番」工作，為強化「番民」的教育工作，乃先後在埔里社廳設有二十六處義塾，並採「漢番」共學制，〔註60〕由此可看出，所謂的「開山撫番」其實是以統治者及漢人的利益與價值為中心來對待原住民。隨著撫番工作的進行，閩粵漢人逐漸進入埔里盆地定居開墾，闢水利、興學建廟，平埔族在埔里盆地的主導權又漸漸喪失。埔里盆地的平埔族急速漢化，漢族在人口與財力上居絕對優勢，平埔族社群在優勝劣敗的競爭下，族群衰退已是不可避免。光緒二十一年（1895）台灣割讓與日本，日本殖民政府以警察統治與保甲制度，取代清帝國番社的土官通事制度，番社部落一律改為民庄。對平埔族而言，這是他們第一次在政治的分類上與漢人同被歸納為同一類的範疇，〔註61〕然而這也意謂著平埔族群將淡出歷史的舞台上。

　　今日的埔里盆地在歷經日治及國民政府時代，人口的組成愈形複雜，由平埔族建立的聚落，經過多次的行政區域調整，或者改名消失，或者仍保存其社名，但居住其中的族人，在漢文化的洪流中，也許凋零，也許迷失了。

〔註59〕同上，頁 225。

〔註60〕張勝彥，〈臺灣教育的發展〉，《臺灣近代史（文化篇）》（南投：台灣省文獻委員會，1997），頁 8；劉枝萬，《南投縣沿革志開發篇稿》，頁 94。

〔註61〕梁志輝、鍾幼蘭，《平埔族史篇（中）》，頁 142。

表 2-2　埔里鎮行政區域建置沿革表

光復後	日　治　時　期							清　代	
現行里名	臺　中　州				南　投　廳			埔里社廳	
	郡名	街庄名	大字名	小字名	支廳名	區名	堡名	街庄名	堡名	街庄社名
東門里			埔里	東門				埔里社街（埔里社）		埔里社街
西門里			埔里	西門				埔里社街（埔里社）		埔里社街
南門里			埔里	南門				埔里社街（埔里社）		埔里社街
北門里			埔里	北門				埔里社街（埔里社）		埔里社街
北安里								埔里社街（埔里社）		埔里社街
北梅里								埔里社街（埔里社）		埔里社街
泰安里								埔里社街（埔里社）		埔里社街
同聲里			埔里	頂茄苳腳				埔里社街（茄苳腳）		茄苳腳莊
清新里			埔里	下茄苳腳				埔里社街（茄苳腳）		茄苳腳莊
薰化里			埔里	新街仔、梅仔腳				埔里社街（茄苳腳）		茄苳腳莊、梅仔腳莊
大城里	能高郡	埔里街	大肚城	恒吉城、水里城	埔里社支廳	埔東區	埔里社堡	大肚城庄	埔里社堡	恒吉城莊、水里城莊
籃城里			籃仔城	籃仔城				籃仔城庄		籃仔城莊
杷城里			枇杷城	鹽塗城				枇杷城庄		枇杷城莊
枇杷里			枇杷城	枇杷城				枇杷城庄		枇杷城莊
水頭里			水頭	十一份子				水頭庄		水頭莊
麒麟里			東埔	東埔				東埔庄		東埔莊
珠格里			珠仔山	珠仔山				珠仔山庄		珠仔山莊
溪南里			生番空	生番空				生番空庄		生番空莊
桃米里			擔米坑	擔米坑				挑米坑庄		挑米坑莊
成功里			種瓜坑	種瓜坑				種瓜坑庄		種瓜坑莊
南村里			牛相觸	牛相觸				牛相觸庄		牛相觸莊
愛蘭里			烏牛欄	烏牛欄		埔西區		烏牛欄庄		烏牛欄莊
鐵山里			鐵尖山	鐵尖山				鐵尖山庄		鐵站山莊
房里里			紅瓦厝	紅瓦厝仔				紅瓦厝仔庄		紅瓦厝仔莊
向善里			觀音山	觀音山				觀音山庄		觀音山莊

能高郡	埔里街		埔里社支廳	埔西區	埔里社堡	埔里社堡
一新里	刣牛坑	刣牛坑			刣牛坑庄	刣牛坑莊
廣成里	小埔社	小埔社			小埔社庄	小埔社莊
合成里	北寮、太平頂、北流東	北寮、太平頂、北流東			北寮庄、太平頂庄、北流東庄	北寮莊、太平頂莊、北流東莊
史港里	史港坑	史港坑			史港坑庄	史港坑莊
福興里	福興庄	福興庄			福興庄	福興莊
牛眠里	牛眠山	牛眠山			牛眠山庄	牛眠山莊
大湳里	大湳	大湳			大湳庄	大湳莊
蜈蚣里	蜈蚣崙	蜈蚣崙			蜈蚣崙庄	蜈蚣崙莊

資料來源：張勝彥，《南投開拓史》，頁 578～579。

第二節　宗教信仰的形成

自清廷於光緒元年在埔里社設廳，並移中路理番同知於大肚城，開始了一連串的「撫番政策」。就漢人而言，等於宣告此後進出埔里的合法性，但相對於平埔族來說，卻又是另一次族群生存的大威脅。為了便於民番管理，清廷設了二十六所義塾，分列於各社，義塾之授課內容，與教授漢人並無二致，更加速了平埔族的漢化。移川子之藏在昭和六年（1931）抵達埔里進行語言調查時，發現：「定居埔里後，由北投社分立之史港坑及珠仔山，由枇杷城分立之福興、桃米坑等，均係新生部落，今已不用番語。又有幾頻於絕跡者，如大肚城分立之生空番，今幾乎溷入異族矣。」〔註62〕漢人社會的急速澎脹，使得平埔聚落漸轉而為漢庄。此一時期，宗教信仰隨著番漢聚落的改變，也有重要的演變。

一、拓墾時期的宗教信仰

平埔族移住埔里前，也有隨漢人信仰媽祖與關帝等，隨著族群播遷，也將這些信仰帶進埔里。根據〈分墾蛤美蘭圖分名次總簿〉所載，對於分割之土地有：「言約每垧田全年納租粟五斗，以為關帝爺祝壽之費」規定，〔註63〕

〔註62〕移川子之藏，〈從承管埔地合同約字看埔里之熟番聚落〉，《南方土俗》，第一卷第二號（1931）。

〔註63〕劉枝萬，《南投縣風俗志宗教篇稿》（南投：南投縣文獻委員會，1961），頁 102；劉枝萬，《南投縣沿革志開發篇稿》，頁 69。

所以埔里迄今雖然並未發現道光年間有建祠廟之記錄，但顯然漢人的宗教信仰隨著漢文化的侵入，也漸次影響平埔族的信仰。

同治七年（1868），大肚城已形成漢庄，平埔族生活備受威脅，於是有平埔族人莫武葛者提議，效仿漢人聚落於烏牛欄建福德爺廟；同治八年（1869），生番空庄的社民在埔里盆地建興安宮，奉祀所帶來的天上聖母木雕像。同治十年（1871）由大肚城庄都阿托、房里庄張世昌、枇杷城庄余清源、牛眠山庄潘進生等平埔族頭人倡議，由埔里、五城二堡居民共同捐款二千元，在大肚城興建恆吉宮，奉祀天上聖母。〔註64〕劉枝萬於《南投縣志稿》中對於平埔族仰賴漢人宗教，有如下的描述：「大肚社番所踞部落，地居盆地中央，號稱大肚城，係移住平埔族首要部落，漸呈番漢雜處，促進其漢化，惟因境域日形跼蹐，在極不安定局面下，卻不得不仰賴於漢人神明庇護。」〔註65〕可見平埔族移住埔里之初，仍終日惶惶，尤其所居地處內山，向來即是罪犯拒捕躲藏之地，除防生番侵擾外，還須防範漢人的欺瞞侵吞，劉韻珂在《奏開番地疏》中曾寫道：「臺灣孤懸海外，民性浮動，不逞之徒，動輒逞兇，械鬥尤甚，或造謠聚眾，謀為不軌。迨經兵役跟蹤尋緝，而該匪徒等明知水沙連內山為兵役緝獲難至之區，遂各相率逃入，潛匿深藏。」〔註66〕於是，求助漢人的神靈保佑，便成為平埔族人在埔里定居的重要依賴。

求神庇護既是開墾過程中重要的精神依賴，寺廟的興建就有其必要，尤其是曾有顯靈禦番事蹟之神佛，尤為先民所崇拜。（表 2-3）為埔里盆地於清代所建之寺廟：

表2-3　埔里盆地為防番害於清代所建之寺廟

寺廟名稱	供奉主神	所在位址	始建年代	備　註
福德爺廟	土地公	烏牛欄莊	同治七年（1868）	平埔族倡建
興安宮	天上聖母	生番空庄	同治八年（1869）	平埔族倡建
恆吉宮	天上聖母	大肚城	同治十年（1871）	平埔族倡建
福同宮	陰林山祖師	桃米坑庄	同治十年（1871）	
義民爺廟	粵東義民老爺神	牛相觸庄	光緒五年（1879）	
天賜嬪祠	天賜嬪	頂茄苳腳庄	清末（年代不詳）	

〔註64〕劉枝萬，《南投縣沿革志開發篇稿》，頁203。
〔註65〕劉枝萬，《南投縣風俗志宗教篇稿》，頁98。
〔註66〕劉韻珂，〈奏開番地疏〉，卷三，《治臺必告錄》，頁209。

| 德生堂 | 觀音佛祖 | 珠仔山 | 光緒十三年（1887） | |
| 參贊堂 | 關聖帝君 | 刣牛坑 | 光緒十四（1888） | |

資料來源：整理自劉枝萬，《南投縣風俗志宗教篇稿》，頁13。

　　由上表寺廟所在位址，大多在盆地邊緣與原住生番接近的近山地區來看，防番害顯然是埔里盆地開墾初期宗教信仰形成的重要原因。

二、關聖帝君信仰

　　台灣供奉關聖帝君，始於明永曆年間，約在鄭成功據臺屯田之時，〔註67〕首要的功能是在驅番，大約也是因爲他會「伏魔」的緣故，〔註68〕因此關帝常是墾民入山隨身攜帶之神靈。清朝入主中國以後，也因開國時受關聖帝君庇佑頗多，故崇敬之心，更逾明代。「重修郡西關帝廟碑記」是乾隆五十四年（1789）府知事楊廷理所寫，內容詳載林爽文之變時，武聖關公種種顯靈之事：

> 乾隆五十一年，逆匪（林爽文之亂）不靖，蔓延經歲，南北騷然，焚郭戕吏，在所不免。而府城得堅守無恙者，蓋每賊眾犯城時，輒聞廟中金鼓聲，隱隱似有數萬甲兵出而撼賊，爲我民呵護者，而城獲全，則神有功於茲城也大矣。……〔註69〕

姑且不論清朝官員信仰之目的爲何，但欲藉與民間同信仰而收其心是昭然可

〔註67〕台南府城著名的武廟有兩座，一座是位在赤崁樓對面的國家一級古蹟「祀典武廟」及位於台南市新美街的國家三級古蹟「開基武廟」，兩廟同爲祀奉「關聖帝君」的廟宇，其中「開基武廟」爲一般百姓所建，創立於明永曆年間（一六四七年～一六八三年），是台灣地區最早的關帝廟，祖廟在中國泉州府塗門（土門）關帝廟，即今福建泉州市通淮關岳廟。（台灣時報，2008/7/20）

〔註68〕關帝的被尊崇，在明朝達到極盛，明神宗萬曆十年（1582）封「協天大帝」，首次晉升「帝級」；四十二年（1614），再敕封關羽爲「三界伏魔大帝神威遠震天尊關聖帝君」，「關聖帝君」從此成爲民間對關羽的尊稱；明思宗崇禎三年再加封「眞元顯應昭明翊漢大天尊」，升爲「天尊」等級。清初時，因爲各處用武，關於關帝顯靈的事越多，朝廷也把他推尊爲武聖；清世祖封其爲「忠義神武大帝」，乾隆更降旨加「靈佑」二字，以示尊崇，再加上「伏魔護國」四個字，所以崇拜的人越多。許地山便認爲，當時一般人崇敬關帝，多半是因爲他會「伏魔」，而不是崇拜他的「忠義」。趙翼，〈關壯繆〉，《陔餘叢考》，卷35（台北：華世出版社印行，1975），頁622～623；許地山，《扶箕迷信之研究》（北京：商務印書館，1999），頁27～28。

〔註69〕臺灣省文獻委員會，《臺灣省通誌卷二人民志宗教篇下》（台北：眾文圖書公司，1971），頁285。

見的，康熙四十三年（1704）巡臺廈兵備道蔣允焄即曾於增建武廟官廟碑記中寫道：「於文廟以習其禮樂冠裳之盛，於武廟以作其忠誠義勇之氣。」顯然已將關帝信仰視同與儒教一樣的信仰，台灣民間並且奉祂爲「恩主公」之首。〔註70〕由此可知，台灣對關帝之奉祀，上及官員下至庶民，無不崇拜，商人尤認爲帳簿是關帝所創，更將之視爲商業守護神。〔註71〕

　　埔里盆地在拓墾時期，除了要開荒闢土，克服環境的瘴癘之氣，還要與剽悍的原住民在生存空間上競爭，因此，不管是早到的平埔族，或是後來的閩粤漢人，除了心理的壓力外，生理層面也面臨了極大的挑戰，此時，信仰成了一切信念的最大原動力。而一直以來關聖帝君的英勇俠義，是清政府在武神的形象中特別提倡的，以關聖帝君驅番防害也就更具信服力，這也是關帝信仰在清領時期帶有強烈防番色彩的原因。周怡然在研究苗栗客家地區關聖帝君信仰的演變時也發現，苗栗地區在清代拓墾時期的關帝廟宇，和埔里一樣都是興建在與原住民直接接觸的近山地區，〔註72〕由此也就不難理解，拓墾地區的移民選擇關聖帝君作爲守護神的原因了。

　　關帝信仰不但對漢人有安定人心、凝聚人氣、辟邪護佑的功能，甚至對於平埔族也有一樣的神威。西部平埔族大舉遷入埔里之後，面對高山族的威脅，多有求助於關帝的威靈保護。爾後漢人日增，拓墾愈往內山推進，番害愈形嚴重，也更仰賴關帝的神靈，因此埔里地區拓墾時的關帝信仰，多緣起於防番。〔註73〕爲防番害，早期的關帝廟大都興建於盆地邊緣番害頻繁之地，據南投文獻記載，埔里盆地最早的關帝廟是位於盆地西北緣的參贊堂。此地昔稱刣牛坑，原是泰雅族眉番出草、搶奪牛隻並予屠宰之地，因而得此名，故參贊堂也稱刣牛坑帝君廟。清末，粤籍漢人由東勢地方南下遷入，因爲入遷較晚，所以多分佈於盆地邊緣。當時墾民爲避番害，於是在光緒十四年（1889）由余阿財、何阿陞二人提議，前往新竹飛鳳山德善堂割香，並募款八百餘元建廟，雕關聖帝君木像一尊，予以奉祀，成爲埔里盆地西緣一帶粤籍墾民的守護神。〔註74〕

〔註70〕董芳苑，《台灣人的神明》（台北市：前衛，2008），頁 85。
〔註71〕臺灣省文獻委員會，《臺灣省通誌卷二人民志宗教篇下》，頁 285～286。
〔註72〕周怡然，〈終戰前苗栗客家地區鸞堂之研究〉，國立中央大學，客家社會文化研究所碩士論文，2008，頁 192。
〔註73〕劉枝萬，《南投縣風俗志宗教篇稿》，頁 102。
〔註74〕同上，頁 104～105。

日治以後，童乩、扶鸞往往在關帝廟舉行，信徒遇到病患災害，多往關帝廟祈求神恩，如有靈驗，為了感報恩德，便將關聖帝君改稱為恩主公，於是部分關帝廟漸漸轉變成為乩童、扶鸞的殿堂，從而使其信仰的形式、內容與從前的關帝廟有所不同，而關公也因與扶鸞的宗教活動非常密切，甚至有繼任玉皇大帝的傳說。〔註75〕

三、鸞堂信仰

鸞堂的崇祀，在清末已發展出三恩主崇拜的鸞堂，所謂三恩主即指關聖帝君、孚佑帝君（呂洞賓）及司命真君（張單）。除了上述關聖帝君被奉為「恩主公」之首外，呂洞賓也因為棄官學道，與發願雲遊四海濟度世人而成為守護神，受民間善信的尊敬。〔註76〕而為民間視為灶神的司命真君，除了是主管世人的日常飲食，與人關係密切外，也因發心救世，度化世人，與關聖帝君、孚佑帝君並列稱為三恩主。〔註77〕日治時期鸞堂的戒煙運動正是屬於三恩主的崇拜群，這個崇拜群的共同神話中有玉皇上帝因世間人心險惡，欲將世界再次混沌，三恩主上奏玉帝請求下凡度化人心，〔註78〕埔里懷善堂出版的善書《懷心警世金篇》中，南天文衡聖帝序有如此的描述：「邇年來干戈蹂躪，災殃流行，上帝有其殄滅之意，余豈無惻隱之心，爰邀呂帝君、張真君等會奏金闕。」；〔註79〕南投集集崇德堂《導化金篇》，大成至聖先師序也有此說：「……即蒙關呂張三相上奏玉旨，飛鸞闡教」，〔註80〕由這些序文可知，鸞堂之聖神崇拜以此三恩主為核心，或有遷就現實環境的變遷。當時日人初入臺灣，臺灣人民一時之間要從不同的文化政策，及不平等的殖民地位所產生的衝突與不適應中，尋求宗教信仰是自然的，也是必然的。這也可以說明，日治初期鸞堂信仰之所以蓬勃發展的原因。

大正四年（1915）西來庵事件爆發後，日本殖民政府開始採取積極的宗

〔註75〕鄭志明，〈台灣民間鸞堂儒宗神教的宗教體系初探〉，《臺灣民間宗教論集》（台北：學生書局，1984，）頁108。

〔註76〕董芳苑，《台灣人的神明》，頁150。

〔註77〕黃冠雲，〈司命真君略傳〉，《昭平宮育化堂簡史》（南投：財團法人昭平宮育化堂董事會，2001），頁10。

〔註78〕王志宇，《台灣的恩主公信仰：儒宗神教與飛鸞勸化》（台北：文津出版社，1997），頁49。

〔註79〕懷善堂，《懷心警世金篇》（埔里：懷善堂，1902），頁5。

〔註80〕崇德堂，《導化金篇‧卷一》（南投集集：崇德堂，1914），頁12。

教調查和監視，加上昭和十二年（1937）推行「皇民化運動」，在宗教與社會風俗的改革中，採用執行政令的方式，使台灣原有的寺廟與宗教團體中，徹底改造不屬於皇民信念的「陋習」，並擬定完整的神社網，企圖改變台灣人的宗教信仰。〔註81〕台灣民間信仰與宗教活動受到打壓，鸞堂大幅萎縮，鸞堂的活動，在這段時間或轉變成地下化，或暫時停止活動，有些鸞堂甚至藉由加入日本佛教協會以求自保。

　　埔里地區鸞堂也受戒煙運動影響，關聖帝君、孚佑帝君及司命真君由守護神轉變為扶鸞勸善的恩主公，開始在地化，並與地方民眾的生活相結合。雖然日治時期鸞堂的發展受到打壓，但戰後埔里地區鸞堂，卻突然興起一股鍛鍊新乩、著造善書的風潮，這段時期可以稱得上是埔里地區鸞堂的興盛期。〔註82〕隨著時代的演變，這股熱潮雖沒有延續下去，但這些鸞堂仍在地方上以多元方式穩定發展；以三恩主為主神的廟宇也陸續出現，並在埔里地區的民間信仰中，佔有極重要的分量，受到普遍的信仰。

表2-4　埔里地區鸞堂簡表

名　稱	別　稱	地　點	村里別	創建年代	主祀神
真元宮參贊堂	刣牛坑帝君廟	水尾	一新里	1888	三恩主
懷善堂	城隍廟	市區	南門里	1902	三恩主 城隍尊神
玉衡宮通天堂		市區	杷城里	1909	三恩主
昭平宮育化堂	孔子廟 帝君廟	市區	清新里	1912	孔子 三恩主
宣平宮醒覺堂		珠仔山	珠格里	1946	三恩主
麒麟閣導化堂		梅仔腳	北梅里	1946	觀世音菩薩 三恩主
醒化堂		大瑪璘	愛蘭里	1917	三恩主
醒靈寺				1949	
寶湖宮天地堂	地母廟	寶湖崛	枇杷里	1950	地母
恒山宮衍化堂		牛眠山	牛眠里	1950	三恩主

〔註81〕陳玲蓉，《日據時期神道統治下的台灣宗教政策》（台北：自立晚報社文化出版部，1992），頁91～92。
〔註82〕康豹、邱正略，〈鸞務再興——戰後初期埔里地區鸞堂練乩、著書活動〉（國立暨南大學主辦：水沙連區域研究學術研討會，2008），頁2。

昭德堂		史港	史港里	1951	三恩主 神農大帝
受鎮宮		小埔社	廣成里	1959	玄天上帝
玉清宮良顯堂		崎下	大城里	1974	五顯大帝

資料來源：康豹、邱正略，〈鸞務再興——戰後初期埔里地區鸞堂練乩、著書活動〉，頁25。

第三節　鸞堂信仰的興起

　　鸞堂信仰為一多神、自主、區域性的民間信仰，屬恩主公信仰叢，以祀奉三恩主為較常見，其中關聖帝君，掌儒道釋教之權，管天地人才之柄；孚佑帝君，化身為三教之師，掌法判五雷之令；司命真君，一家之主，五祀之神，察善惡於東廚之內，賜福赦罪保佑家庭。〔註83〕鸞堂是聖神駕臨施方勸善之所，亦是信眾聚集膜拜祈福之地，人神共同透過「扶鸞」的儀式進行溝通，一方求得平安，一方達到教化目的，因此鸞堂又稱為「善堂」、「鸞門」、「儒門」、「聖門」、「聖教會」或「儒宗神教」，〔註84〕日治時期則以「降筆會」稱之，〔註85〕民國八十六年，以台灣南部鸞堂為中心，結合關係鸞堂與寺廟組成「中國儒教會」，並於民國八十九年（2000）正式成立。

　　日治時期台灣的鸞堂信仰，因戒煙運動而形成一股風潮，這股藉由戒煙活動而興起的鸞堂信仰，如何在埔里地區興起？興盛的原因又為何？將是本節討論的重點。

一、鸞堂的戒煙運動

　　清代的鴉片煙害，不僅只在中國大陸本土，康熙六十一年（1722）首任巡台御史黃叔璥在其所著〈臺海使槎錄〉談到台灣習俗時，對台灣當時吸食鴉片煙的情形，有如此描述：

　　……群聚吸之，索值數倍於常煙。專治此者，名開鴉片館。吸一、二次後，刻不能離；暖氣直注丹田，可竟夜不寐。土人服此，肢體

〔註83〕宣平宮醒覺堂，《宣平宮醒覺堂誌》（埔里：宣平宮醒覺堂管理委員會，2004），頁33～37。
〔註84〕鄭志明，《台灣民間宗教論集》（台北：學生書局，1984），頁92。
〔註85〕臺灣慣習研究會，《臺灣慣習記事》，卷一（台中：臺灣省文獻會，1984），頁86。

萎縮，臟腑潰出，不殺身不止。官弁每為嚴禁，常有身被逮繫，猶
求緩須臾，再吸一筒者。〔註86〕

事實上，清朝政府對於鴉片嚴禁或弛禁，一直存在著爭論，地方官員也無法
嚴格執行，因此，各地吸食鴉片的人數並未受到遏止。〔註87〕

　　咸豐十年（1860）至光緒二十一年（1895）間，茶、糖與樟腦為台灣賺
取大量的外匯，但1868年至1895年間，鴉片進口總值竟佔臺台灣進口總值
的57%。食用鴉片者中，又以中下階層的勞動人口為主，為的是能解除繁重
工作下所帶來精神上、肉體上的疲憊，因此進口來台的鴉片等級較低，外國
人更常用劣質鴉片來換取台灣品質較佳的茶、糖等經濟作物。〔註88〕鴉片對
台灣人民不僅是勞動力的直接戕害，背後隱藏的更是對整個民族的操控，因
此日本殖民統治以後，便以「尊重習慣」為名，於明治三十年（1897），公布
「臺灣鴉片令」，規定鴉片由總督府專賣，只有經由指定醫師診斷確有鴉片煙
隱者，才可持特許證購買鴉片煙吸食之。〔註89〕

　　鴉片專賣以後，價格大幅上漲，吸食者深受煙癮之苦。恰於此時，盛行
在廣東鸞堂之降筆戒煙法，因戒煙效果良好，很快的便傳到全台各地，而形
成一股新興、澎湃的運動。

　　鸞堂戒煙法的引進，學者間有不同的看法，王世慶引用日警的調查，認
為光緒十九年（1893）宜蘭縣人吳炳珠與莊國香二人前往廣東陸豐縣，見到
當地有鸞堂開設，實行勸化人民並戒洋煙，認為有益於台民，於是回台後即
開設喚醒堂傳法。〔註90〕王見川對此有不同的看法，認為日警的調查有問
題，他說：「廣東陸豐是個客家縣，吳炳珠、莊國香二人到此地，猶如身處
異域，言語不通，如何學當地扶鸞戒煙之法。另一方面，光緒十九年（1893）
吳炳珠、莊國香並未設堂扶鸞，喚醒堂是光緒二十一年（1895）才創立的」；

〔註86〕黃叔璥，〈赤嵌筆談〉，《臺海使槎錄》，卷二（台北：成文出版社，1983），頁43。
〔註87〕林滿紅，〈財經安穩與國民健康之間：晚清的土產鴉片論議（1833～1905）〉，
　　　《財政與近代論文集》（台北：中央研究院近代史研究所，1999），頁541～544。
〔註88〕林滿紅，《茶、糖、樟腦業與臺灣之社會經濟變遷（1860~1895）》（臺北：聯
　　　經出版社，1997年），頁159～160。
〔註89〕〈臺灣阿片令律令第二號〉，《總督府公文類纂》，冊號：133，文號：25，1897
　　　年1月28日；〈臺灣阿片令施行細則〉，《總督府公文類纂》，冊號：133，文
　　　號：26，1897年1月20日。
〔註90〕王世慶，〈日據初期臺灣之降筆會與戒煙運動〉，《清代台灣社會經濟》（台北：
　　　聯經出版社，1994），420。

〔註91〕又「彭殿華請他來扶鸞戒煙，不具成效，不是因爲他不會扶鸞，而是他未掌握戒煙處方，因此可知，他並未到陸豐習得戒煙之法」。〔註92〕王志宇對王見川的看法提出反駁，理由是：一、王見川推斷吳炳珠爲閩南人，是依據《渡世慈航》記載吳炳珠的父親死後判攝漳州福神，以及喚醒堂諸生多爲閩南人，在推論上明顯不足。而王見川認爲「多爲閩南人」，所舉的也只有莊國香與盧廷翰二人，喚醒堂有眾多鸞生，光舉二人即證明喚醒堂多爲閩南人的說法，似嫌以偏蓋全，更不能以此證明此二人有語言隔閡上的問題，無法習得扶鸞戒煙之法。二、日警調查資料有其可取之處，雖然對光緒十九年莊、吳二人到廣東學鸞法一事的敘述並不十分仔細，但此事應該爲眞，因爲莊國香與吳炳珠如果沒到廣東習得鸞法，後來的彭殿華也就不會請吳炳珠從宜蘭到樹杞林來扶鸞。〔註93〕鄭寶珍也持同樣的看法，並舉日警的調查記載：「鸞堂自明治二十六年（1893）臺北宜蘭吳炳珠、莊國香開設」，〔註94〕認爲應是有設堂，且吳炳珠曾二度接受彭殿華之邀到樹杞林協助鸞務，〔註95〕故莊、吳二人似無語言上的問題，應是到過廣東習法無誤。〔註96〕

　　光緒二十五年（1899）二月，樹杞林街的彭殿華在自宅社鸞堂，邀請陸豐五雲洞鸞生彭蘊珍、彭錦芳、彭象瓊、彭錫慶、彭錫亮等五人協助，舉行扶鸞祈禱降筆戒煙，結果彭殿華及九芎林庄長等數十人有鴉片煙隱者，均戒煙成功，此後新竹地區扶鸞戒煙極爲昌盛，而台灣鸞堂的戒煙運動可說從此地向外傳佈。〔註97〕

　　綜合各學者對鸞法傳播的看法，可以確定，日治時期開啓台灣鸞堂扶鸞戒煙風氣者，應是宜蘭喚醒堂的莊國香、吳炳珠以及新竹的彭殿華等，戒煙

〔註91〕王見川，〈清末日據初期臺灣的鸞堂〉，《臺灣的齋教與鸞堂》（台北：南天，1996），頁178。

〔註92〕王見川，〈光復前臺灣客家地區鸞堂初探〉，《臺灣的民間宗教與信仰》（台北縣：博揚文化，2000），頁4註12。

〔註93〕王志宇，《台灣的恩主公信仰：儒宗神教與飛鸞勸化》，頁44～45。

〔註94〕王世慶，〈日據初期臺灣之降筆會與戒煙運動〉，《清代台灣社會經濟》，頁430。

〔註95〕吳炳珠第一次協助彭殿華的時間應在1897年至1898年期間；第二次則在1899年，彭殿華開設明復堂時。鄭寶珍，〈日治時期客家地區鸞堂發展：以新竹九芎林飛鳳山代勸堂爲例〉（國立中央大學客家社會研究所碩士論文，2008），頁26註40。

〔註96〕鄭寶珍，〈日治時期客家地區鸞堂發展：以新竹九芎林飛鳳山代勸堂爲例〉，頁26。

〔註97〕王志宇，《台灣的恩主公信仰：儒宗神教與飛鸞勸化》，頁44～45。

運動的澎湃發展可說是由這批人推動的。

二、埔里地區鸞堂的興起

依據《南投縣風俗志宗教篇稿》記載，明治三十五年（1902）南門街巨賈施百川〔註98〕前往阿罩霧大里杙庄割香，雕三聖（關聖帝君、孚佑帝君、司命眞君）神像，供奉於自宅，並立堂號爲懷善堂，盛行扶鸞降筆，〔註99〕據《埔里瀛海城隍廟沿革》記載，此堂是埔里地區最早的鸞堂。懷善堂在鸞助神力，幫助居民戒除煙癮後，承恩主賜冠號爲「彩鳳閣」，開始降筆著書，明治三十六（1903）年編成《懷心警世金編》八卷、昭和十八（1943）刊行《醒悟金編》，正乩生爲李春生。〔註100〕

李春生且得神諭示，指永興莊（今一新里）有一吉地可建宮廟，助民消解煙毒，於是前往尋覓，果然發現神所指示的黃石盤，乃於此地興建茅舍，安奉三恩主香火令旗，從此開啓參贊堂的歷史。〔註101〕當時由於吸食鴉片的人不少，於是又有余阿財、何阿陞二人提議，前往新竹飛鳳山德善堂割香建廟，奉祀關帝君。〔註102〕新竹地區在扶鸞戒煙興盛以後，除了最有勢力的九芎林鸞堂外，燥坑庄飛鳳山的鸞堂亦很興盛。〔註103〕人群往來之中，有到此取經者，也有外移遷居者將此信仰傳到移居地，甚至影響移居地的鸞堂發展。至於參贊堂爲何到飛鳳山的鸞堂割香，而不是到九芎林鸞堂？因年代久遠，也無記錄留下，就不得而知了。但依據劉枝萬的研究調查，參贊堂早在光緒十四年（1888）即因當時的墾民爲避番害而建，而鸞堂信仰特別興盛於客家地區，原因之一即是鸞堂的扶鸞戒煙法自廣東省陸豐縣引進，傳入後自然在客家人聚集處流行，因此客家地區人口的分佈與鸞堂的發展有十分密切的關係。〔註104〕

〔註98〕施百川爲埔里社街的雜貨商，商號名稱爲「瑞源號」，是漢醫兼米商，也投資其他事業，包括埔里社電燈會社、埔里社開源會社等。

〔註99〕劉枝萬，《南投縣風俗志宗教篇稿》，頁116。

〔註100〕潘祈賢編，《埔里瀛海城隍廟沿革》（南投：埔里城隍廟管理委員會，1996），頁21。

〔註101〕眞元宮參贊堂，《慶祝開堂壹佰週年紀念慶典特刊》（埔里：眞元宮參贊堂，2002），頁15～16。

〔註102〕劉枝萬，《南投縣風俗志宗教篇稿》，頁104。

〔註103〕王志宇，《台灣的恩主公信仰：儒宗神教與飛鸞勸化》（台北：文津出版社，1997），頁45。

〔註104〕鄭寶珍，〈日治時期客家地區鸞堂發展：以新竹九芎林飛鳳山代勸堂爲例〉，

　　近年來由鄭寶珍等研究客家鸞堂發展的脈絡中發現，鸞堂文化的發展與族群及產業有十分緊密的關係。就客家地區來說，鸞堂由聚集最多客家人的新竹開始往南發展，過程中牽涉到人口的移動，而人口的移動與產業的發展脫不了關係。〔註105〕她並根據臺灣總督府 1898 年以內山情形做為計算基礎，下令限制各地可設腦灶數的統計資料中，發現大料崁、新埔、五指山、南庄、大湖、東勢角、埔里社、林圯埔、嘉義及蕃薯蓁等，均有鸞堂出現，隨著樟腦的開墾，人口也跟著移動，順便帶動鸞堂的發展是有其可能性的。〔註106〕由此看來，原就是埔里盆地西緣一帶客家籍墾民守護神的參贊堂成為鸞堂，是不難理解的。參贊堂沿革中指出，參贊堂由懷善堂正乩李春生主持創設，是否指的是鸞法的傳授，若指的是宮堂的開創，則是不夠客觀的說法，而《埔里瀛海城隍廟沿革》謂懷善堂是埔里地區最早的鸞堂，也是令人存疑的。

　　除了懷善堂和參贊堂外，位於烏牛欄台地上的醒靈寺（醒化堂）也因日南庄民林李金水母親染患煙癮，在家中設置香案，供奉關聖帝君，焚香祝告，叩求恩主幫忙戒除煙癮，發誓戒毒，然後將煙具當場燒化，毒癮復發時，只祈求香灰沖茶飲之，其母煙癮果然戒除。此後，遠近傳聞，請求協助戒煙者眾，信徒日漸增多，於是林李金水於明治四十年（1907）在自家設「解化堂」，代天宣化，施方濟世。大正五年（1916）埔里大地震之後重新再建，改堂號為「醒化堂」繼續揮鸞闡教。二戰結束後，於民國三十八年（1949）成立董事會，並獲恩主賜廟名為「醒靈寺」。〔註107〕

　　明治 42 年（1909）3 月，巫阿昌於家宅正廳設堂，奉祀關聖帝君為主神，兼奉玄天上帝、孚佑帝君、司命眞君、保生大帝等神，扶鸞闡道，是「通天堂」創設之始。到了昭和 17 年（1942）遷移至位於枇杷城鹽土的現址，此地原本是埔里首富羅金水（1850～1922）家舊宅，由地方人士捐資購買建廟。〔註108〕

　　位於市區清新里的育化堂，俗稱帝君壇或孔子廟。早期由當地居民集資，

　　　　　頁 16。
〔註105〕同上，頁 15。
〔註106〕同上。
〔註107〕醒靈寺編印，《醒靈寺專刊》（埔里：埔里醒靈寺，1978），頁 1～6；劉枝萬，《南投縣風俗志宗教篇稿》，頁 106～107。
〔註108〕鄧鏗揚、賴敏修主編，《埔里區寺廟弘道協會紀念特刊》（南投：埔里區寺廟弘道協會，2006），頁 36。

於王國財耕作的園圃簡單創設茅廬，並由林有定從臺中大墩迎來武聖關公金像及香爐，取號為「修化堂」，於明治45年（1912）舉行安座，大正5年（1916）移至童阿里家宅正廳奉祀。大正15年（1926）埔里街長林其祥、地方望族謝仕開等出面，向街民募款建廟，於是擇定今日廟址奉祀關聖帝君，並供孔子神位，同年底落成，易號為「育化堂」。〔註109〕第一代正乩劉旺進於遷居埔里之前，已於苗栗大湖神農廟煆筆，遷居埔里之後，便到育化堂效勞。

由以上簡介可知，埔里地區鸞堂興起於日治時期，而興起的原因也是受扶鸞戒煙運動的影響。雖然各鸞堂並未詳載鸞法的師承，但由鸞堂的分佈和扶鸞戒煙法多流行在客家人聚居的地區看，埔里地區鸞堂信仰應該也是由客家人傳進來的。昭平宮育化堂第一代正乩劉旺進於遷居埔里之前，已於苗栗大湖神農廟煆筆，而由其原鄉為苗栗大湖來推測，劉旺進應該也是客家人，換言之，育化堂的扶鸞活動可以說是由客家人所傳入的。〔註110〕依據昭和十年（1935）埔里鎮戶口普查結果（表2-5），住民總計29,490人，按族群別構成，福建系（閩南）占全人口之 47.31%，客家系占 39.66%，平埔族占 18.94%，其他占 4.1%。〔註111〕對照鸞堂分佈的地區來看（圖1-6），參贊堂所在的水尾地區，客家族群共有男女人數1,503人，閩南人只有330人，而懷善堂、育化堂與通天堂所在的埔里社街（含埔里街與埔里），閩南人合計有19,395，客家人也有10,951，比較閩、客族群的人數和分佈情形，埔里地區鸞堂的興起與客家人關係密切，應是可以理解的。

圖 2-5 劉旺進像

資料來源：昭平宮育化堂

〔註109〕育化堂編輯委員會，《昭平宮育化堂簡史》，頁12～14；劉枝萬，《南投縣風俗志宗教篇稿》，頁108。
〔註110〕康豹、邱正略，〈鸞務再興──戰後初期埔里地區鸞堂練乩、著書活動〉，頁9註63。
〔註111〕洪敏麟，《南投縣志稿（七）》，頁2397。

表2-5　昭和十年（1935）埔里盆地族群別人口統計表

行政區別	各族合計			平埔族			福建系			廣東系			其他		
	男	女	計	男	女	計	男	女	計	男	女	計	男	女	計
埔里街里	15,020	14,470	29,490	2,755	2,829	5,584	7,125	6,826	13,951	4,478	4,269	8,747	662	546	1,208
城	4,644	4,499	9,143	288	338	626	2,781	2,663	5,444	1,098	1,106	2,204	477	392	869
大肚城	1,115	1,120	2,235	322	322	644	597	610	1,207	110	123	233	86	65	151
枇杷城	1,027	1,011	2,038	192	166	358	622	627	1,249	211	209	420	2	9	11
珠仔山	286	268	554	26	20	46	158	149	307	101	98	199	1	1	2
桃米坑	694	643	1,337	31	58	89	278	297	575	383	288	671	2	0	2
生蕃空	352	340	692	86	83	169	175	176	351	90	79	169	1	2	3
烏牛欄	742	756	1,498	377	407	784	219	219	438	102	104	206	44	26	70
房里尾	500	484	984	343	297	640	112	113	225	45	73	118	0	1	1
水尾	1,047	1,046	2,093	125	130	255	163	167	330	757	746	1,503	2	3	5
牛相觸	332	297	629	120	98	218	92	99	191	120	99	219	0	1	1
眠山	832	792	1,624	274	290	564	363	309	672	195	189	384	0	4	4
福興	361	354	715	61	74	135	185	177	362	108	100	208	7	3	10
史港坑	406	422	828	96	107	203	190	159	349	117	150	267	3	6	9
小埔社	867	742	1,609	27	32	59	312	248	560	521	447	968	7	15	22
大湳	740	708	1,448	221	259	480	308	272	580	200	175	375	11	2	13
水頭	1,075	988	2,063	166	148	314	570	541	1,111	320	283	603	19	16	35

資料來源：洪敏麟，《南投縣志稿（七）住民志平埔族篇》，頁2397。

圖2-6　埔里地區主要鸞堂位置圖

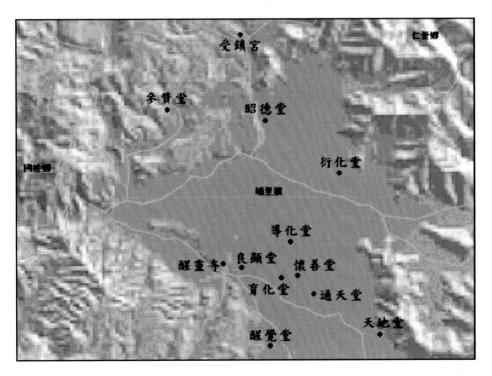

資料來源：康豹、邱正略，〈鸞務再興——戰後初期埔里地區鸞堂練乩、著
　　　書活動〉，頁33。

小　結

　　埔里盆地的開發，可說是整個臺灣開發的縮影，漢人不單只是在土地的競爭上獲勝，更挾其優勢文化，幾讓原住民族無所依存。中部平埔族在如此優勝劣敗的生存挑戰下，終於道光三年起，棄西部原居地，大舉遷入埔里盆地，啓開埔里盆地的開發史。

　　平埔族在西部與漢人競爭時，原就受到漢人宗教的影響，移住埔里時，自然將漢人的宗教信仰帶入，且在聚落形成時開始興建寺廟，除了祈福、求平安外，防番害為其主要的功能。封山解禁後，閩粵漢人大量移入埔里盆地，關帝信仰也隨著地方社會的變遷，轉而以恩主公的姿態受到墾民的奉祀。日治時期，因鴉片專賣制度，興起了鸞堂的扶鸞戒煙運動，這股風潮從新竹的客家地區延燒到埔里盆地，於日治中後期在埔里地區興起，並堂開處處，成為埔里地區重要的宗教信仰。

第三章 昭平宮育化堂的歷史發展與管理組織

　　清末台灣民間即有鸞堂開設，當時，扶乩造善書勸化人心的風氣頗盛，其中以恩主公爲主神的鸞堂信仰最爲興盛，這與讀書人扶鸞請關帝降乩著書、教化社會有關，因此，臺灣早期的鸞堂與文人關係密切。文人設立鸞堂的目的，在於透過宣講善書來教化庶民百姓，這其實也是繼承明清以來讀書人教化活動的傳統。〔註1〕爲何文人會特別鍾情於鸞堂呢？根據李世偉探討日治時期的鸞堂結社與活動指出，在日本對臺灣的殖民統治時期，受儒家教化影響的傳統知識分子，爲了保存傳統文化，成立詩社、文社、善社、鸞堂等儒教結社。〔註2〕鸞堂以扶乩證明神的存在，符合一般庶民的信仰理念，具有精神作用與治療作用，而且在扶乩過程中常會有過世的鸞生說明他因爲熱心於鸞務、宣講教化、慈善救濟，死後因而成神，這對於士紳文人來說，又是一個很大的鼓勵，也是促成他們積極參與鸞堂活動的精神動力。

　　中國文人受科舉制度的影響，在社會上的地位原就有別於一般的百姓，被視爲是往上流動的主要階層，因此造就了其他各個階層對其模仿與依從，影響遍及於一般百姓生活的各個層面。〔註3〕然而科舉考試有太多不可控制的變因，因此，在面對不確定的未來時，文人與庶民一樣有著對神祇的依賴，

〔註1〕醒修堂，《洗甲心波（一）》（苗栗：苗栗縣文化局，2005），頁4。

〔註2〕李世偉，〈日據時期台灣的儒教運動〉，《臺灣的宗教與文化》（台北：博揚文化事業，1999），頁154。

〔註3〕周怡然，〈終戰前苗栗客家地區鸞堂之研究〉，中央大學客家社會研究所碩士論文，2008，頁123。

特別是與文字有關的宗教儀式，更格外受到崇信與青睞。許地山在《扶箕迷信之研究》一書中，對文人藉由扶乩的方式與神溝通以詢問功名有深刻的描述：

> 扶箕本是占卜的一種，它的流行多由於文人官僚的信仰。文人扶箕大概起於宋朝，而最流行的時期是在明清科舉時代，幾乎每府每縣的城市裡都有箕壇。尤其是在文風流暢的省份如江浙等省，簡直有不信箕仙不能考中的心理。扶箕為問試題、問功名，一次的靈驗可使他終身服膺。居官時，有不能解決事，也就會想到扶箕。〔註4〕

與其他宗教的信仰體現相較，鸞堂信仰活動中處處可見與文人生活息息相關的文字。李亦園在〈中國文化中小傳統的再認識〉一文中也指出，大傳統的文人士紳或地方菁英巧妙地在民間信仰的扶乩儀式中，表現出對中國文字的尊重，經常借神諭傳出通俗式的詩體乩文，而且進一步的把這些詩體乩文編印成書。〔註5〕這也印證了鸞堂中重要的鸞生往往是由地方熟讀經書的文人士紳擔任，因此，鸞堂中也就處處可見文人的身影。

　　就昭平宮育化堂來說，隨著地方社會的演變，成為埔里地區鸞堂的領航，王梓聖、江榮宗、施文彬、陳景賢、陳石鍊、黃冠雲、蔡茂亮等可說是關鍵人物，這些人且各自在不同的時間，對育化堂產生了歷史性的影響。本章將從昭平宮育化堂的創立，看鸞堂的文人色彩，並就昭平宮育化堂的組織發展，探究其成為埔里地區居民重要信仰的原因。

第一節　昭平宮育化堂的創立

　　昭平宮育化堂並非埔里地區最早設立的鸞堂，依據《埔里瀛海城隍廟沿革》和《南投縣風俗志宗教篇稿》記載，明治三十五年（1902）南門街漢醫兼米商的施百川赴阿罩霧大里杙庄割香，雕三恩主神像，供奉於自宅，並立堂號為懷善堂，扶鸞降筆，幫助鎮民戒斷煙癮，恩主公信仰遂開始在埔里地區散播開來。

〔註4〕許地山，《扶箕迷信之研究》（北京：商務印書館，1999），頁 33～34。
〔註5〕李亦園，〈中國文化中小傳統的再認識〉，刊於《現代與傳統》，第 8 期（1995），頁 16～24。

一、昭平宮育化堂的初建

　　日本治台初期，台灣人民不能接受其治理，到處游擊。當時，日本殖民政府忙於整頓、應付居民之抵抗，對於宗教無暇顧及，只任其呈請備案而已，如明治三十二年（1899）七月十一日，府令第五九號頒佈「依照舊慣之社寺廟宇等建立廢合手續」規定：「依照本島舊慣，將建立寺廟、齋堂或組織神明會、組公會等，應經管轄地方長官批准；其廢止、並合、改稱、遷址等時亦同之；當施行本令，可由地方長官另擬細則，經臺灣總督批准後，付諸實施。」〔註6〕；明治三十八年（1905）十一月，府令第八十四號頒佈「神社寺院及依照本島舊慣寺廟之所屬財產處分辦法」中也規定：「寺廟所屬財產之杜賣、讓與、交換、其處分或將供作擔保時，應具其理由、該年之收支預算、前年之收支決算，以及派下、施主或信徒二人以上之連保，由住持或管理人呈稟臺灣總督批准。」〔註7〕。但隨著殖民統治漸上軌道，對台灣民俗宗教中的童乩、扶鸞等活動，開始將之視為迷信，甚至認為有藉扶鸞，危言惑眾，圖謀抗日的情形。僅管如此，但也只是在明治四十一年（1908）以府令第五九號頒佈台灣違警例時，加以禁止其宗教活動。〔註8〕由此看來，日治初期總督府對於台灣人寺廟的建立、管理，只聽其呈請備案，未採強制管理約束，增田福太郎也認為此時期總督府所採取的態度，乃非干涉主義，〔註9〕但隨統治的逐漸鞏固，對台灣的宗教也漸次加以限制。大致說來，明治時期（1895～1911）是放任時期，日本殖民政府因忙著削平反抗，無力管理宗教事務，但民間方面也因戰亂而無力恢復清領時的盛況，然昭平宮育化堂卻在如此的情勢下創立。

　　光緒元年（1875），封山禁令解除，漳泉兩粵漢民大量的移居埔里盆地，那些肯放棄世代祖居的故鄉，冒險渡海來台灣從事開墾的人，鈴木清一郎以為都不是一般普通人。依據他的觀察發現，其中有一部份人是懷有遠大希望的野心家，但是絕大多數的移民者，都是一般窮苦的平民百姓，因此，早期的台灣移民，面對挑戰、災禍等，都是靠向神明禱告來求取安全，躲避災難。

〔註6〕　劉枝萬，《南投縣風俗志宗教篇稿》（南投：南投縣文獻委員會，1961），頁14。

〔註7〕　同上，頁15。

〔註8〕　同上。

〔註9〕　增田福太郎著，黃有興譯，〈南島寺廟採訪記〉，《台灣宗教論集》（南投：台灣省文獻委員會，2001），頁156。

〔註10〕當時台灣各地寺廟創立的緣起，大多以個人所奉祀的，從大陸故鄉迎來的神佛和香火為主，但也有一些神佛，是由很多人共同迎來的，他們多數把這些神佛和香火奉祀在「公厝」和「田寮」等處。對於這些神佛，不論是出於個人的崇拜，或是出於少數信徒的崇拜而迎來，後來都由於成為區域居民共同崇祀的對象而香火鼎盛，〔註11〕昭平宮育化堂的建立，也是循此模式而發展。

　　明治四十四年（1911），埔里住民林有定、王國財、李心田、童阿里、徐雙等人便倡議建武聖關帝君廟，由林有定將臺中大墩迎來的武聖關公金像及香爐，於大正元年（1912）安座在王國財耕作的園圃，以私壇的形態出現，取堂號為「修化堂」（圖3-1）。〔註12〕依據前任董事長蔡茂亮先生的說法，目前掛在堂內牆上的三幅畫，是昭平宮育化堂創立初期供奉神佛和香爐的地方，這些畫雖然不知是由何人所繪，但可以確定，昭平宮育化堂是由私壇擴建至目前的規模。大正五年（1916）修化堂移至童阿里家宅正廳奉祀（圖3-2）。當時，扶鸞戒煙的風氣正由苗栗客家傳入，鸞堂信仰在埔里地區方興未艾。這段時間，修化堂也開始由第一代正乩生劉旺進鍛鍊新乩、施藥方、問情事、助居民戒煙等活動。然因求助居民頗多，草創的茅廬不敷使用，於是當時埔里街長林其祥、地方望族謝仕開等人便出面邀集地方人士磋商創廟、募款事宜。根據退休正鸞生何肇陽轉述已故正鸞生王梓聖的說法，雖然明治三十二年頒佈「依照舊慣之社寺廟宇等建立廢合手續」規定，建立寺廟、齋堂或組織神明會等，只要經管轄地方長官批准即可設立。但當年修化堂欲以帝君廟申請建廟，卻不獲批准，後來從日籍通判的建議，加奉孔子，以孔廟名義申請，才得於大正十五年（1926）擇定現今廟址（清新里南興街381號）創建文武聖廟，改號為「育化堂」，奉祀大成至聖先師孔子和武聖關聖帝君，合祀呂祖師、司命真君，又稱孔子廟或帝君壇（圖3-3）。以後，年年舉辦春秋二祭，祭祀奉拜者日漸增多，於是漸漸成為埔里地區重要的信仰中心。〔註13〕

〔註10〕鈴木清一郎著，高賢治、馮作民編譯，《臺灣舊慣習俗信仰》（台北：眾文圖書公司，1978），頁16〜17。

〔註11〕鈴木清一郎著，高賢治、馮作民編譯，《臺灣舊慣習俗信仰》，頁18。

〔註12〕昭平宮育化堂許多記事均以民國前一年（1911）為創堂，據前任董事長蔡茂亮解釋，民前一年可謂籌備，民國元年（1912）才是創堂年。

〔註13〕育化堂編輯委員會，《昭平宮育化堂簡史》（南投：財團法人昭平宮育化堂董事會，2001），頁12〜14。

圖 3-1　初創之育化堂

資料來源：昭平宮育化堂

圖 3-2　移至童阿里家正廳之修化堂

資料來源：昭平宮育化堂

圖 3-3　移至現址的育化堂

資料來源：昭平宮育化堂

圖 3-4　蘇樹木像　　　　　　　圖 3-5　何其昌像

資料來源：昭平宮育化堂　　　　資料來源：昭平宮育化堂

　　育化堂在草創初期即有鍛鍊乩生，但大正四年（1915）西來庵事件發生，受余清芳等人借神佛名義來宣揚抗日行動的影響，日本當局對於台灣人之宗

教政策採取漸進管理，由放任轉而爲彈壓手段，降筆扶鸞被視爲「危言惑眾，期圖抗日者」。因此，育化堂早期的扶鸞活動一直是在何其昌、蘇樹木〔註14〕家中暗地進行，直到戰後一段時日後，才改回到堂內活動。〔註15〕

此時期，信徒僅爲少數鸞生，香火不盛，《破迷針》有一段「臺中縣城隍尊神」臨堂時話：

> 昔年三相臨凡勸世。因你埔中街民一點信心，請駕臨埔，亦曾一番振起神威。初到埔中，那時並未建立鸞堂，無奈暫借施家，立爲懷善堂。斯時眾仙神甚然勞力，顯出神通，煉丹解煙，造書勸世，度多少鸞徒。自煉丹及造書完竣之後，鸞門暫暫冷淡，而鸞生亦暫暫離散。故斯後各聖神亦不常到斯堂也。〔註16〕

這段話提到埔里地區鸞堂興起及衰微的原因，而由這段話也可以看出，殖民政府對台灣民間宗教的嚴格管制，應是造成鸞堂發展受阻的重要因素。昭和12年（1937）何其昌、謝其昌、施文彬、蘇樹木、林有定、陳景賢、林來福、〔註17〕林金海、李修德、江榮宗等人提議予以重修，但當時正值日本政府積極對台灣推行皇民化運動的時候，除強制用日語、改姓名、拜神社、祀「大麻」（日本神龕）外，更進行所謂「寺廟整理」，企圖廢黜台灣的民間信仰。〔註18〕我們不禁要問：「是什麼原因使這些人在這樣的局勢下，還投入廟宇的修建？」綜觀埔里廟宇的建立和發展過程，除了說明此時期的政治氛圍加深了知識分子的危機感，而欲藉鸞堂信仰來獲得一般人的文化認同和排除內心的不安定外，士紳文人藉用信仰的力量來振興地方也是可能的。根據宋光宇對日治時期台灣經貿變動對寺廟活動影響的研究指出，台灣的商業結構在1910年代以後快速的朝向現代化市場結構發展，但第一次大戰以後，世界各

〔註14〕何其昌是西醫，蘇樹木爲米商，其父蘇新伙爲東埔地區主要拓墾者。育化堂的降筆活動於戰後回到堂中進行，蘇樹木爲當時的堂主，恩主賜名「蘇瞳鶴」。

〔註15〕育化堂董事長蔡茂亮口述（2009年8月20日）。

〔註16〕埔里育化堂，《破迷針》（南投：埔里育化堂，1947），頁37～38。

〔註17〕林來福經營林勝興米行，是當時埔里最大的糧商，王梓聖是其妻舅。1935年，因大兒子耀輝不告離家，遍尋不著，後經育化堂恩主降筆指示，果然在一個多月之後由林來福從沙鹿帶回埔里，從此對堂中事務熱衷參與直到七十九高齡離世爲止。林耀輝更是從四十歲起，擔任孔子廟育化堂管理委員會監察人，五十六歲並被恩主委派改任育化堂第六屆主任委員。參閱林耀堂，〈王天君神像的由來〉，《育化聖蹟》，未刊稿，2010。

〔註18〕劉枝萬，《南投縣風俗志宗教篇稿》，頁19。

國興起「保護主義」和「關稅壁壘」，台灣的經濟受到嚴重的打擊，商人們深信神明庇佑是導致生意興隆的重要原因之一，為了賺錢，就更要求神明賜福，假借神明名義來創造一個能夠帶動地方經濟繁榮的環境。〔註19〕而蘇樹木、林有定、林來福、江榮宗等人當時既是埔里經商有成之士，結合文人士紳推展地方繁榮本是行有餘力，於是重修昭平宮育化堂之議，便在眾人俱表贊成之下，捐資集材，一年後完工，並推何其昌為首任堂主，至此廟堂稍具規模。〔註20〕

二、昭平宮育化堂的擴建

寺廟及其神明在漢人傳統的觀念中，向來即具有高度的神聖性，台灣隨著移民社會的發展，如前所述，對於寺廟的興修莫不重視。台灣光復後，雖百廢待興，但台灣人民的生活由風雨飄搖的不安狀態中，卻也逐漸安定下來，而國民政府對宗教政策以不違反基本國政及妨礙人民善良風俗者，即任其自由發展。〔註21〕改朝換代的時空背景，適時的為鍛乩扶鸞提供了發展的空間；時代的不安，也讓鸞堂中的有志之士更趨積極，因此隨著各種宗教應運而大興，扶鸞降筆的習俗，也在二戰後風靡一時。〔註22〕此時期的育化堂在鸞生積極的闡教下，信徒日漸增多，原來的建築便顯狹窄，不敷使用。鄭錦水〔註23〕乃於民國三十九年（1950）慷慨獻地，增闊廟基，並造宮牆以方便香客車馬往來，當年冬天且蒙恩主賜複號「昭平宮」（圖3-6）。〔註24〕民國四十三（1954）春，地方居民因正殿多年未修，且認為文武二聖應分開奉祀，孔子七十二弟子亦應同配祀於大成殿，認為如此才合禮儀，於是提議擴建，並獲得在媽祖廟旁開設打鐵店的彭登亮捐贈後殿基地。〔註25〕

〔註19〕 宋光宇，〈宗教與禮俗〉，《臺灣近代史文化篇》（南投：台灣省文獻委員會，1997），頁225～229。

〔註20〕 育化堂編輯委員會，《昭平宮育化堂簡史》，頁14。

〔註21〕 劉枝萬，《南投縣風俗志宗教篇稿》，頁31。

〔註22〕 康豹、邱正略，〈鸞務再興──戰後初期埔里地區鸞堂練乩、著書活動〉，頁17。

〔註23〕 鄭錦水為生香空首富鄭奕奇庶子，曾擔任木材商組合副組合長，育化堂第二屆主任委員、醒覺堂籌建委員會主委。其異母兄鄭阿金曾擔任壯丁團長、保正、埔里街協議會員；鄭火炎曾擔任埔里米穀統制組合總代，皆為地方上有影響力的人物。《臺灣日日新報》，1935年11月18日第八版；蔡茂亮、何肇陽口述（2009年8月20日）。

〔註24〕 育化堂編輯委員會，《昭平宮育化堂簡史》，頁15。

〔註25〕 同上，頁15～16。

圖 3-6 昭平宮育化堂於民國三十九年增闢廟基並造宮牆

料來源：昭平宮育化堂

昭平宮育化堂的信眾主要為鸞生，堂內平日活動的經費一向是鸞生們隨意之捐，所以雖有擴建的需要，也獲贈基地，但興建所需的資金，卻在積無恆產下，擱延至民國四十四年（1955）春，才由三十六位埔里熱心人士組成之「孔子廟籌建委員會」（圖 3-7）開始有關擴建的各項工程。此次工程共分為三部分，第一部分為後殿工程，由設計師董淙鏞無酬設計製圖；第二部分為大成殿工程，由建築師蕭再福負責，亦是無酬奉獻；第三為大成殿之三穿重修部分。此部分本因資金不足，原是留待以後再建，此時，恰有前朝舉人總統府資政施景琛暫居埔里，得知此事後，解囊相助，擴建工程才順利進行。民國四十六年（1957）正月二十日，後殿興建完成（圖 3-10），四月拆除舊文武聖殿改建大成殿，陳石鍊〔註 26〕於此時出售田地一甲（時價三千元）協助興建。民國四十九年（1960），大成殿改建工程完竣，舉行鎮座典禮，至此，昭平宮育化堂的堂廟煥然一新（圖 3-11）。〔註27〕爾後，隨著鸞務及教化事業的發展，昭平宮育化堂的修建仍持續不斷進行，見（表 3-1）。

〔註26〕陳石鍊受西學教育為眼科醫生，其妻久病纏身，後經人介紹到育化堂求助神明，經恩主降筆賜藥方，並指引以蒜頭加鹽摩擦舌頭至軟化後，使能順利灌食藥物。不久，其妻果然病癒，夫妻倆即入鸞為鸞生。何肇陽口述（2009 年 8 月 20 日）。
〔註27〕育化堂編輯委員會，《昭平宮育化堂簡史》，頁 19～20。

圖 3-7 昭平宮育化堂籌建委員會

圖 3-8 鄭錦水像　　　　　圖 3-9 陳石鍊像

圖 3-10　民國四十六年後殿興建完成

圖 3-11　民國四十九年大成殿改建工程完竣

資料來源：昭平宮育化堂

表 3-1　昭平宮育化堂五十七年起始修建工程一覽表

時　間	修　建　內　容	主　持　人	備　註
民國五十七年（1968）	大成殿五門及兩廂建築開工	羅銀漢、蘇樹木、鄭錦水	由林洋港縣長破土
民國五十八年（1970）	大成殿五門及兩廂建築完工並以石刻壁經十數篇		
民國六十年（1971）	後殿深井蓋鋼鐵、造拜亭，九月大殿兩廂改築。	許元發、王茂松	
民國七十三年（1984）	幼稚園教學大樓二樓完工	詹元和、陳明德	
民國七十八年（1989）	改建後殿兩廂混泥土工程；九月購買後殿民房土地二筆	詹元和、陳明德	二筆土地計四十四萬八千四百九十六元
民國八十年（1991）	大成殿屋頂修建暨前後廷舖設觀音石磚、油漆。	黃冠雲、賴敏修	
民國八十年（1991）	接受恆吉宮媽祖廟捐贈基地約四百坪，擴建大成殿及廟廷。	黃冠雲、賴敏修	恆吉宮媽祖廟重建，獻建廟基金二百萬元。
民國八十一年（1992）	新建幼稚園餐廳樓房一棟（三樓）	黃冠雲、賴敏修	
民國八十四年（1995）	購買殿後民房一間，共一百九十五餘萬元；完成大成殿五門二十二面壁經未刻部分。	黃冠雲、賴敏修	由賴榮銹捐助一百萬元、邱阿火捐助三十萬、邱清松一十萬元。
民國八十五年（1996）	購買廟後民房土地。	黃冠雲、賴敏修	二百八十三萬四千八百元
民國八十六年（1997）	購買廟後民房土地。	黃冠雲、賴秋水	二百一十萬元
民國八十七年（1998）	購買廟後民房土地。	黃冠雲、賴秋水	二百七十三萬元
民國九十年（2001）	興建牌樓工程	黃冠雲、賴榮銹	
民國九十二年（2003）	購廟前土地興建前庭停車場	黃冠雲、賴榮銹	一千四百六十四萬七千二百元

資料來源：整理自《昭平宮育化堂簡史》，頁19～23；黃冠雲，《昭平宮育化堂堂志初稿（第三章）》，頁2～4。

　　台灣寺廟絕大多數是民間所建立，民間所建的寺廟又可分爲公建和私建，公建是由民眾協議共同出資建立，私建則爲私人建立奉祀祖先的家廟或廟宇。〔註28〕昭平宮育化堂屬於公建廟宇，其修築與改建工程緩慢，臨堂附近民宅或土地雖陸續獲贈或購得，但卻未能馬上動工興建，建廟工程無法一氣呵成，且規模難以與佛門或一般道觀寺廟相比擬，原因在於鸞堂的精神是以儒教教義爲其宗旨，信徒的中心信仰仍是孔孟的儒家思想：「發揚中華文化，弘揚儒教教義，倡導存心養性，推展社會公益」；〔註29〕堂務主要仍在降筆扶鸞爲民解惑、以詩詞化育導正人心爲主，雖設有油香箱，但因沒有販售線香、金紙、貢品等售貨行爲，也缺乏有系統的行銷運作，所以經濟來源有限，經費大抵依賴信徒及鸞生們的自由捐獻，以及民眾安太歲、點光明燈、消災祝壽等代辦費，這大概也可以解釋廟務的發展無法隨臺灣經濟起飛，而延續戰後榮景的原因吧！

圖 3-12　信徒購地建廟樂捐名錄

〔註28〕阮昌銳，《中國民間宗教之研究》（台北：台灣省立博物館，1990），頁123。
〔註29〕育化堂編輯委員會，《昭平宮育化堂簡史》，頁5。

圖 3-13　昭平宮育化堂沿革

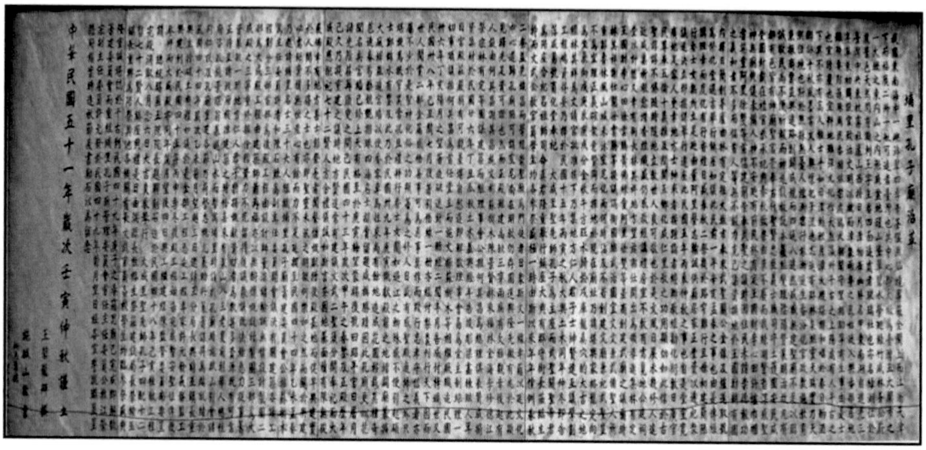
埔里孔子廟沿革

中華民國五十一年歲次壬寅仲秋穀旦

三、祀神的變化

一般而言，寺廟祭祀的神明通常和地方居民有相當密切的關係，其宗教信仰、祭祀活動，常常變成了歲時禮俗，深深影響著當地的風俗民情，也因此地方公廟常成爲地方居民日常活動的重要場所。一般寺廟除了主神以外，還會有從祀神和同祀神，這大概是多神信仰的必然傾向。大凡多神信仰者，便是相信各種神祇並非全能，因此個個都需要隨從及部下以爲輔佐，並按其職能來各司其職。〔註 30〕依據鈴木清一郎對台灣風俗習慣與信仰的研究，他將從祀神又分爲（一）配偶，如土地公是人們最敬愛的神，因此信徒便爲祂配上土地婆同祀。（二）配祀，配祀神是因爲和主神具有某種關係，又可分成下面二種：（1）與祭祀神職務有關的配祀，如城隍爺的配祀有文、武判官，馬、牛將軍，范、謝將軍，延壽司、速報司、糾察司、獎善司、罰惡司、增祿司等，另扈從有三十六軍將與七十二地煞等神兵神將。（2）與主神史實和傳說有關的配祀，如天上聖母的配祀有千里眼、順風耳；關帝的配祀有關平太子、周倉將軍。（三）挾祀，即站在主神左右的侍神，如釋迦的挾侍爲文殊、普賢。（四）分身，如媽祖像的臉如果塗紅就稱爲紅面媽祖，如果塗黑則稱爲烏面媽祖。（五）隸祀，並不限定主神，可以共同從屬於各神，如

〔註 30〕董芳苑，《探討台灣民間信仰》（台北：常民文化充版，1996），頁 170。

迦藍神、護法神等，因是守護神，所以各廟宇都併祀。至於同祀神則和主神沒有宗教上的關係，只是同在一個祠廟內被祭祀而已。〔註 31〕增田福太郎於日治時期，研究台灣的媽祖信仰時也指出，台灣的媽祖廟絕無僅奉祀主神聖母與其挾侍及從祀者，多數會同祀其他的神佛，如觀音佛祖、註生娘娘、土地公、城隍爺、五穀王、玄天上帝、關公、文昌帝君、開漳聖王等。〔註 32〕因此，每當一座祠廟興建時，當地居民通常會選與原鄉有關的神爲主神，然後再以居民信仰虔誠的或與多數居民職業有關的其他神明同祀，所以主神、同祀神和從祀神明同受到地方住民供奉及認同。〔註 33〕據正乩生何肇陽口述，昭平宮育化堂創堂之初原只供奉關聖帝君，但當時聚落已成，且居民大多從事農業生產，是以奉祀神農大帝是居民在安定後，祈求增產以獲得更好生活的共同願望，神農大帝便在昭平宮育化堂開堂未久即由居民供奉於堂內。

臺灣早期的鸞堂，就組織成員來說，大多由地方士紳文人所組成，日治時期更有大批的士紳文人投入鸞堂教化工作。他們態度熱誠而積極，一方面將儒家思想作創造性的詮釋，賦予宗教性的色彩；一方面又努力於宣講勸善、鸞書著作、慈善救濟等之教化工作，將儒家倫理道德理念廣佈到民間社會，藉以教化庶民，〔註 34〕因此，祭拜孔子，對鸞堂的教化工作而言是極其重要的。昭平宮育化堂於大正十五年（1926）加奉大成至聖先師孔子爲主神，同祀三恩主即關聖帝君、呂祖師、司命眞君。呂祖師（孚佑帝君）爲唐代文人呂洞賓，鸞堂信仰尊稱呂恩主；司命眞君爲民間極爲重視的灶神，主災咎生死，尊稱灶君或灶王。

一般而言，主神和同祀神並無宗教上的關係，其被同祀的緣由有如下的區別：（一）與祠廟關係者的故鄉有緣由的祭神（二）深得當地居民信仰的祭神（三）與當地多數居民職業有關的祭神（四）廢廟的祭神（五）爲方便信徒進香，把遠方祠廟的神迎來同祀。〔註 35〕由此看出，祀神與居民生活所關

〔註 31〕鈴木清一郎著，高賢治、馮作民編譯，《臺灣舊慣習俗信仰》，頁 9～13。
〔註 32〕增田福太郎著，黃有興譯，〈在台灣的天上聖母崇敬與立誓事件〉，《台灣宗教論集》（南投：台灣省文獻委員會，2001），頁 275。
〔註 33〕王志宇，《寺廟與村落：臺灣漢人社會的歷史文化觀察》（台北：文津出版社，2008），頁 91。
〔註 34〕李世偉，〈日據時期臺灣鸞堂的儒家教化〉，收入王見川、李世偉《臺灣的民間宗教與信仰》（台北縣：博揚文化，2000），頁 112。
〔註 35〕鈴木清一郎著，高賢治、馮作民編譯，《臺灣舊慣習俗信仰》，頁 13～14。

切或期望有著密不可分的關係。

　　從日治時期至今，隨著各族群不斷的融合，居民之間彼此也漸漸互相接納對方信仰的神明，神明的角色也愈來愈多元，神格地位也隨著環境而調整。昭平宮育化堂供奉的神明也隨著居民的需求及廟堂的擴建而增加不少，民國四十三（1954）倡議文武二聖應分開奉祀，孔子七十二弟子亦應配祀於大成殿，因此當大成殿（前殿）於民國四十九年（1960）完工後，即奉祀孔子暨其七十二弟子（圖 3-14）。民國四十六年（1957）落成的後殿，主龕除三恩主、神農大帝外，另配祀關平太子、周倉將軍並同祀開臺聖王、張仙大帝、文昌君、魁斗星君和中壇元帥等（圖 3-15）；右龕供奉三官大帝（天官、水官、地官）及天乙童子，左龕供奉地母；右偏殿供奉城隍，左偏殿奉祀福神（圖 3-16）。

圖 3-14　大成殿祀神位置圖

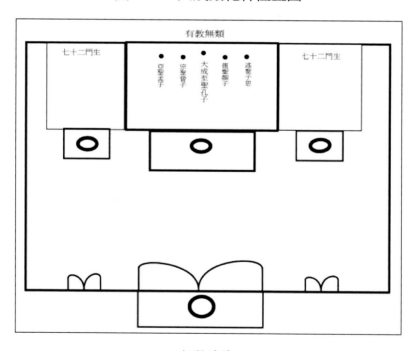

何艷禧繪

圖 3-15　昭平宮育化堂育化堂主龕神明

何艷禧攝　2009/08/20

圖 3-16　昭平宮育化堂（後殿）各祀神位置圖

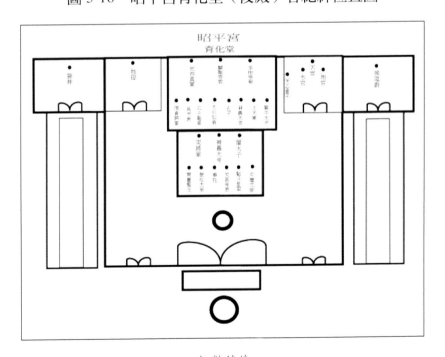

何艷禧繪

昭平宮育化堂一年中為 45 位神明舉行聖誕祭典，〔註36〕堂內供奉的神尊卻不及此數，根據退休正乩生何肇陽口述，那是因為有些乩生的主教〔註 37〕沒有立神像，如其主教為九天玄女，堂內並無偶像供奉，但其誕辰日也會舉行獻敬等祭祀活動。總之，昭平宮育化堂內所奉祀的神像，大抵是居民日常所篤信、虔誠信仰者，或是有心人（發願）所安奉，或是堂內主事依據鸞生的需要而奉祀，故神明配置的位子也是根據其在鸞生心目中的地位而定，神格的高下也依此確定。

第二節　昭平宮育化堂的文人色彩

台灣割讓與日本，科舉制度可以說是被提前廢止，這也意味台灣人從此無法再藉由科舉取得功名。然深受儒家文化陶冶的讀書人，大多懷抱經世濟民、教化世人的志向，這種責任感，在理想狀態下，是經由科舉取得功名、官位而得以發揮，但科舉的廢除，士子們如此的抱負，是很難得到實踐的。〔註38〕且殖民文化對台灣傳統文化而言，不僅有被同化的危機，更有因政權移轉所掀起的新思潮、新文化的衝擊。面臨這種文化危機，儒教人士遂積極展開儒教的結社與活動，於是，我們看到源於清代的文社、詩社、善社、鸞堂等儒教結社，反而在異族的統治下更形興盛。〔註 39〕

一、文人、鸞生與鸞堂

文人扶乩的活動，據許地山考證，概起於宋代，而最流行的時期是在明清科舉時代，幾乎每縣每府都設有箕壇，尤其在文風流暢的省份如江浙等省，簡直有不信箕仙不能考中的心理，士子扶乩希冀仙佛降鸞賜題以利科考，寺廟因而成為文人集會扶鸞之所在。〔註40〕

日治初期，臺灣學子由於科考之路受阻，加上各地抗日不斷，文人士紳為了傳統漢學的延續，有些組織詩社，利用詩歌表達思想、抒發情感；有些

〔註36〕參閱昭平宮育化堂 98 年聖誕表或附錄 16。
〔註37〕被選為正、副乩生者，於鍛筆時，恩主會降筆指派負責指導的神明，此神明有如乩生的導師，稱為主教。
〔註38〕王見川，〈略論清末日據初期宜蘭的鸞堂〉，收入王見川、李世偉《臺灣的民間宗教與信仰》（台北縣：博揚文化，2000），頁 42。
〔註39〕李世偉，〈日據時期臺灣鸞堂的儒家教化〉，《臺灣的民間宗教與信仰》，頁 96。
〔註40〕許地山，《扶箕迷信之研究》，頁 32。

則寄託於鸞堂建構的神國體系中，藉由鸞書著作與扶鸞勸化等活動來抒發對現實生活的不滿。〔註41〕詩社與鸞堂雖然都是日治時期重要的文人組織，然日本政府對詩社採取的是懷柔政策，鼓勵詩社發展，欲利用文人對詩文的情感與表達方式來進行思想上的管控，這也是日治時期詩社大興的原因之一。〔註42〕

　　鸞堂的命運就不一樣了，日治時期參與鸞堂活動的，除了傳統的文人以外，另有許多是具備漢學能力的醫師、商人等知識分子，本研究指稱的文人士紳，即是這些地方精英。日本總督府視鸞堂為淫祠、迷信的組織，應是對這些擁有經濟能力的地方精英有所顧忌，而有防患未然之意。大正五年（1916），總督府派丸井圭治郎進行宗教調查，他便將鸞堂（降筆會）與僧道術士等同歸類為「巫覡」者流，〔註43〕其主要的原因乃是受到「西來庵事件」的影響。余清芳起事之地、聯結的對象、鼓動人心的手法皆與鸞堂有關，事件後，鸞堂遭池魚之殃，受到嚴厲的調查與鎮壓。〔註44〕

　　台灣鸞堂初期僅以儒教自居，倡導神道設教，多以宣講聖諭，談三綱五常為主要內容，文人說教的意味濃厚，著重在人文教化，缺少宗教精神。但是鸞堂要能處處開壇，方方闡教，背後尚須有熱忱的佈教精神，此精神即所謂的宗教狂熱，相信神能造化天地、普渡眾生。〔註45〕鸞堂信仰便是知識分子利用這樣的宗教狂熱，於日治初期，透過扶鸞戒煙運動而傳遍全島。這樣的過程頗符合知識份子對鸞堂信仰建構的神國體系中，以扶箕方式傳達神意，藉文字宣化將傳統文化與民俗信仰結合，並以儒家的倫常道德規範為主體，再參雜一些因果報應的故事，因此，人文化、入世化的特質十分顯著，可說是一個相當具有中國民族特色的宗教組織。〔註46〕在扶鸞勸善的過程中，文人士紳更不時強調儒家傳統的忠孝仁義與人倫道德等精神，這樣的宣揚漢文化，對日本政府而言是一種武力以外的柔性抗爭，文人階層組織宗教

〔註41〕周怡然，《終戰前苗栗客家地區鸞堂之研究》，（中央大學客家社會文化研究所碩士論文，2008），頁181。
〔註42〕同上，頁164。
〔註43〕丸井圭治郎，《臺灣宗教調查報告書》，卷一（台北：台灣總督府，1919），頁156～160。
〔註44〕李世偉，〈日據時期臺灣鸞堂的儒家教化〉，《臺灣的民間宗教與信仰》，頁96。
〔註45〕鄭志明，〈台灣民間鸞堂儒宗神教的宗教體系初探〉，《台灣民間宗教結社》（嘉義：南華管理學院，1998），頁314。
〔註46〕李世偉，〈日據時期臺灣鸞堂的儒家教化〉，《臺灣的民間宗教與信仰》，頁112。

結社，和對一般民眾宣揚宗教思想觀念的佈講，都讓日本政府有所警覺。〔註 47〕因此，西來庵事件後，鸞堂的扶鸞活動屢遭日警取締，不得不轉為地下化。

　　文人所以成為鸞堂信仰的領導份子，在於自身本已深受儒家的道德規範，在進入鸞堂為鸞生後，對於鸞堂的價值觀和堂規即比一般人容易接受且遵循。鸞堂堂規原就是儒家道德的具體實踐（詳附錄 1），因此，堂規即是鸞堂信仰中最重要的信念。除此之外，在鸞堂的活動裡，看沙生、紀錄生、校正生、宣講生等都必須是能舞文弄墨者，正乩生更是除了需有神選的機緣和資質外，也要具備紮實的漢文學養，才得以達成代天宣化的天職，這使得鸞堂信仰不得不帶有強烈的文人色彩。

　　昭平宮育化堂的鸞生，也必須接受堂規的約束，並積極的參與堂內的活動（一般稱為效勞），昭平宮育化堂的組織中，有關神職階級是有其次序的：正鸞生→副鸞生→校正生→唱鸞兼掃砂生→紀錄生→宣講生→鐘鼓生→接駕生→茶果生→淨壇生→獻花生→誦經生。〔註 48〕在這些職級中，與鸞文有直接關係者為宣講生以上的職級，尤其宣講生負有講解說明之責，除了應具備基本之學識基礎外，流利的口才也是信徒認同與否的重要因素。日治時期，昭平宮育化堂的宣講生都是由校正生或記錄生兼任，在推動鸞堂發展的運動中，這些重要的職務都由文人擔任，文人位居鸞堂的領導階層也就被視為必然的結果。

二、昭平宮育化堂鸞務發展的推手——王梓聖

　　日治時期應臺灣總督之命改名為梓性的王梓聖，大正 2 年（1913）出生於魚池鄉大林村農家，學名語聖，字心齊，號碧龍，自幼聰穎，鄉人譽之為神童，十七歲於魚池鄉代化堂受鍛為正鸞生，昭和 4 年（1929）入埔里育化堂為鸞生。王梓聖高等科畢業後，巧遇前清秀才鹿港人施梅樵於埔里設私塾施教，並創「埔里櫻社詩學研究會」，〔註49〕於是拜入門下，成為入室弟子，

〔註47〕周怡然，《終戰前苗栗客家地區鸞堂之研究》，頁 164。
〔註48〕育化堂編輯委員會，《破迷針》（埔里：育化堂編輯委員會，）頁 8～10。
〔註49〕施梅樵（1870～1949），字天鶴，號雪哥、蛻奴、可白，台灣割讓予日本時，避亂晉江，待台局穩定後始返鹿港，惟不願辱身於異族，遂自絕仕途，但以詩酒遣其生涯。與同志洪月樵、許夢青、蔡啓運等創設鹿苑吟社，積極從事詩教。中年以後，到處設帳授徒，足跡遍及南北，民國二十五年（1936）創

奠定了深厚的漢學基礎。二十二歲時，遊學大阪浪速中學，二十六歲返臺後，先後擔任魚池鄉公所庶務課長、商工主任、憲兵託屬、代理鄉長等職。在此期間，另拜陳子敏〔註50〕、陳春林〔註51〕爲師，飽讀詩書，思想也深受影響。〔註52〕

　　日治初期的文人，除了部份擔任低階公職外，多數選擇開設書房，一方面傳承漢學，延續民族精神，另一方面以之爲職業，用以糊口。由於日本想消滅台灣固有文化的野心逐日展現，而書房是傳播民族主義思想和培養民族精神的根據地，當然成爲日本政府管制的重點。知識分子對此早已有所警覺，於是改弦易轍，紛紛開辦詩社，利用社員聚會的機會，研讀漢學，傳承固有文化。〔註53〕王梓聖受此影響不但是埔里櫻社之一分子，並於民國39年（1950）創辦私塾授課。此時爲國民政府當政初期，社會失學青年仍多，他一方面開展育化堂的鸞務，積極培育新鸞手，另一方面於私塾授徒，宣揚漢學，啓迪文盲，埔里地區一時學風鼎盛，文人雅士、販夫走卒或拜入門下，或以文會友，「王老師」之名在南投縣境不脛而走，當今縣內傳統詩人可說均出自其門下。

　　到王梓聖私塾受業的學生來自各行各業，年齡老幼均有，性別不拘，泰半皆因家貧失學，耳聞先生博學且義務教之，故爭相投入門下。這些門生大多數人甚且隨他加入昭平宮育化堂爲鸞生，成爲鸞堂發展的生力軍，連任育化堂4屆（1989～2004）董事長的黃冠雲，便是在他的教導下，由一個小小的牧童，經過一番自修苦讀而考上中醫師。黃冠雲將對先生的回報實現在昭平宮育化堂的堂務推動，致力於健全堂內的組織及堂廟建築，使之更具規模；民國八十九年（2000）他更參與組織中國儒教會，且當選理事，兼任南投縣

埔里櫻社詩學研究會。台灣省文獻委員會，〈人物志〉《重修臺灣省通志》，卷九（臺灣省文獻會，1998），頁468；《詩報》，昭和12年2月19日，第147號，頁18。

〔註50〕陳子敏，彰化鹿港人，生於光緒13年（1887）爲施梅樵得意門生，民國3年（1914）與丁式周、施梅樵等人創立「鹿江詩會」。

〔註51〕陳春林，澎湖宿儒，民國13年（1924）邀集澎湖及高雄地方人士創社，因社員多屬萍水相逢，故詩社以「萍香吟社」爲名。

〔註52〕王昌淳，〈背影〉，《王梓聖詩集》（埔里：文慈電腦打字排版社，1997），無頁數。

〔註53〕葉連鵬，〈斷裂？！再生——日治時期澎湖古典文學發展析論〉，《文化研究月報》，第25期（2003年3月）。網址：http://hermes.hrc.ntu.edu.tw/csa/journal/25/journal_park169.htm（2009年11月9日）。

辦事處主任。〔註54〕育化堂第 4 筆以後的正、副鸞生也都曾接受王梓聖的漢
學薰陶，並受其鍛筆。至於善書的著造，王梓聖與弟子們更是全心投入，從
《破迷針》、《引悟線》到《滄海遺珠》，部部皆不遺餘力。民國 54 年（1965）
王梓聖和學生林家讓、劉守祥、黃大椿等人，在昭平宮育化堂成立漢學班，
將私塾的教育事業結合鸞堂的宣講教化，幫助更多有心向學之人。後雖只開
辦一期即因故停止，但育化堂在他的推動、領導下，不管是再鍊新乩、著造
善書、宣講勸化，都能傳承不斷，甚至迅速的對外發展，開設子堂，成爲中
部地區鸞堂信仰的新興勢力。

圖 3-17　昭平宮育化堂爲中國儒教會南投縣辦事處

　　王梓聖除對傳統漢學的發揚不遺餘力外，從昭和 6 年（1931）起更和李
永祥等人協助麒麟里的黃佛緣建家廟、立堂號，開始發展育化堂的對外關係。
〔註55〕當時，雖然日本殖民者對鸞堂的降筆活動採嚴禁的手段，但王梓聖等
人仍能在日治後期將鸞堂信仰的種子散佈在處於內山的埔里地區，想來當時
代天宣化、代天濟世、發揚儒家傳統思想的信念，使他們積極的透過鸞堂信

〔註54〕育化堂編輯委員會，《昭平宮育化堂簡史》，頁 30。
〔註55〕同上。

仰來實踐知識分子恐懼漢學消逝的危機感。由這一觀點看王梓聖成立私塾的最大動力，當是藉由漢學的推廣來強化鸞堂的中心思想，以吸引更多的信徒加入；同時也藉鸞堂的入世精神避免傳統文學的消失。傳統文學的消失從民族意識的觀點來看，意味著台灣的社會文化將與中國文化系統失去聯繫，如此，恐將會造成民族因失根而失去國家認同，這只怕也是當時文人參與鸞堂活動的重要原因吧！

圖 3-18　王梓聖

劉振祥攝

圖 3-19　王梓聖授課的私塾

何艷禧攝

三、昭平宮育化堂與地方文人網絡

　　大正 15 年（1926）埔里街長林其祥，地方望族謝仕開等人以衛國維武，治國宜文，文武兼備乃聖人所重，因此倡議將原只崇奉武聖關公的修化堂加奉大成至聖先師孔子，期望透過祭祀的儀式營造一種與先聖先賢之間的精神交流，讓已轉型爲鸞堂信仰的修化堂，更符合儒家精神，因而易堂號爲育化堂，並年年舉行春秋二祭，以對儒家聖賢的祭拜，宣揚儒家文化、提倡儒家道德觀念。〔註 56〕這一轉變讓原受日人壓迫而信徒減少的育化堂逐漸獲得地方文人的青睞。

　　士紳文人大量投入鸞堂的教化工作，除了希望透過鸞堂的宗教活動，尋求個人心靈平靜與累積功德外，更希望藉由宣講勸善、鸞書著作、慈善救濟等的教化工作肯定自我，也建立起在地方宗教活動的地位。因此，士紳文人與鸞堂之間密切的關係，隱含著地方上威權勢力的意義。這種地方威權即是胡慶鈞所說的，在漢人的社會裡，文人、地方精英大部份是鄉社裡的代表性人物，在民間擁有部份的威權，這些威權，有的是教化權力，有的則是領導權力，當他們獲得這些權力後，就能進而指導傳統倫理風俗，或處理地方公務。〔註 57〕以昭平宮育化堂來說，歷屆負責堂務的主要執事人員（見第三節表 3-3），以醫生和米商居多，如第二任堂主何其昌爲醫生，孔子廟籌建委員會副主委陳石鍊爲眼科醫生，陳景賢、黃冠雲爲中醫師；蘇樹木、鄭錦水、林來福、許清和、林耀輝、詹元和等爲米商；施文彬、王梓聖、林其祥、蔡茂亮等人於日治時期皆曾任公職。由其職業可知，在教育不普及，在讀書還是屬於有錢人的專利的年代，這些地方士紳以他們的經濟實力，在日本政府漸次禁止漢文化的推行之時，藉由鸞堂的勸善濟世、施方解藥、宣講著書等管道，延續其教化權力，並持續擁有在地方上的威望，和維持原有的勢力，也因此，鸞堂信仰可以視爲一種地域性很強的宗教。

　　昭平宮育化堂於戰後能在埔里各地區迅速發展的主因，鸞堂文人結社的特殊性格雖然是重要的因素，但是將鸞堂信仰傳播到其他地區，使其由點而面而交織出一個區域性信仰的主要原因，還在於藉由這些文人士紳的人際網絡，例如陳石鍊雖爲眼科醫師，但在日治時期亦曾擔任埔里街協議會員，戰後也曾先後參與埔里、國姓地區包括育化堂、參贊堂、懷善堂、通天堂、醒

〔註 56〕育化堂編輯委員會，《昭平宮育化堂簡史》，頁 13。
〔註 57〕胡慶鈞，〈論紳權〉，《皇權與紳權》（上海：觀察社，1948），頁 119～123。

靈寺、靈光寺等廟宇的重建及廟務運作，也擔任過醒靈寺總經理、育化堂委員及顧問、懷善堂籌建委員會主委等職。〔註 58〕陳石鍊以其醫生背景，大力協助及開展埔里地區的鸞堂信仰，除了其文人性格中的宗教家情懷外，他廣大的人際網絡對其宗教事業的推展也提供了莫大的幫助。王梓聖、陳景賢、蘇樹木、鄭錦水、施文彬、林來福等協助其他地區開設子堂（表 3-2，另詳表5-4），並參與子堂的鍊乩、著書，也是利用文人階層交織成的網絡。因此，可以說育化堂母堂與子堂接觸與分香行為的開展，就是透過這些文人之間的交流網絡而讓鸞堂信仰在埔里地區盛極一時。

表 3-2　昭平宮育化堂子堂一覽表

設　立　時　間	堂　　　號	地　　　區
民國二十年	文華堂	麒麟里
民國三十九年	衍化堂	牛眠里
民國四十年	昭德堂	史港里
民國四十年	德龍宮潮天堂	霧社
民國四十六年	麒麟閣導化堂	梅仔腳
民國四十八年	藍田書院濟化堂	南投市
民國四十九年	醒覺堂	珠格里
民國五十四年	育善堂	台南縣佳里鎮
民國五十八年	永豐宮	南投市永豐里
民國八十年	聖德宮	梨山

受鸞堂文人結社屬性的影響，分屬不同系統的鸞生也會互相往來，彼此協助，像民國 37 年（1948）參贊堂奉准再鍊新乩。當時是由醒化堂（醒靈寺前身）正乩生林阿四老及其他鸞生等前來協助，經過大約半年時間，遲遲無法鍛成。民國 38 年（1949）2 月 25 日育化堂主席回參贊堂主席話：「參贊堂乩生教練乙件，今受彼堂主席重托，准在本堂學練一個星期，自明夜戌刻起可共力扶助一簣之勞可矣。」〔註 59〕於是參贊堂新乩借用昭平宮育化堂場所繼續再鍛鍊一個星期，始圓滿鍊成。民國 38 年（1949），育化堂協助懷善堂

〔註 58〕康豹、邱正略，〈鸞務再興——戰後初期埔里地區鸞堂練乩、著書活動〉，2008年水沙連區域研究學術研討會論文，頁 10。
〔註 59〕蔡錦川編著，《參贊碎錦第三集》（南投：埔里鎮真元宮參贊堂，2002），頁49。

著造《打癡鞭》，〔註60〕爾後，育化堂著造《破迷針》、《引悟線》時，懷善堂正鸞生林再添也參與其事。〔註61〕民國 35 年（1946）創立的醒覺堂，爲配合創立初時扶鸞闡化的需要，由當時協助建廟、鍛筆之醒化堂及育化堂的鸞生共同指導傳統詩詞吟唱，〔註62〕並在當年 10 月 12 日開堂日，由醒化堂林阿四老、潘朝陽、林清寄、林廉恩等協助成立，〔註 63〕育化堂的江榮宗也前來傳經數年；廟宇改建時，神選的籌建委員中，許多重要職位都是由育化堂的鸞生擔任，包括主任委員鄭錦水、副主任委員許清和、經理江榮宗、顧問陳南要、王梓聖、施文彬等。〔註 64〕可見當時幾個不同鸞堂系統之間，因爲鸞堂的文人結社性格，彼此是互有來往的，鸞生之間也互相參與彼此的鸞堂活動，並非涇渭分明，不相往來的獨立系統。

　　早期參與育化堂的鸞生雖然很多都是來自埔里地區的望族，有些入鸞時就是日人統治下的地方長官（林其祥、施文彬均曾任埔里街長），但另有一些則是科考之路遭日人阻斷而隱身在市井間的文人，如曾任第一屆管理委員會主任委員的江榮宗，雖是一豬肉攤商，但精通鸞堂各種經典，且誨人不倦，宣經講學明白曉暢，平時樂於助人，故各處鸞堂若有要求教讀經典，不論路途遠近，俱皆風雨無阻前往義教。育化堂所造善書《破迷針》、《引悟線》、《滄海遺珠》第一冊等，皆由其擔任副校正；民國 84 年（1995）更將平日所講聖母經解說匯集成冊，名曰《天上聖母經講解》，內容深入淺出，廣爲流傳。〔註65〕這些人聚集在育化堂裡參加日人所禁止的宗教集會，顯見日本殖民統治的事實，對即使任日本官職的文人士紳而言，仍究難以接受。這些文人士紳有些彼此之間原就關係密切，〔註66〕參與鸞堂活動可以說除了是藉宗教信

〔註60〕育化堂編輯委員會，《昭平宮育化堂簡史》，頁 31。

〔註61〕埔里育化堂，《破迷針》（南投：埔里育化堂，1947），頁 8；埔里育化堂，《引悟線》（南投：埔里育化堂，1949），頁 10。

〔註62〕宣平宮醒覺堂管理委員會，《覺醒鸞聲》（南投：財團法人醒覺文教基金會，2006），頁 120。

〔註63〕陳松明主編，《宣平宮醒覺堂誌》（南投：宣平宮醒覺堂管理委員會，2004），頁 29。

〔註64〕同上，頁 30。

〔註65〕黃冠雲，《昭平宮育化堂誌初稿》，頁 19。

〔註66〕有許多都是父親引介兒子入鸞，如陳景賢、陳維欽（西醫）、陳維棠父子；林來福、林耀輝父子；何金輝、何肇陽父子；賴榮銹、賴琦文、賴琦元父子等，更有許多是因朋友的影響而加入，如施文彬、江榮宗的介紹人是林來福，而林來福的介紹人是蘇樹木；陳石鍊的介紹人爲鄭錦水，鄭錦水的介紹人則爲陳景賢。

仰使交誼更加緊密外，其實也反映了當時的知識分子加入鸞堂背後的動機與
內心的想法。

圖 3-20　江榮宗像　　　　　　　　　圖 3-21　黃冠雲像

　　資料來源：昭平宮育化堂　　　　　　　資料來源：昭平宮育化堂

第三節　昭平宮育化堂的管理組織

　　民間信仰是一種與台灣人的生活不可分割之宗教文化，戰後台灣社會宗
教信仰因爲政府難以控制與宗教的門戶開放，再加上中國大陸淪陷之故，使
台灣社會變成了各種宗教的萬花筒。〔註 67〕然社會形態的急遽轉變，使人際
關係漸趨疏離，人與人之間的相互依存、信賴不若往昔密切，再加上社會的
壓力與群體間的競爭，使個人產生更多憂慮與挫折。此時，宗教信仰常能提
供對個人或群體需要的滿足，因而促使宗教活動在二戰後愈顯生氣蓬勃，寺
廟的種種事物及活動也隨之更爲繁複。

　　一般而言，信仰除了提供個人或群體內在的需求外，也多能提供給人願
意奉獻的力量與心意，因爲大部分的宗教精神都含有鼓勵行善、服務社會的
意涵，這樣的作用，在社會上能發揮相當大的影響力，使宗教成爲社會安定
的力量之一，〔註 68〕故宗教組織的建立對台灣社會的發展，具有舉足輕重的
份量。

〔註 67〕董芳苑，《探討台灣民間信仰》（台北：常民文化出版，1996），頁 126～127。
〔註 68〕劉奕宏，〈台灣信仰型非營利組織治理活動與模式之研究——以五個信仰型非
　　　　營利組織爲例〉，國立中央大學法律研究所碩士論文，2009，頁 48。

　　台灣民間信仰雖然沒有創教者、沒有經典、沒有基本宗旨，一般寺廟對信徒通常也沒有信教的入會禮和宣教行為，但是卻具有強烈的鄉土性與在地性。善男信女對於祭典儀式的期望或訴求，不僅止於個人與社區的祈安求福，尚有善男信女間傳達神佛靈驗的信仰分享，是台灣民間信仰的文化現象。〔註69〕然而隨著宗教越來越蓬勃發展，傳統的宗教活動已無法滿足當個人在面對經濟、疾病、就業等各方面的危機時所需要的救助，這樣的需要，在宗教行為中，就必須透過制度化或組織化的社會福利服務，才能滿足需求。因此，傳統宗教的宣教方式也必須朝「專業化」的組織管理發展，讓有志願提供資源或服務的人，做更多的奉獻給有需求的人。〔註70〕

　　在信眾提供的各種資源中，捐款是寺廟的最主要經濟來源，這些捐款如由管理人或住持獨攬權限，有可能發生濫用權力，或獨占香油錢之事。為杜絕流弊，七十年代政府乃鼓勵寺廟成立財團法人或管理委員會，並規定寺廟應具備信徒名冊及成立信徒大會，以為監督。〔註71〕

圖 3-22　昭和十五年信眾捐印經書

資料來源：林正珍　2009/08/13

〔註69〕董芳苑，《探討台灣民間信仰》，頁 139～140。

〔註70〕詹火生，《社會政策要論》（台北：巨流，1987），頁 104～108。

〔註71〕林勝俊，《臺灣寺廟的職權與功能之研究》（台北：文史哲出版社，1988），頁 67。

圖 3-23　慶祝關聖帝君聖誕信眾樂捐財物

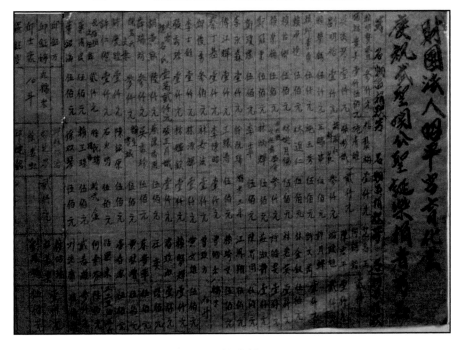

何艷禧攝

一、組織內部的架構

昭平宮育化堂創建之初只有堂主負責廟務，民國五十（1961）年由鸞生決議，改為管理委員會制，民國七十年（1981）將管理委員會變更為財團法人董事會制，內部成員包含董監事成員大約 24 人。昭平宮育化堂的組織架構（圖 3-24），最上層有一個信徒大會，內部的信徒在昭平宮育化堂的信徒名冊都有列冊，且信徒名冊中的成員也需要經由登記主管機關的核可。信徒大會是昭平宮育化堂組織架構的頂端，下面附設有 15 人的董事、5 人候補董事的董事會，與 3 人的監事、1 人候補監事的監事會，皆由信徒大會中的信徒選出。

董事會中的董事互選常務董事 5 人，再由董事就常務董事中推選一人為董事長；監事會的監事互選一人為常務監事。此項選舉，信徒大會依照政府有關法令和依宗教儀式辦理，其任期一律四年，連選得連任。〔註72〕在董事會下列設董事與經理，負責掌管育化堂整體行政工作與業務，經理下設置公關部、社教部、總務處、會計處。公關部下列設祭典組、公關組，社教部下

〔註72〕昭平宮育化堂捐助暨組織章程第十一條。

設社教組、藝文組、聖樂團、國樂團，總務處下列設置營繕設備組、膳食組、採購組、財產組、會籍組、檔案組、文書組、總務組（鸞文）、總務組（疏文），會計處下列設會計與財務組等四大部十七個行政單位。廟務一切業務執行與計畫，皆由經理掌管，在其行政單位下則是志工和義工，他們協助行政單位業務的推動與執行。

圖 3-24　昭平宮育化堂組織架構圖

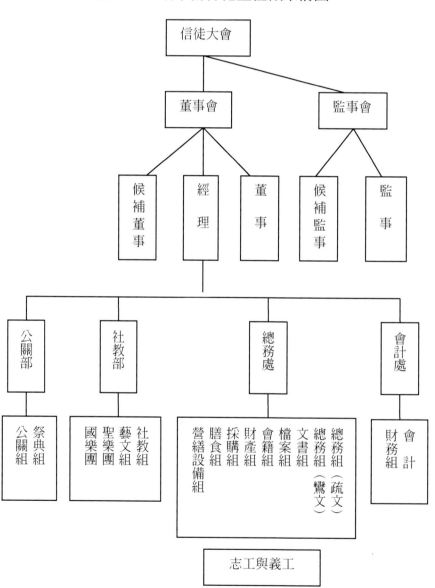

二、組織運作與管理

　　昭平宮育化堂的廟務，主要是從事宗教性與社教性的服務，其組織運作方式是由信徒大會選出董、監事，組織董事會與監事會。監事會主要業務是監督董事會，而董事會主要負責審核組織的預算，與規劃組織發展方向和組織所應該進行的業務；董事會通過的組織計劃由經理負責執行，經理領導各行政單位執行董事會通過的組織計劃，並隨時對董事會報告組織預算的運用與計畫執行進度，對各行政單位所要執行的預算和計畫也要上呈給董事會審查。行政單位則接受經理的管理，協助經理完成董事會通過的組織計劃與業務，每年各組也要編列預算，與經理合作規劃年度活動計畫並上呈董事會審核，並且運用管理志工協助組織業務的進行。茲將昭平宮育化堂的組織運作與管理分述如下：

（一）信徒大會之職權

　　信徒大會是昭平宮育化堂組織的最上層，握有選舉、罷免董監事之職權和聽取監事人員決算稽核報告，因此信徒須年滿二十歲，且須宣誓入鸞為鸞生，並常能撥空為廟堂效勞者，才能被推薦成為信徒，也才有選舉權（詳附錄 2 第 4 章）。另外，除法令另有規定外，年滿二十三歲以上之信徒，擁有被選舉權。

　　信徒大會掌有人事、監察財政、監督行政、聽取未來計畫等職權，故規定每年春季開會一次，但當信徒人數三分之一以上連署請求或董事會認為必要時，得召開臨時大會。（詳附錄 2 第 20 條）

（二）董事會的運作與職權

　　昭平宮育化堂的董事會由 15 位董事、5 位候補董事組成，他們必須是育化堂的鸞生，且能常常到育化堂效勞的鸞生。董事會成員須先成為信徒大會中的信徒，才能被推薦出來選舉董事。根據昭平宮育化堂的組織章程規定，董事會每四年改選一次，連選得連任，董事長或常務董事因故出缺時，由董事互選遞補董事長或常務董事，但均以補足本屆任期為限。

　　董事會每半年必須召開聯席會議一次，如果有遇到像是預算編列審核超過上限或是有重大活動辦理時，則召開臨時董事會議。董事會是組織主要權力的決策單位，負責召開信徒大會、廟產及財務管理事項、擬定事業計劃並編制經費收支預（決）算、任免財團經理、副經理、組長員工和審議信徒異

動，並籌劃祭典、宗教等活動事項。董事會任命的財團經理、副經理、組長員工等，在董事會決議的組織計劃與業務上沒有決策權，只單純執行董事會通過的決議案。（詳附錄 2 第 5 章）

經理與副經理在昭平宮育化堂主要是擔任組織管理者、計畫執行者和董事會與行政人員間溝通的角色，所以對組織的內外部環境要有一定的瞭解，能提供董事會政策指引的資訊與相關領導的協助；對於組織縱向、橫向的聯繫也能建立良好的溝通體系，並加以維持，使組織財務、各項活動的運作與控制能得到有效的管理。（詳附錄 3）

（三）監事會的職權

昭平宮育化堂的監事會由監事 3 人、候補監事 1 人組成，均由信徒大會中之信徒選出，再由監事互選 1 人為常務監事。監事會負有監督董事會，但是對於董事會的決議是不會加以干涉，其職權為審核經費收支帳簿及會計憑證、審核廟產管理情形、審核事業計劃執行情形。（詳附錄 2 第 18 條）

從上述來看，昭平宮育化堂的組織運作是由信徒大會為基礎，信徒大會選出的董事、監事運作和監督整個組織；監事會監督董事會，董事會負責組織預算與計畫的審核，並規劃堂務的發展方向，最後交由經理和各行政單位執行。

表 3-3 昭平宮育化堂歷屆主要管理人簡表

職　　稱			屆別	姓名	村里別	生　年	卒　年	享年	職　業	經歷/任期
堂主	主委	董事長								
✓			1	林　火（有定）						任期自民國元年至 25 年
✓			2	何其昌（詠吟）	南門里				醫生	任期自民國 26 年至 28 年
✓			3	施文彬（賦山）	東門里	明治 31 年 1898	民國 76 年 1987	89	公務員曾任街長	任期自民國 29 年至 32 年
✓			4	蘇樹木（瞳鶴）	薰化里	明治 35 年 1902	民國 68 年 1979	78	米店	里長曾任副乩生任期自民國 32 年至 49 年

	✓		1	江榮宗	北門里	明治35年 1902	民國60年 1971	70	豬肉商	埔里區寺廟聯誼會發起人之一，任期自民國50年至52年
	✓		2	鄭錦水	珠格里	明治40年 1907	民國77年 1988	82	富紳	曾任副乩生 任期自民國53年至55年
	✓		3	蘇樹木	薰化里	明治35年 1902	民國68年 1979	78	米店	里長 曾任副乩生 任期自民國56年至58年
	✓		4	許元發	北門里	大正2年 1913	民國67年 1978	66	營造業	里長 任期自民國59年至61年
	✓		5	許清和	大城里	明治29年 1896	民國71年 1982	87	米店	保正 地母廟董事長 醒靈寺董事長 日月潭文武廟董事長 任期自民國62年至65年
	✓		6	林耀輝	南門里	大正12年 1923	民國70年 1981	59	米店	日治時期教員 調解委員會主席 任期自民國66年至69年
		✓	1	蔡明煌	南門里	大正7年 1918	民國96年 2007	90	布店	任期自民國70年至73年
		✓	2	詹元和	大城里	昭和14年 1939	民國79年 1990	52	米店	鎮民代表會主席 任期自民國74年至77年
		✓	3 — 6	黃冠雲	南門里	昭和18年 1943	存		中醫師	任期自民國78年至93年
		✓	7 — 8	蔡茂亮	北門里	昭和5年 1930	存		酒廠職員	曾任正乩生 任期自民國94年至100年 民國99年車禍改由黃冠雲接任

資料來源：整理自鸞籍簿和《昭平宮育化堂簡史》，頁25～27。

三、志工組織

昭平宮育化堂的志工大都是鸞生，他們平時即熱衷於堂內的祭拜活動，對廟務也時時提供協助。這些志工很多不是信徒大會中列冊的信徒，而僅是單純常來育化堂拜拜或誦經的鸞生，基於對鸞堂虔誠的信仰，當昭平宮育化堂有活動需要協助時，這些鸞生便是理所當然的志工，協助育化堂業務的推展，使堂務推行工作能順利進行。

昭平宮育化堂的志工除了協助廟務活動外，一般也要排班誦經，對神佛敬茶、獻菓及上香。因爲是地方公廟，平日即常有居民往來其中問事、祭拜，基於廟內的安全，須經常有人巡視及守衛，遇有異狀，得隨時與經理或相關人員聯絡。因此，董事會由年滿十八歲以上，願意運用空暇時間參與廟務日常性工作之鸞生中，遴選出廟祝 2 人，會計 1 人，清潔服務員 1 人，由經理提報，董事長同意，經董事會通過後，聘任之。爲此，董事會另訂定有廟祝等志工服務管理辦法。（詳附錄 4）

志工組織大抵以鸞生爲主，雖都是志願爲神明及信眾服務，但因有些職務服務的時間頗長，如廟祝。爲顧及任職者的生計及廟務的運作，除補助誤餐費外，也酌給爲善信解說籤詩，或爲解讀聖神仙佛臨堂所降詩詞歌賦，而須額外加強學識的研究費，稱廟祝津貼；而會計使用自己的電腦代打公文、文書處理、會議記錄及其他表報等等，電腦及其他配件之維修及耗材補充之費用；清潔服務員針對清潔需要，自備清潔用品等，也酌給津貼。

志工雖都是義務性質，然在服務的過程中也不免會有意外事件發生，或因疏忽、不當行爲而致堂廟財物或名譽受損。爲此，昭平宮育化堂對志工訂有獎懲辦法，鸞生和廟祝也有福利措施。（詳附錄 5）

從本節的討論中可以瞭解，昭平宮育化堂雖非埔里地區最古老的廟宇，但因其管理組織及堂務的運作獨具特色，使其能夠獲得多數居民的認同，而成爲當地重要的廟宇。

小　結

宗教之使人敬畏及崇拜，在於其以一種超自然的神秘力量，使人相信神明能決定或改變人世的命運，進而衍生出各種祭祀活動來凝聚當地居民，並以共同的、集體的生活記憶及情感的依附，支持寺廟香火的延續。從歷史的

演變來看，昭平宮育化堂的興起，始於墾民對關帝正義化身的依賴，而後因
文人士紳欲藉儒家道統行教化之實，來逃避日治後期因皇民化所產生的民族
自覺亦未可知。但由早期的施方戒煙、扶鸞闡教和宣講教化，到近期的社會
推廣教育，我們不難發現，昭平宮育化堂以「與宗教信仰相結合的宗教性儒
教」自居，以儒為宗，以神為教，以弘揚孔孟之道為己任，〔註73〕因此，自
奉負有相當大的社會責任。故除本章已論述的廟務組織的革新外，更致力於
文、武聖誕慶典活動，和推展中華文化復興運動，使成為地方儒宗神教信仰
的核心。有關這些活動將於下一章論述。

〔註73〕育化堂編輯委員會，《昭平宮育化堂簡史》，頁2。

第四章　昭平宮育化堂的寺廟經營

　　早期的台灣鸞堂稱爲仙堂，是爲讀書人休憩並藉降乩之名以爲唱酬所在，所以奉祀之神爲讀書人的守護神——文昌帝君。〔註1〕日治時期台灣民間吸食鴉片的風氣頗盛，知識分子設鸞堂，藉降乩助民眾戒除，蔡相輝以爲，降鸞雖稱爲仙佛下臨，但若無知識分子以爲扶乩，如何能出字作書，並詳引博參，以勵風俗、端正人心？因此，他認爲此事全是讀書人假神佛的名義，以整飭世風的舉動，所以勸戒的主要內容，皆針對當時社會的弊病而發。〔註2〕台灣鸞堂的興盛，固然受戒菸運動的影響，然而由上一章的探討已知，士紳文人願如此盡力推行，除扶鸞戒菸效果顯著，以及宣講教化能因應社會需要調整，獲得人民的認同外，政權移轉所帶來的文化衝擊，也是讓士紳文人投身鸞門的重要原因，鸞堂因此成爲藉神靈降乩著書，以勸戒人民爲善的宗教團體。昭平宮育化堂的創設，可說是在如此的情境下，建立在士紳文人宗教結社的基礎上，並透過以「儒爲宗，神爲教」的扶鸞儀式，將其信仰、儀式及宗教活動與居民日常生活密切結合。因此，除文武廟並列外，堂內並供奉各種神明，開放給民眾參拜，與一般寺廟差別不大。本章第一節將從昭平宮育化堂的宗教活動來看鸞堂的儒教宗教化，第二節探究昭平宮育化堂的鸞務事業，第三節將探討昭平宮育化堂的公益事業，並就其發展的歷史軌跡，看鸞堂功能的轉變。

第一節　昭平宮育化堂的宗教活動

　　台灣民間宗教多攝取了儒家的道德倫理、佛家的修身哲學、道家的無爲

〔註1〕　蔡相輝，《復興基地台灣之宗教信仰》（台北：正中書局，1989），頁56。
〔註2〕　同上，頁57。

思想以及傳統的巫術信仰，融合而成為一種多采多姿且綜錯交雜的宗教。外表上看起來似是甚為複雜，神道仙佛鬼魂皆為崇拜的對象，僧尼、道士、乩童、紅姨皆為宗教執行人，但實際上卻自成體系，符合民間心靈上的各種需要。〔註3〕李亦園認為這不僅僅是台灣民間宗教信仰的特色，也是台灣民間宗教的「普化宗教」特性。〔註4〕所謂普化宗教亦即將信仰、儀式及宗教活動都與日常生活密切混合，擴散成為日常生活的一部分，故又稱其為擴散的宗教。〔註5〕雖然台灣民間宗教深入居民的日常生活中，但是卻缺少如基督教、佛教、回教等制度化組織的宗教，而且這些宗教擁有系統化的教義、經典與宗教儀式，其宗教活動與居民日常生活有相當程度的區隔。但是台灣的民間宗教是分別與不同層面的居民生活聯結在一起，大部份的人們純粹基於對神佛的信仰，因此，不需要有甚麼經典，也不需要專業者的引導，所以一般缺少固定的、系統化的組織，也就稱不上是制度化的宗教，只能說是一種普化存在的宗教信仰。〔註6〕

　　就祀神來說，劉枝萬將台灣鸞堂歸類為民間俗信，大約是從歷史發展的角度來看。恩主公信仰是從沒有組織、沒有經典、也沒有一定祭拜儀式發展形成的，如李亦園所強調，其特色是普化性的，與居民日常生活密切配合的，所以其崇拜儀式經常是神聖性與世俗性融合在一起；神聖性代表宗教或超自然存在的一面，世俗性則代表日常生活的一面。〔註7〕或許因為這樣的普化性，使文人士紳欲藉鸞堂而達孔門學說宣講的目的，從而使鸞堂信仰儒教宗教化的性格更被清楚的呈現。因此，鸞堂的祭孔釋奠和關帝祀典儀式，可以說是儒教宣講教化的延續。

　　昭平宮育化堂為埔里鎮重要的鸞堂信仰中心，其供奉的神明除了三恩主之外，如上一章所述，也容納了許多的同祀神，該堂年中祭祀活動如表4-1：

〔註3〕 阮昌銳，〈如何端正民間宗教信仰〉，《民間宗教儀式之檢討研討會論文集》（台北：中國民族學會，1985），頁132。

〔註4〕 參見李亦園，〈台灣民俗信仰發展的趨勢〉，《民俗信仰與社會研討會論文集》（台中：臺灣省政府民政廳，1982），頁89～101。

〔註5〕 李亦園，〈民間宗教儀式之檢討〉，《民間宗教儀式之檢討研討會論文集》（台北：中國民族學會，1985），頁1。

〔註6〕 同上，頁1～2。

〔註7〕 同上，頁2。

表 4-1 昭平宮育化堂年中祭祀活動一覽表

農 曆 日 期	祭 祀 項 目	活 動 內 容
正月初一	元始天尊聖誕	唱讚獻敬、排班請誥、行四跪十二叩禮、讀祝文、焚祝文。
正月初四	接旨	初三亥時或初四子時開始唱讚獻敬、排班請誥、扶鸞降筆請示神聖回堂時刻、排班迎駕、再扶筆宣布神聖述職成果。
正月初九	玉皇大帝聖誕	唱讚獻敬、排班請誥、行四跪十二叩禮、讀祝文、焚祝文。
正月十三日	關聖二太子聖誕	唱讚獻敬、排班請誥、行三跪九叩禮、讀祝文、焚祝文。
正月十五日	上元天官	唱讚獻敬、排班請誥、行三跪九叩禮、讀祝文、焚祝文。
正月十六日	開台聖王聖誕	唱讚獻敬、排班請誥、行三跪九叩禮、讀祝文、焚祝文。
二月初二	福德正神聖誕	唱讚獻敬、排班請誥、行三跪九叩禮、讀祝文、焚祝文。 初二晚福神會餐會。
二月初三	文昌帝君聖誕	唱讚獻敬、排班請誥、行三跪九叩禮、讀祝文、焚祝文。
二月十五日	太上老君聖誕 精忠武穆王聖誕	唱讚獻敬、排班請誥、行三跪九叩禮、讀祝文、焚祝文。
二月十九日	觀世音菩薩聖誕	唱讚獻敬、排班請誥、行三跪九叩禮、讀祝文、焚祝文。
三月初三	玄天上帝聖誕	唱讚獻敬、排班請誥、行三跪九叩禮、讀祝文、焚祝文。
三月十五日	保生大帝聖誕	唱讚獻敬、排班請誥、行三跪九叩禮、讀祝文、焚祝文。
三月十八日	南天廖天君聖誕	唱讚獻敬、排班請誥、行三跪九叩禮、讀祝文、焚祝文。
三月十九日	太陽星君聖誕	唱讚獻敬、排班請誥、行三跪九叩禮、讀祝文、焚祝文。
三月二十三日	天上聖母聖誕	唱讚獻敬、排班請誥、行三跪九叩禮、讀祝文、焚祝文。
三月二十八日	蒼頡至聖先師聖誕	唱讚獻敬、排班請誥、行三跪九叩禮、讀祝文、焚祝文。

四月初八	釋迦文佛聖誕	唱讚獻敬、排班請誥、行三跪九叩禮、讀祝文、焚祝文。
四月十四日	孚佑帝君聖誕	於十三日晚舉行三獻禮祝壽大典。
四月二十六日	神農大帝聖誕	於二十五晚舉行三獻禮祝壽大典，二十六日晚神農會餐會。
五月初三	定遠帝君聖誕	唱讚獻敬、排班請誥、行三跪九叩禮、讀祝文、焚祝文。
五月十三日	關聖大太子聖誕	唱讚獻敬、排班請誥、行三跪九叩禮、讀祝文、焚祝文。
五月十九日	九天馬天君聖誕	唱讚獻敬、排班請誥、行三跪九叩禮、讀祝文、焚祝文。
六月十五日	城隍尊神聖誕	唱讚獻敬、排班請誥、行三跪九叩禮、讀祝文、焚祝文。
六月十六日	靈官王天君聖誕	唱讚獻敬、排班請誥、行三跪九叩禮、讀祝文、焚祝文。
六月二十四日	文衡帝君聖誕	舉行鎮祭，由鎮長主祭。
七月初七	大魁夫子聖誕	唱讚獻敬、排班請誥、行三跪九叩禮、讀祝文、焚祝文。
七月十二日	救苦真君聖誕	唱讚獻敬、排班請誥、行三跪九叩禮、讀祝文、焚祝文。
七月十五日	中元地官聖誕	唱讚獻敬、排班請誥、行三跪九叩禮、讀祝文、焚祝文。
七月十八日	瑤池金母聖誕	唱讚獻敬、排班請誥、行三跪九叩禮、讀祝文、焚祝文。
七月二十三日	南宮柳天君聖誕 諸葛武侯聖誕	唱讚獻敬、排班請誥、行三跪九叩禮、讀祝文、焚祝文。
七月二十五	齊天大聖聖誕	唱讚獻敬、排班請誥、行三跪九叩禮、讀祝文、焚祝文。
八月初三	司命真君聖誕	於二日晚舉行三獻禮祝壽大典。
八月初三	北斗星君聖誕	唱讚獻敬、排班請誥、行三跪九叩禮、讀祝文、焚祝文。
八月十五日	太陰星君聖誕	唱讚獻敬、排班請誥、行三跪九叩禮、讀祝文、焚祝文。
八月二十三日	桓侯大帝聖誕	唱讚獻敬、排班請誥、行三跪九叩禮、讀祝文、焚祝文。
八月二十七日	至聖先師聖誕	舉辦祭孔釋奠典禮，由南投縣長為正獻官。

九月初一	南斗星君聖誕	唱讚獻敬、排班請誥、行三跪九叩禮、讀祝文、焚祝文。
九月初一至九月初九	北斗下降	輪班誦經
九月初九	哪吒太子聖誕	唱讚獻敬、排班請誥、行三跪九叩禮、讀祝文、焚祝文。
九月初九	北斗回天	初九當晚唱讚獻敬、排班跪送。
九月十八日	九天玄女聖誕	唱讚獻敬、排班請誥、行三跪九叩禮、讀祝文、焚祝文。
十月十五日	下元水官聖誕	唱讚獻敬、排班請誥、行三跪九叩禮、讀祝文、焚祝文。
十月十八日	地母尊佛聖誕	唱讚獻敬、排班請誥、行三跪九叩禮、讀祝文、焚祝文。
十月二十三日	周大將軍聖誕	唱讚獻敬、排班請誥、行三跪九叩禮、讀祝文、焚祝文。
十一月初四	孔夫子成道	唱讚獻敬、排班請誥、行三跪九叩禮、讀祝文、焚祝文。
十一月十一日	太乙眞人聖誕	唱讚獻敬、排班請誥、行三跪九叩禮、讀祝文、焚祝文。
十一月十四日	育化堂開堂紀念	下午四時舉行慶祝典禮、五時摸彩、六時會餐及詩詞吟唱
十一月二十日	張仙大帝聖誕	唱讚獻敬、排班請誥、行三跪九叩禮、讀祝文、焚祝文。
十二月二十日	華陀仙翁聖誕	唱讚獻敬、排班請誥、行三跪九叩禮、讀祝文、焚祝文。
十二月二十日	眾神歸天	二十三日亥時開始唱讚獻敬、排班請誥、扶鸞降筆指示起駕時刻、排班跪送。

資料來源：參閱昭平宮育化堂九十八年度聖誕表，活動內容摘自何肇陽口述（2009/08/05）。

　　從表中可以看出各種神明聖誕的祭祀相當頻繁，充分表現民間信仰多神教與偶像崇拜的特色。其中關聖帝君聖誕祀典和孔子誕辰釋奠典禮是昭平宮育化堂每年重要的宗教活動，也是受政府單位重視，而形成一種官民合作形式的宗教活動。其他同祀、配祀神明的生日，也都由唱讚生唱誦儒宗聖教讚，再行全部鸞生排班序列，由請誥生恭請聖誥，大小鐘鼓生司鐘鼓，接駕生跪拜請駕後，全部鸞生以三拜九叩首大禮祝壽。這些祀神的祭拜時間，除了祭

孔大典是在每年的教師節清晨舉行外，其餘的儀式皆在神明誕辰日的前一晚舉行。這樣的時間安排，一方面是配合執事鸞生職業的工作時間，一方面也是因宗教必須與社會溝通，可視爲一個群體對其社會的共同意識和情感的體現；共同的宗教活動，可以強化一個群體的社會凝聚力，個人或群體往往藉著宗教活動中的種種儀式與行爲，表達信仰理念及內心的各種情感。〔註8〕因此，儀式進行的時間，大多安排在晚上 8 時以後，以配合居民的時間需要。茲將昭平宮育化堂年中重要的祭典儀式分述如下：

一、孔子聖誕釋奠典禮

祭祀孔聖先賢乃爲傳統士紳文人極爲重要的宗教儀式，這是因爲孔子爲儒家道統之源，素爲儒者所宗，祭祀孔子也就表示尊崇儒家道統。建孔廟對於儒教人士而言，具飲水思源的意義，因爲儒教義理爲孔子所創，要使儒教具有競爭力，得以與其他宗教以及新文化抗衡，必得將教主加以神聖化。如此，對外可以營造出一個神聖的祭祀空間，對內藉以凝聚儒教人士的向心力，利於推展儒家教化活動，因此祭孔釋奠典禮一向由地方舊儒、士紳全力推動。〔註9〕在清代，府縣治之下所設的學宮，都要配祀孔子神位，並且在每年春秋仲月上下之日，舉行釋奠大典，因而孔子廟全部都是官廟，民間不得隨便設立。其祭祀在以前是使用特典，並不聘用一般祠廟的僧侶或道士；祭祀時，絕對不許有祈福、邀利、消災、避祟等禱告，是以一種超然的形態，與一般寺廟的宗教活動迴然不同。〔註10〕日治時期，祭孔由民間的儒教團體倡導，原本只有官方才有祭孔資格的情形，因政權的轉移，下放到一般民間來，於是各儒教團體也得以各自進行祭孔儀式活動。〔註11〕

昭平宮育化堂是埔里地區僅有的孔子廟，在國民政府主政後配合教師節，祭孔大典由官民合作，每年都會隆重舉行，由埔里鎮鎮長擔任主祭官。民國六十九年起，南投縣轄境三處（另二處是日月潭文武廟暨草屯惠德宮）孔子廟輪流舉辦全縣祭孔釋奠典禮，由南投縣長爲正獻官，各機關首長、學

〔註8〕 黃美英，〈神聖與世俗的交融──宗教活動中的戲曲與陣頭遊藝〉，《民間宗教儀式之檢討研討會論文集》（台北：中國民族學會編印，1985），頁80。

〔註9〕 李世偉，〈日據時期台灣的儒教運動〉，《臺灣的宗教與文化》（台北縣：博揚文化，1999），頁 173～175。

〔註10〕 鈴木清一郎，《臺灣舊慣習俗信仰》（台北：眾文圖書公司，1978），頁 30。

〔註11〕 李世偉，〈日據時期台灣的儒教運動〉，頁 176。

校校長、民意代表爲陪祭官，若未輪值縣祭，則舉行鎭祭。祭孔釋奠典禮各執事人員，通常於每年九月二十八日上午五時三十分準時集合，儀式於清晨六時開始進行。但自週休二日實施，教師節的國定假日取消後，昭平宮育化堂董事會爲免影響各級單位的行政工作，遂將祭孔日期做彈性調整，如民國九十八年（2009）逢非假日，故提前一日，於二十七日（星期日）上午九時舉行。典禮執事及各籌備事項（詳附錄8），釋奠典禮程序如表4-2：

表4-2　至聖先師孔子二五五九週年（2009）誕辰釋奠典禮程序表

1	釋奠典禮開始	鳴炮
2	鼓初嚴	晉鼓鏞鐘、與遍燃庭燎香燭。
3	鼓再嚴	佾舞生、執事者準備入場。
4	鼓三嚴	引贊、禮生、各獻官至丹墀下排立。
5	樂生佾生就位	樂生執麾前導就位，佾舞生執節以「五步一頓」和建鼓拍擊各就位。
6	執事者各司其事	各執事者按建鼓之節奏就位。
7	監禮官升階監禮	監禮官隨引贊就位。
8	糾儀官升階糾儀	糾儀官隨引贊就位。
9	陪祭官就位	由大成殿南端儀門隨引贊入場就位。
10	分獻官就位	東西配、東西哲分獻官隨引贊立於陪祭官前向大成殿。
11	正獻官就位	隨引贊立於分獻官前向大成殿。
12	啓扉	鐘鼓齊鳴（一鐘二鼓計卅六遍。祈五日一風十日一雨，風調雨順之意也）、由禮生啓開儀門、大成門、欞星門共五門。
13	瘞毛血	由禮生捧出外庭偏西挖穴埋入，此爲德仁歸藏之義。
14	行迎神禮	◎三通鼓響，全體肅立、樂長唱「樂奏咸和之曲」。 接駕生執涼傘扇、爐燈、日月斧、駕牌等，分東、西往欞星門前向外行三鞠躬禮後復位。
15	行三鞠躬禮	諸獻官暨全體參祭人員向大成殿行三鞠躬禮致敬。
16	進饌	案前禮生將神座前祭品稍移動後復原位。
17	行上香禮	◎三通鼓響，樂長唱「樂奏寧和之曲」。 （1）正獻引唱、詣盥洗所、進巾、盥洗後，隨即詣「至聖先師孔子」神座前行上香禮。 　　（初上香、再、三上香，一鞠躬、再、三鞠躬，復位） （2）東配、哲、廡引唱、各請分獻官詣盥洗所、進巾、盥洗後隨即詣東配、哲、廡神座前行初、再、三上香，一、再、三鞠躬，復位 　　（東進東退）。

		（3）西配、哲、廡引唱如全東配、哲、廡分獻之，（西進西退）。
18	行初獻禮	◎三通鼓響 （1）首由晉鼓、鏞鐘全「鼓初嚴」擊。 （2）樂長唱「樂奏寧和之曲」。 （3）佾長唱：佾舞第一成舉麾、舉節和鐘鼓、樂舞和鳴並起、「六佾舞」。 　　正獻引唱、詣酒罇所、司罇者捧、節酒、進酒隨即詣神座前行初獻禮、獻帛、初獻酌，一、再、三鞠躬後詣香案前就位（等後讀祝）。
19	行初分獻禮	東西配、哲、廡引唱、各請分獻官詣酒罇所、舉酒、進酒隨進神座前行初獻禮、獻帛、初分獻酌，一、再、三鞠躬後詣香案前就位（等後讀祝）。
20	恭讀祝文	樂舞暫止 正位引贊唱：「正獻官詣香案前讀祝位、就位，正獻官行鞠躬禮。讀祝官恭讀祝文」讀祝畢。 通贊唱：「正獻官、分獻官、陪祭官、監禮官、糾儀官暨南投縣內各界代表向至聖先師孔子神位行三鞠躬禮，一鞠躬、再鞠躬、三鞠躬，復位。」 樂長、佾長唱：樂舞並起。
21	行亞獻禮	◎三通鼓響 （1）晉鼓、鏞鐘全「鼓再嚴」擊之。 （2）樂長唱「樂奏安和之曲」。 （3）佾長唱：舞起亞成，麾節於鐘鼓、樂舞並起正獻引唱、詣酒罇所、節酒、進酒詣神座前行亞獻禮、亞獻酌，一、再、三鞠躬後復位。
22	行亞分獻禮	（1）東配、哲、廡引唱、請分獻官詣酒罇所，節酒、進酒後至神座前行亞分獻禮、亞獻酌，一、再、三鞠躬後復位。 （2）西配、哲、廡引唱如全東配、哲、廡分獻行之。
23	行終獻禮	◎三通鼓響 （1）晉鼓、鏞鐘全「鼓三嚴」擊之。 （2）樂長唱「樂奏景和之曲」。 （3）佾長唱：舞起三成，麾節和鐘鼓、樂舞並起 （4）正獻引唱、詣酒罇所、節酒、進酒詣神座前行終獻禮、終獻酌，一、再、三鞠躬後復位。
24	行終分獻禮	（1）東配、哲、廡引唱、請分獻官詣酒罇所，節酒、進酒後至神座前行終分獻禮、終獻酌，一、再、三鞠躬後復位。 （2）西配、哲、廡引唱如全東配、哲、廡分獻行之。

25	監禮官 糾儀官　上香 主祀官	由東、西配引香詣案前行之。
26	行飲福受胙禮	◎三通鼓響、樂長唱「樂奏咸和之曲」。 正獻官引唱、詣大成殿香案前、飲福酒、福胙，一、再、三鞠躬後復位。
27	撤饌	案前禮生將祭品稍移動、復原位。
28	行送神禮	◎三通鼓響，全體肅立。 （1）樂長唱「樂奏咸和之曲」。 （2）送駕生由大成門進出至櫺星門外排隊、樂止。 （3）引贊全體應聲唱，一、再、三鞠躬後復位。
29	捧祝帛詣燎所	捧祝、帛、進出大成殿經儀門至燎所。
30	望燎	樂長唱「樂奏咸和之曲」。 各獻官隨引贊詣燎所望燎。
31	復位	各參祭官員復位。
32	闔扉	儀門、大成門由執事人關閉。
33	正獻官致謝詞	正獻引贊引正獻官至香案前致詞後復位。
34	撤班	（1）正獻官、分獻官、陪祭官、糾儀官、監禮官隨引贊相繼告退。 （2）佾舞生按五步一頓轉班鼓分別告退。
35	禮成	禮生集合向大成殿敬禮、對禮後解散。

資料來源：整理自昭平宮育化堂釋奠典禮程序表（2009 年 9 月 27 日）；黃冠雲《昭平宮育化堂堂志初稿（第四章）》，頁 3～7。

　　由孔子誕辰釋奠典禮執事表中各執事名冊可看出，不管是典禮前的籌備或典禮的活動進程，主要執事人員皆以昭平宮育化堂的鸞生爲主，由此不難體會鸞堂濃厚的儒道教化，同時也有延續著傳統文化的社會功能。祭典中所供奉的物品稱爲祭儀，古代依行政職權之差等分爲「大祀、中祀、小祀」，供品之數量也會有所不同。祭孔屬於大祀，祭品依古禮以太宰（牛、豬、羊）爲犧牲，〔註12〕但早期昭平宮育化堂常因經費不足和農家不願割捨耕牛的問題，而無法行太宰之禮，延續至今，都是行全羊全豬的中祀之祭。

〔註12〕祭祀是我國上古的宗教行爲，必備犧牲、祭品、醴酒及圭璧幣帛，其中犧牲又分全牛、全羊、全豬的太宰（大祀）之祭及全羊全豬的中祀之祭，祭品則採農作物，醴酒係祭祀要件，而所謂三獻即三奠酒也，獻圭璧係崇隆神之地位及權威，幣帛則類同獻財，即現今民間金紙之起源。

圖 4-1 　孔子神案祭儀

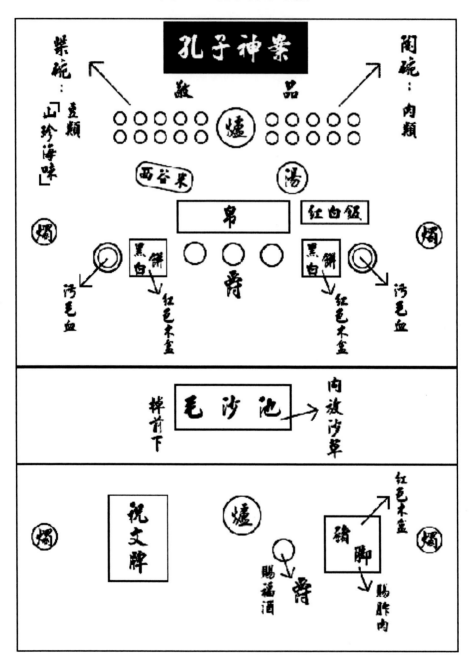

資料來源：昭平宮育化堂

圖 4-2　東西配及東西哲神案祭儀

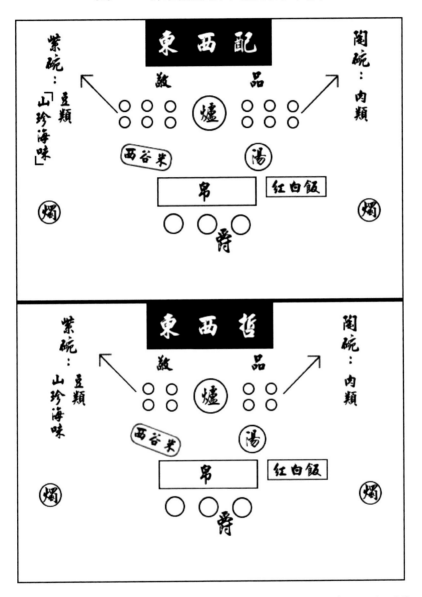

說明：東配是曾子、顏回的神案，西配是子思和孟子，東、西哲則是
　　　孔子七十二弟子的神案。

　　神案祭儀本著儒家傳統（圖 4-1，圖 4-2），透過祭祀活動在民間混合成為
通俗信仰，也是社會價值的基本理念，此基本理念通過孔子誕辰釋奠典禮，
將鸞堂作為人文精神的活動場所，自然肩負了文化傳承的使命，而鸞堂藉此

機會提供資源，相對同時也獲得官方與地方社會認同的增強。

圖4-3　佾生、正獻官、分獻官等就位

說明：2009年孔子誕辰2559週年，由南投縣長李朝卿擔任正獻官，
帶領縣府官員暨埔里地區鄉鎮校長代表主持祭孔三獻禮。

圖4-4　迎神禮

說明：孔廟平日並無香火，故祭典之始須啓扉迎神，祭畢則送神闔扉。

圖 4-5　獻佾舞

說明：每年祭典都會依古制由埔里鎮育英國小學童進行獻佾舞的儀式。

圖 4-6　祝文

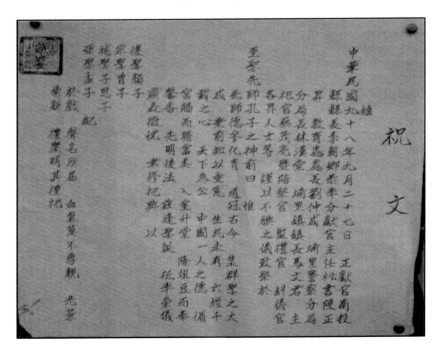

何艷禧攝　2009/09/27

二、關聖帝君聖誕

關聖帝君誕辰日（農曆六月二十四日）是埔里鎮重要的宗教節日，一般在前一天（六月二十三日）晚上，全體鸞生都會到堂參加祝壽，舉行三獻禮〔註13〕隆重慶祝。儀式由鎮長擔任正獻官，分局長及鎮民代表會主席擔任分獻官，各課室主管、鎮民代表及里長爲陪祭官，並由廟內各執事擔任工作人員。因屬於全鎮性的祭典活動，所以動員相當的廣，不僅所有鸞生積極參與，也廣邀各界社團、名流共襄盛舉，充分顯現地方士紳與住民對廟堂的向心力，及堂廟對外的社會人脈網絡（詳附錄9）。配合鸞生與信眾的工作時間，三獻祭典大都在晚上 9 時 30 分舉行。典禮開始前，信徒及附近居民一般都會準備牲禮、祭品等參與祭拜，鸞生則分組輪流在主龕神案前唱讚歌獻敬，待鎮長等祭祀人員到齊，典禮即依（表 4-3）所列進行。

表 4-3　昭平宮育化堂三獻禮典禮程序表

典禮進程	科儀名稱	活　　動　　內　　容
一	「通」〔註14〕	滿堂肅靜。執事者各司其事。擂鼓三通，鳴金三點。
二	「通」	行盥洗所盥洗。
	「引」	詣於盥洗所盥洗。復位。
三	「通」	行降神所降神。 司鐘生司鐘，司鼓生司鼓，振起樂音，發炮三連。
	「引」	詣於降神所降神。 初揖、再揖、三揖。
四	「通」	恭迎聖駕入宮。（止樂，合唱昭平之章，振起樂音。）
	「引」	初揖、再揖、三揖。復位。
五	「通」	行參神禮。
	「引」	參神鞠躬 跪、叩首、再叩首、三叩首、興。 跪、叩首、五叩首、六叩首、興。 跪、叩首、八叩首、滿叩首、興。

〔註13〕民間習俗中有「無酒不成禮」的俗諺，不論是道士的齋醮或是家族之祭祖，都有奠酒的過程。在道廟三獻中，有「獻爵」之程序，初獻中爵，亞獻左爵，三獻右爵。三獻典禮程序同時適用於祭祀武聖關公、孚佑帝君、司命真君、神農大帝等神佛聖誕之祭典。

〔註14〕「通」即司儀，將儀式程序依進程大聲唱出；「引」是由引贊者前導，將各正、分獻官依進程帶至祭拜的位置。

六	「通」	行上香禮。
	「引」	詣於關聖帝君暨列聖諸尊香案前。 上香、再上香、三上香。 跪、初祝酒、再祝酒、三祝酒。 叩首、再叩首、三叩首、興。 詣於復位。
七	「通」	執事者滿堂開酌，酌酒進饌。 行初獻禮。（止樂，合唱宣平之章，振起樂音。）
	「引」	詣於關聖帝君暨列聖諸尊寶座前。 跪，進酌、進祿。 叩首、再叩首、三叩首、興。 詣於復位。
八	「通」	行讀祝禮。
	「引」	詣於關聖帝君暨列聖諸尊香案前。 跪、叩首、再叩首、三叩首、俯伏。
九	「通」	止樂。讀祝生就位。 宣讀祝文。振起樂音。
	「引」	讀祝生退位。 叩首、再叩首、三叩首、興。 詣於復位。
十	「通」	執事者滿堂加酌，酌酒奉饌。 行亞獻禮。（止樂，合唱秩平之章，振起樂音。）
	「引」	詣於關聖帝君暨列聖諸尊寶座前。 跪、奉酌、奉祿。 叩首、再叩首、三叩首、興。 詣於復位。
十一	「通」	執事者滿堂再酌，酌酒獻饌。 行三獻禮。（止樂，合唱秩平之章，振起樂音。）
	「引」	詣於關聖帝君暨列聖諸尊寶座前。 跪、獻酌、獻祿、獻菓品、獻財帛。 叩首、再叩首、三叩首、興。 詣於復位。
十二	「通」	行飲福受胙禮。
	「引」	詣於關聖帝君暨列聖諸尊香案前。 跪、叩首、再叩首、三叩首。 受酌、飲福酒、受胙肉。 叩首、再叩首、三叩首、興。 詣於復位。

十三	「通」	行望燎所，司祝者司祝，司財帛者司財帛，各詣燎所。焚祝化楮。
	「引」	詣於望燎所望燎。 初揖、再揖、三揖。詣於復位。
十四	「通」	行撤饌禮。執事者撤饌（止樂，合唱懿平之章，振起樂音。）
十五	「通」	行辭神禮。 司鐘生司鐘，司鼓生司鼓，再發炮三連。
	「引」	（向外）跪、叩首、再叩首、三叩首、興。 　　　　跪、叩首、五叩首、六叩首、興。 　　　　跪、叩首、八叩首、滿叩首、興。 （向內）跪、叩首、再叩首、三叩首、興。 　　　　跪、叩首、五叩首、六叩首、興。 　　　　跪、叩首、八叩首、滿叩首、興。
十六	「通」	禮畢榮身退位。 止樂。禮行三獻，叩答神恩，祈求平安，萬事吉昌。

資料來源：參閱埔里育化堂三獻禮典禮程序表。

　　三恩主的祭儀和一般神明一樣，以小三牲（豬肉、雞、魚）為犧牲，粢盛（壽桃）、炸菜碗、爵、茶、鮮果、乾果等為輔祭之。

　　關聖帝君誕辰當日（六月二十四日），昭平宮育化堂循例召集鎮內各寺廟舉行繞境活動，供鎮民膜拜。此繞境活動起自大陸文化大革命批孔批關之時，政府關心中華文化被歪曲，思想受其影響，乃行文全省各孔子廟隆重祭孔，關帝廟亦須於關聖帝君聖誕時擴大舉行慶祝，以導正社會人心。〔註15〕一般說來，傳統社會的宗教，實際上與政治有相當程度的結合關係，其各種祭典禮儀的形式還是統合在國家的禮儀制度之中，彼此的宗教權威是含混而統一的，只有如此，才能與政治權威相安而無事。〔註16〕昭平宮育化堂因此於武聖關公聖誕日當天，號召全鎮各寺廟舉行繞境活動以供鎮民膜拜，每年的繞境均有百部以上車輛遊行，繞境的範圍以四城門及清新、同聲、薰化等里別為主。配合政府政策熱鬧舉行慶祝武聖誕辰，立意固然甚好，但繞境活動帶來的交通混亂、噪音、垃圾等污染及金錢的浪費，有違儒家簡約樸實的傳統精神，且隨著工商的繁榮，居民於住家門前列案舉香接神者漸少，董事會遂

〔註15〕黃冠雲《昭平宮育化堂堂志初稿（第四章）》，頁8。
〔註16〕鄭志明，〈台灣宗教組織化的困境〉，《宗教論述專輯第三輯——宗教法制與行政管理》（內政部編印，2001），頁179。

於民國八十四年（1995）改以文化活動——關公文化祭取代。〔註17〕這樣的改變，一方面也是秉持鸞堂一貫的宗旨：「發揚武聖精神、啟發善良本性、弘揚倫理道德、導正社會風氣」，另一方面也有適應時代的變遷。〔註18〕

圖 4-7　改倡文風

資料來源：昭平宮育化堂

〔註17〕文化活動分文武場進行，文場有寫生、書法、讀經、台語演講等比賽及詩詞吟唱、國樂演奏、書畫家當場揮毫等等；武場則有各種武術表演、兒童遊藝會及其他創意性活動。

〔註18〕黃冠雲，《昭平宮育化堂堂志初稿（第四章）》，頁8。

圖4-8　三獻禮前女鸞唱讚獻敬

何艷禧攝　2009/08/13

圖4-9　獻祿、獻菓品、獻財帛

何艷禧攝　2009/08/13

圖4-10　焚祝化楮

何艷禧攝 2009/08/13

圖4-11　行辭神禮

何艷禧攝 2009/08/13

圖4-12 文化活動－兒童讀經比賽

何艷禧攝　2009/08/14

圖4-13　文化活動－舞蹈表演

何艷禧攝 2009/08/14

三、神明會

　　神明會是一種宗教信仰組織，凡身份相同的人，如同業、同鄉或同姓的讀書人等，由於彼此在生活上有密切的關係，於是就聯合數十人或數百人為同志，以祭祀某一神佛為目的而聚會，並且分別自動捐錢釀資，以便購買土地作為「會產」，用會產的收益充為祭祀的經費，所以算是一種宗教團體。〔註19〕台灣之神明會原是先民從原鄉大陸渡海來台時，面對險惡生存環境，將其所崇拜特定神明予以供奉，並藉組織之建立與發展，鞏固其庄頭或地盤，是台灣社會民間信仰藉宗教崇神組織的力量來聯繫、聯誼聚落社群。

　　神明會對於會員的資格有身份及其他限制，而且並不只限於祭祀，為敦睦彼此之間的感情，增進會員之間的利益，也有藉祭祀舉行會員餐敘，或捐款演戲獻祭神佛。關於祭祀之事，則選出「爐主」一人，全權負責籌畫祭典和各項活動，爐主的任期大多是一年，屆滿後，在神明前擲筊選出下任爐主。〔註20〕

圖4-14　九十九年度關帝會爐主、首事名單

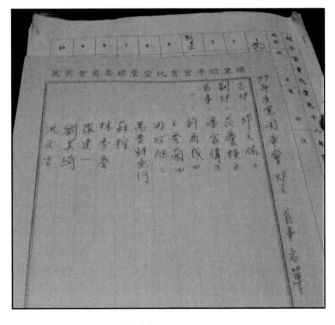

何艷禧攝　2009/08/13

〔註19〕鈴木清一郎著，高賢治、馮作民編譯，《臺灣舊慣習俗信仰》，頁53。
〔註20〕同上。

　　昭平宮育化堂的神明會有福神會和關帝會，會員大抵以堂內鸞生為主，但一般信眾也可為會員，以年度繳交會費為會員資格認定；福神會的會費為五百元，主要用在餐會上，關帝會費為一千元。除了餐會的開銷外，結餘款大都補助文化活動不足的經費。每年福德正神和關帝誕辰前一日，當年的爐主會將祀神請回堂內，是晚，由爐主就這一年報名參與神明會的會員且願意角逐隔年爐主之名單，逐一在神明前擲筊。連續聖筊最多者表示受到神明的青睞，當選為新年度的爐主，於餐會後隔天可將神明請回家中供奉一年。當選為爐主是至高的榮譽，意味著未來一年家中因有神明坐鎮而將更平安、順利，而爐主也因得到神明的認可更受人尊敬，因此昭平宮育化堂的福神會和關帝會每年參加的信眾均很踴躍。

圖 4-15　　關聖帝君會爐主炉

何艷禧攝　　2009/08/13

表4-4　民國九十八年昭平宮育化堂福神會款收支明細表

98 年 福 神 會 款 收 支 明 細 表			
會費收入	60,700	會費支出	
		餐費	39,000
		飲料酒	5,200
		福神慶典牲禮等	5,000
		爐主燈	2,400
		迎送神	2,000
		請柬	1,500
		請柬郵資	164
小　計	60,700	小　計	55,264
結　餘			5,436

資料來源：昭平宮育化堂會計詹淑芬小姐提供

表4-5　民國九十八年昭平宮育化堂關帝會款收支明細表

98 年 度 關 聖 帝 君 會 收 支 表			
收　　入	金　額	支 出 摘 要	金　額
會費收入	190,000	武聖關公寄各單位郵資	90
作粿收入	35,735	武聖關公釋奠點心費	325
		武聖關公請柬郵資	483
		武聖關公相片	832
		武聖關公雜支	1,095
		武聖用牲禮祭品	1,324
		武聖關公花材費	1,375
		武聖關公祭品水果	1,430
		武聖關公用壽桃塔	1,800
		武聖關公迎接神費用	2,000
		廚房用煤氣	2,600
		武聖關公廚房用雜支	2,840
		武聖關公紀念筆	4,000
		武聖關公釋奠點心費	6,000
		武聖關公活動場地佈置	6,500

		武聖關公午餐費	10,000
		武聖關公活動餐費	10,140
		會餐用酒.果汁	12,600
		武聖關公執事表印刷費	16,250
		武聖活動紀念品（獎品）	33,540
		武聖關公福餐（31*3200）	99,200
小　　計	225,735		214,424
總計 225,735－214,424＝11,311			

資料來源：昭平宮育化堂會計詹淑芬小姐提供

　　由民國九十八年福神會（表4-4）與關帝會（表4-5）收支明細可以看出，參與關帝會的信眾有一百九十人，而福神會約一百二十人。無疑的，透過官民合作形式的武聖祀典，及其對一般庶民所進行的社會教化，應是直接且廣泛的影響昭平宮育化堂神明會會員參與的原因。

第二節　昭平宮育化堂的鸞務發展

　　昭平宮育化堂雖非埔里地區最早的鸞堂，然其堂務運作獨具特色，尤其變更爲財團法人後，重要的事務由董、監事會議決定，健全的運作制度和財務管理，使其逐漸成爲當地重要的廟宇。但除此之外，當佛、道大興於人文薈萃的埔里地區的同時，[註21]昭平宮育化堂如何繼續獲得當地居民的支持，以延續其香火的鼎盛，透過對昭平宮育化堂鸞務發展的探討，不僅可以進一步了解居民與鸞堂的依存關係，更可以觀察到埔里地區鸞堂發展的內涵，這些都是本節所要探究的問題。

一、鸞乩的鍛鍊

　　鸞堂爲設有扶鸞闡教的宮堂，是一種以「扶鸞」活動爲主的宗教團體。所謂「扶鸞」或稱「飛鸞降筆」乃是鸞生經由靈覺直接領受神意，再透過桃枝書寫於砂盤上，藉此達到人神之間的溝通，以傳眞神意而度化於人。其中領受神意推動桃筆的「正鸞」站在神壇前的左邊，右手握桃筆的左端，「副鸞」

〔註21〕根據內政部民政司民國九十八年（2009）資料顯示，埔里地區寺廟、佛堂數計有道教 49 間、佛教 35 間、儒教 1 間。

站在正鸞的右邊，左手握桃筆的右端，面向神像。正鸞的左前方是「錄生」，負責記錄正鸞所扶出的字；副鸞右前方是「唱生」，負責唱出正鸞所扶出的字，其餘鸞眾，分立兩旁，齊誦「神咒」促使正鸞進入催眠狀態，而達心神合一的境界，最後透過潛意識接收靈界的信息，揮動桃筆傳達神意。經此程序所錄的文章稱為鸞文，鸞文經印製出版即為「鸞書」或稱為「善書」。〔註22〕

　　就鸞堂而言，扶鸞儀式是其主要的鸞務，此儀式既是介於神人交感與靈媒活動之間，因此必須有一套完整的、神聖的宗教儀式，並以文字宣化將傳統文化與民俗信仰結合，並且以此神賜的文字來支持社會規範與建立人存在的價值；也因此鸞堂中重要的鸞生往往是由鄉里間熟悉文墨的文人士紳擔任，將神諭輯錄下來，集結成冊，編成善書。因為在整個扶鸞過程中，文字是重要的傳達工具，需要能純熟運用文字的鸞生來進行，因此能嫻熟經文義理和掌握扶鸞技巧的鸞乩，便成為鸞堂鸞務能否順利推展的重要因素，《釋乩理》一書中有如此的記載：

> 人神之隔，賴乩以通。而天道復明，神意復接，其所益於世，豈淺鮮哉。故以授道者有之，以傳教者有之，以為勸善規過者有之，以為趨吉避凶者有之。又有以神人之會，為詩酒之讌者。……其有成績在世間者，道經中最多，如感應陰騭覺世諸文皆是也。又如佛經中各經咒亦有之，如灶王高王各經皆是。其不遍知者，不可枚舉。且最著者如金科玉律。又太乙金華各種道要之書。又如詩詞文賦之類，亦甚多也。……〔註23〕

也因為鸞文多為詩詞文賦，擁有漢文基礎者，才能勝任人神之間的溝通。熟悉文墨的鸞生在經過神明的挑選、指導與學習後，得到神明的眷臨，而達人神互通情意，昭平宮育化堂於民國九十年鍛鍊新乩專輯首頁中有這樣的描述：

玉京使者　降

　　　　詩

祥雲靄靄下南天　玉旨懸堂凜浩然
開練甲辰從亥起　為期四九筆花妍

　　　　又

〔註22〕宣平宮醒覺堂，《宣平宮醒覺堂誌》（埔里：宣平宮醒覺堂管理委員會，2004），頁51。

〔註23〕參閱蔡茂亮摘自《釋乩理》的影印本，據何肇陽說明，此書在他錬乩前借自江榮宗，隨江榮宗過世，書亦遺散，現僅存蔡茂亮摘要的影本。

諸賢意志必同堅　鍛筆由來耐苦煎
日夜經書勤朗誦　花開果熟繫雙肩

命派：

庚組正生賴琦文、副生劉銀漢、唱生李明欽、錄生李嘉榮。

辛組正生柯建堂、副生邱清松、唱生邱水俊、錄生賴琦元。

兩組命派已畢，其餘諸賢生從旁協助，只許成功吾回天　退。〔註24〕

　　鸞乩在鸞堂中稱為「正鸞」或「正乩」，顧名思義乃為諸鸞生之中堅，故其言行舉止堪供眾人之圭臬。又其本身負有天命，為仙佛之代言人，故鸞堂對正鸞之人選，有較為嚴謹之條件，一般而言（一）以品性端正、身心健全者。（二）節儉自持，安貧樂道者。（三）淡泊名利，潔身自愛者。（四）正直無私，勇毅果斷者。（五）犧牲小我，完成大我者。（六）容忍自安，大智若愚者，較得神佛青睞，而被選為鸞乩接受鍛鍊。〔註25〕正鸞的鍛成並非容易之事，被選為鸞乩接受鍛鍊前須先呈疏志願（附錄10），以表決心，然後蒙聖神恩准後，始能進入鍛乩階段。鍛筆期間不但勞師動眾，而且鍛鍊者本身亦應遵守鍛乩的戒律，及七七四十九天的閉關（坐禁）。閉關中除了按時靜坐外，其餘時間應自行研讀「清靜經」等經書，以充實靜坐之基礎。靜坐是養成靜定的工夫，正鸞能否鍛成，靜定工夫層次的高低是關鍵所在，靜定工夫深，才能達到傳達神意的扶筆功能。〔註26〕

圖 4-16　正鸞室

〔註24〕昭平宮育化堂，《昭平宮育化堂辛巳年鍛練新乩專輯》，頁 1。
〔註25〕陳明松主編，《宣平宮醒覺堂誌》（南投：宣平宮醒覺堂管理委員會，2004），
　　　　頁 52～53。
〔註26〕同上，頁 53。

正鸞的鍛鍊與一般修行者的修鍊過程是大同小異的，所不同的是正鸞的鍛鍊有「共力」的加持，茲例舉昭平宮育化堂辛巳年鍛鍊新乩過程：

九十年歲次辛巳閏四月十二日　酉時

　　本堂城隍 到

　　吾奉主席交待示之：

　　一、兩組新正生嚴守十大條律。

　　二、兩組正副生三餐在本堂供應，炊事由女鸞負責。

　　三、兩組正副生及執事在甲辰日亥時初刻宣誓後開練，其餘下期再

　　　　示　吾退。〔註27〕

五月初一日　亥時

　　衍化堂副主席 到

　　話

　　吾等誠謁母堂助鍛新乩，蒙多方禮受之有愧。今後當盡微力匡輔不

　　息，今俚言相勉以慰上天。〔註28〕

五月初七日　戌時

　　南天使者 到

　　話

　　吾兼任宣平宮醒覺堂主席，此次承南天之命，特來參與貴堂鍊新乩

　　筆，吾堂鸞下生亦同前來學習也。〔註29〕

五月初九日

　　麒麟閣導化堂副主席 到

　　話

　　今宵與吾堂生來貴堂結緣，觀摩貴堂新練乩筆進步神速，此有賴各

　　賢生竭志虔誠戮力同心一致，方得有此佳音，但願各生再勉再勵，

　　精神一貫，必如期完成也。〔註30〕

五月十一日

　　華佗仙翁 降

〔註27〕昭平宮育化堂，《昭平宮育化堂辛巳年鍛練新乩專輯》，頁1。

〔註28〕同上，頁3。

〔註29〕同上，頁4。

〔註30〕同上，頁5。

> 吾今特助爾堂鍛筆，觀男女鸞生不辭辛勞認眞誦經助力，使二生
> 功力大增，揮筆自如，吾望諸賢生，不忘初衷加勤，是吾所望也。
> 〔註31〕

由扶鸞所示可知，新正鸞鍛成，非只是個人的修行，而是集合鸞堂多人的協
助及神明的指導方成其事。一般修行者的修鍊大半靠的是「自力」完成，所
需時間較長，而鸞堂鍛鍊新乩一般只需歷經四十九天即可鍛成：

九十年歲次辛巳閏四月十九日 亥時

　本堂副主席 到

　詩

　吉辰開練正乩生　鐵杵磨針耐苦耕

　爲挽狂瀾興聖道　同心矢志待功成

　話

　庚辛兩組明夜八點開練至九點三十分止，望生照詩意加勤也。今夜
　有貴賓以禮相待 吾退。〔註32〕

九十年歲次辛巳六月初八日 未時

　太乙眞人 降

　鍛筆諸生日夜勤誦經卷以及扶鸞服務人員等熱心之下，今已完成，
　爲使新生更上一層樓，至本月十一日起，三天補鍛一次至本月底
　止……〔註33〕

四十九天的閉關鍛鍊中，各神明降臨除了鼓勵新乩鑽研經典，協助其靈台開
啓外，主要還以傳授各種扶鸞技巧爲任務，如：

九十年歲次辛巳 五月九日（庚筆）

　九天馬天君降

　匡扶大道賴賢生　激濁揚清筆力耕

　待看花開齊放艷　好教醒世淨心聲

　練符 暫停 再練符〔註34〕

五月十二日

　雲遊道人 降

〔註31〕同上，頁 37。
〔註32〕同上，頁 2。
〔註33〕同上，頁 58。
〔註34〕同上，頁 11。

吾今宵前來鍛鍊藥味：

麻黃、人蔘、陳皮、茯苓、半夏、白朮、附子、大建中湯、小建中
湯、附子湯、麻黃湯、大青龍湯、小青龍湯、承氣湯。〔註35〕

五月十六日

柳天君　降

鍛鍊十天干：甲乙丙丁戊己庚辛壬癸

　十二地支：子丑寅卯辰巳午未辛酉戌亥

鍊二十八星宿：

角亢氐房心尾箕　斗牛女虛危室壁

奎婁胃昴畢觜參　井鬼柳星張翼軫〔註36〕

五月十九日

主教南宮柳天君　降

鍛筆賦

……選日時辰，至誠頂禮，玉清三相，龍龕案前，排盤備筆，排班
焚香。藹藹和氣，合誦經章。虔拜請，聖神諸真降臨堂。鍛聖筆，
靈傳意達，筆動揮砂，從一而始，按序就練正常。平仄詩譜，韻體
而漸進；詩、詞、歌、賦，勸世濟時方。……〔註37〕

五月十二日（辛筆）

蓬萊仙島修道真人　降

鍊藥方

人蔘、白朮、羌活、半夏、枳實、熟地、紅棗

甘草、桔梗、當歸、甘杞、川芎、陳皮、肉桂〔註38〕

五月十九日

主教太乙真人　降

練箕賦

……聖神仙佛輒降，執教扶持，啟竅靈通意達，體天心濟世匡時。
輔翼斯文，大道敷施。昌聖運，振儒風，必藉桃箕。……〔註39〕

〔註35〕同上，頁 12。
〔註36〕同上，頁 15。
〔註37〕同上，頁 17。
〔註38〕同上，頁 37。
〔註39〕同上，頁 43。

由引文可知，扶鸞技巧除砂盤降筆時神人間默契的培養外，且擴及藥方知識及符法的運用。然民國六十五年（1976）政府訂定「中華文化復興運動推行委員會省分會改善禮俗推行要點」，其中第六條「破除迷信」方面要求各級機關應努力杜絕乩童爲人施藥治病的行爲：（一）杜絕一般神棍，利用機會募款斂財。（二）杜絕一般乩童，爲患者配藥治病。（三）不製造神話妖言，不聽信神話妖言，不傳播神話妖言，如聽到神話妖言，應報告警察機關查究。〔註40〕民國六十四年（1965）醫師法第二十八條的違反醫師法罪，「未取得合法醫師資格，擅自執行醫療業務者，處一年以上三年以下有期徒刑，得併科新臺幣三萬元以上十五萬元以下罰金，其所使用之藥械沒收之。」施行生效；藥師法第24條也明文規定「未取得藥師資格擅自執行第十五條之藥師業務者，處五千元以上五萬元以下罰鍰」。〔註41〕雖然「鸞生」和上列條文中所稱之「乩童」在本質上有所不同，但因均有「神明附身」代爲執事之實，未免違法引起不必要之爭議，昭平宮育化堂主事遂決定停止施方濟藥的問事降筆。

新乩閉關時的修鍊靜定工夫乃培養神人間溝通的重要管道，除此之外，充實自身的經文內涵也是修練的重要課題，以便將來扶乩降筆時，能心隨意走，意隨神遊，達到人神互通，順利傳遞神意的境界。此外鍊筆其間尚須嚴守十大戒律：（一）夫妻切勿交接。（二）嚴戒食葷殺生。（三）嚴守衣裳靴帶必須新整。（四）嚴戒染污穢，入廁必須更衣。（五）嚴戒神仙傳授秘訣漏洩。（六）嚴戒父母妻子兄弟及一般聞問，切勿漏洩天機。（七）嚴守練筆時間，切勿遲到或早退。（八）嚴守每夜誦誥須要排班候駕。（九）嚴守靜房內安置淨爐、茶、菓，親自奉獻。（十）嚴戒安睡，切勿交言喧嘩。〔註42〕由這十大戒律的內容，不難看出鸞堂濃厚的儒家色彩，也由此可以看出台灣鸞堂的文

〔註40〕臺灣省政府民政廳編，《宗教禮俗法令彙編》（南投：臺灣省政府民政廳，1983），頁72。
〔註41〕鍾福山總編輯，《宗教法令彙編》，第一冊（台北：內政部，1996），頁438～440。目前醫師法於九十八年將第28條未取得藥師資格擅自執行第十五條第一項之藥師業務者，處新臺幣六萬元以上三十萬元以下罰鍰，修定爲「未取得合法醫師資格，擅自執行醫療業務者，處六個月以上五年以下有期徒刑，得併科新臺幣三十萬元以上一百五十萬元以下罰金，其所使用之藥械沒收之。」；藥師法第24條於96年修定爲「未取得藥師資格擅自執行第十五條第一項之藥師業務者，處新臺幣六萬元以上三十萬元以下罰鍰。」
〔註42〕據何肇陽口述，此十大戒律是由王梓聖扶乩而得，張貼在正鸞室內供練乩生遵守。

人氣息，許多鸞堂甚至就是文人士紳原來的書房。伊能嘉矩在其著作《台灣文化志》一書中即指出，根據他調查的淡水行忠堂，就是由當地士紳李宗範於光緒二十五年（1899）設在他的書齋明倫閣，因此認爲淡水行忠堂是一文人結社，且其堂內戒律十分嚴格。〔註 43〕李世偉便認爲日人以「儒教」來稱鸞堂可說相當準確的把握住其特質，除了成員多爲雅好儒教思想外，言行也以儒家的倫理道德爲規範，由此也可以觀照出清末以來台灣儒家宗教化的現象。〔註 44〕

圖 4-17　民國九十年新乩鍛鍊慶成典禮

鸞堂鍛成的正鸞生必須長期爲鸞堂服務，昭平宮育化堂的歷屆正鸞生幾乎都是效勞至壽終。在近百年的歷史中，昭平宮育化堂共培育了十筆的正、副鸞生，民國六十年（1971）第八筆鍊成後，除八十六年（1997）因副鸞引退補鍊外，直至九十年（2001）才選出第九筆開鍊，期間隔了 30 年，可見正、副鸞生的養成近乎是可遇而不可求，茲將昭平宮育化堂重要的鸞生列表說明（表 4-6）：

〔註 43〕伊能嘉矩，《台灣文化志・中卷》，中譯本（南投：台灣省文獻會，1991），頁253。

〔註 44〕李世偉，〈日據時期台灣的儒教運動〉，頁161。

表 4-6　昭平宮育化堂重要鸞生簡表

民國	道號	本名	職稱	生年	卒年	享年	族群別	村里別/土名	職業	備註
元年	國賓	劉旺進	正鸞生	明治19年（1886）	民國58年（1969）	84	粵	清新里	商	鍊筆於苗栗大湖神農廟，遷居埔里為育化堂第一筆正乩，效勞至終
8年	明仲	楊阿和	正鸞生				粵			鍊筆完成效勞至壽終
18年	碧龍	王梓聖	正鸞生	大正3年（1914）	民國86年（1997）	84	福	魚池木展嘄	勘輿師	服務滿三十年退休
	瞳鶴	蘇樹木	副鸞生	明治35年（1902）	民國68年（1979）	78	福	薰化里	米店	里長第3屆主委
	福麟	林來福	副鸞生	明治37年（1904）	民國70年（1981）	78	福	水頭里	米店	林石德之子
33年		許聰稿	正鸞生	明治41年（1908）	民國55年（1966）	59	福	西門里	豆腐店	效勞至壽終
		黃福壽	副鸞生				福	清新里	餅行	效勞至壽終
34年		林金海	正鸞生				福	同聲里		
	錦修	鄭錦水	副鸞生	明治40年（1907）	民國77年（1988）	82	熟蕃	珠格里	木材業	曾任恒吉宮、育化堂主委
41年		施能秀	正鸞生	大正7年（1918）	民國83年（1994）	77	福	南門里	餅行	
		陳金連	副鸞生				福	薰化里	商	曾任經理、廟祝
		施文戰	正鸞生	明治39年（1906）	民國68年（1979）	74	福	大城里	百貨行	效勞至壽終
	忠信	何入來	副鸞生	大正5年（1916）	民國98年（2009）	94	福	大城里	糖廠職	效勞至壽終
50年	維仁	邱天佑	正鸞生	大正13年（1924）	存		粵	北門里	公務員	現任顧問
		許天森	副鸞生				福	北門里	酒廠職	
	維德	蔡茂亮	正鸞生	昭和5年（1930）	存		福	北門里	酒廠職	7、8屆董事長
		陳明德	副鸞生	昭和3年（1928）	存		福	西門里	雜貨店	第二屆經理

60年	維忠	何肇陽	正鸞生	昭和7年（1932）	存		福	大城里	建築業	58年經理，現任顧問
		陳錦源	副鸞生				福	西門里		86年皈依佛教 補許重祥為副鸞生
60年	維義	吳揚誠	正鸞生	民國30年（1941）	存		福	集集	農	現任常務董事
		陳正輝	副鸞生		存		福	薰化里下茄苳腳	食品業	引退 86年補賴琦文為副鸞生
90年		賴琦文	正鸞生	民國55年（1966）	存		福		傢俱行	現任經理賴榮銹之子
		劉銀漢	副鸞生	民國39年（1950）	存		福	清新里	工	
		柯建堂	正鸞生	民國42年（1953）	存			北門里	餐飲業	
		邱清松	副鸞生	民國40年（1951）	存		粵	同聲里	農	現任常務董事
90年		陳界同	正鸞生	民國50年（1961）	存		福	廣成里	農	原通天堂正鸞生 現任廟祝
		楊柏君	副鸞生	民國47年（1958）	存		福	大城里	金飾業	原良顯堂副鸞生

資料來源：整理自昭平宮育化堂鸞籍簿和蔡茂亮、何肇陽口述（2009年8月5日）。

二、扶鸞儀式與過程

　　鸞堂的扶鸞儀式大都在內堂進行，鸞筆是一枝開叉的桃樹枝，正、副鸞生各扶一端，由神靈主導在沙盤上寫下神諭，唱生大聲吟唱後，由錄生抄錄並校對。由於這些鸞文大都以律詩或絕句呈現，因此還要由宣講生對一般信眾說明解釋。

　　昭平宮育化堂的鸞期是農曆每月的七、十七、二十七日，鸞期當晚，六部生須齊集到堂，儀式才能進行。所謂六部生即正鸞生、副鸞生、掃砂生（兼唱生）、記錄生、司鐘鼓生、接駕生，大部分鸞生也會在鸞期到堂。每逢鸞期，扶鸞組自行聯絡按時舉行請誥，降筆後可以知道今日到堂的神佛有哪些，信眾便透過正、副鸞生為媒介，跟神明交流而獲得示諭。正鸞生在鸞堂信仰中

被認為是神的弟子，是經過神明挑選與訓練，神明與信眾間問答的結果，經由正、副鸞生扶鸞降筆後，將神的示諭以文字呈現在砂盤上，過程中的神祕色彩與神聖性，除了讓鸞生的位階不同於一般的信眾之外，也讓信眾透過文字敬畏神威、感謝神恩、聽從訓示。

昭平宮育化堂扶鸞降筆日，一般在當天下午 8 時開始，先由男女鸞生排班並呈奉茶、菓，其過程如下：

（一）請誥生於請咒（淨心神咒、淨口神咒、淨身神咒、淨天地解穢咒、安土地咒）後請聖門六誥（依序為周將軍、關太子、司命眞君、孚佑帝君、關聖帝君、至聖先師等眾神明寶誥）。

（二）正、副鸞生就位，由請駕生請駕（口念八仙咒）。

（三）正、副鸞生呈敬茶、菓，行三跪九叩首禮後開始執筆扶鸞，各執事者並一同請咒（淨三業咒、淨天地解穢咒、安神咒、八仙咒），每咒唸誦三遍至桃筆搖動、降至砂盤。同時，唱生（掃砂生）口唱候駕，等待沙盤顯示聖神尊駕；砂盤現文後，唱生口唱接駕，是時，鐘鼓齊鳴（鼓 72 響、鐘 36 響），接駕生行三跪九叩首禮。

（四）記錄生轉達信徒求問之事，正、副鸞生手握桃筆扶出詩文，每降筆一字，唱生即大聲唱出，並由記錄生記下，而後交由廟祝等為信徒解答。

（五）儀式完成，全員送駕，各執事撤班。

整個扶鸞儀式所需時間，視當日信徒問事的內容多寡，及神佛指示、解答互動情形而有所不同，有時需時數小時而至半夜，故每筆正、副鸞生都須鍛鍊出 2 組以上人員以為交替。問事者眾多時，常兩組正、副鸞同時扶筆，此時會有 2 位神佛降臨指示。信眾所問之事，大多以自身或家人身體狀況、學子的學業、交友和居家、外出安全及事業順遂與否等為主要。若只問是、非等問題，砂盤上即現文「可」或「不可」示之；若尋求化解事端或減輕病痛，桃筆會指示降符或賜天方，〔註45〕並告之化解之法。除了為信眾解惑外，降筆的內容也會就當前的世道給予評論或警示，包括勸世、警世及闡揚儒家或釋道眞理之文。扶筆所作詩、詞、歌、賦，通稱為聖藻，內容文簡意長，故通常須由飽學之鸞生宣講才得以清楚的傳達聖意。昭平宮育化堂早期的宣

〔註45〕降符以丹筆畫之，用在淨身或保平安；天方則是四方金紙上以黑墨示之，為聖神賜下的藥方，須以水煮，並在壺口插上 3 柱香，待水煮開後飲用。

講活動常由施文彬、陳景賢、江榮宗、王梓聖等人爲之，六十年代起由劉守祥、葉鐵雄、黃冠雲等任之，近年則由都煥釗宣講，這幾代人均是埔里地區著名的儒學之士。〔註46〕

圖 4-18　仙佛降筆詩作

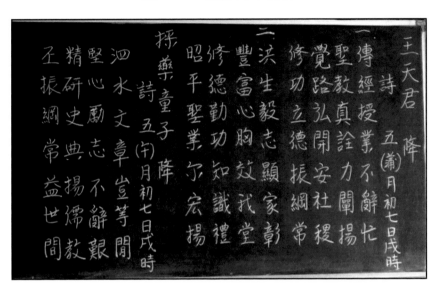

扶鸞儀式就鸞堂而言，是神道設教的推動能源，是中國傳統社會中古早巫術與宗教結合的延續，這樣的宗教經驗，時至今日仍對世人的日常生活產生顯著的影響力。神秘的宗教經驗未必會與理性的人文經驗產生衝突，反而使得原始巫術在人文教化的意識形態中屢有創造性的嘗試，形成了有力的無形防線，導致人民有著高度穩定的生存空間，並藉以維持了獨特宗教形態的文明體系。〔註47〕這種以文字宣化的扶鸞方式，將傳統文化與民俗信仰結合在一起，在日常生活中扮演著安撫、確定、信賴、指導的角色，是社會組織文化中一種多功能的緩和劑，也可視爲是一種潛力無窮的調整機構。〔註48〕

〔註46〕黃冠雲，《昭平宮育化堂堂志初稿（第七章）》，未刊印。
〔註47〕鄭志明，《台灣新興宗教現象——扶乩鸞篇》（南華管理學院，1998），頁71。
〔註48〕同上，頁82。

圖 4-19 請誥生請駕　　　　　圖 4-20 正、副鸞生執筆扶鸞

何艷禧攝 2009/11/13　　　　　　何艷禧攝 2009/11/13

三、著　書

　　鸞堂的扶鸞儀式在通過人神的交感作用下，推動桃筆在砂盤中寫字，由記錄生寫下，就成為一篇鸞文，鸞文累積至一定的數量就可集結成書，這便是鸞書，也稱為善書。鸞書是中國基層社會最具代表性的文化產物，反映出小傳統民眾文化的意識形態與價值取向，並從其中追溯出固有的宗教思想與處世哲學，進而了解在傳統社會的文化機制下，民眾的眾趨性格與行為模式。〔註49〕鸞書因此也成為一種信仰的傳播媒介，這種信仰媒介包含在精神的、神聖的與觀念的系統裡，再經由各種具體的行為模式，反複地表現在宗教理念與實踐行動上。或許在科學的觀點下，扶鸞造書這樣的行為是不具理論驗證基礎的，也可能被認為荒誕甚且是迷信的象徵，但在宗教信仰的體系中，則自有其邏輯內涵與理念脈絡。

　　鸞書的著作不僅只是鸞堂信仰傳播的媒介，其刊行也是鸞堂聯絡信徒與拓展信仰最重要、也最直接的方法。鸞堂信仰須藉鸞書的刊印來印證聖神的存在，參與造書且被視為可以改變個人的運勢及嘉惠祖先與子孫，尤其早期一般民眾識字率不高，鸞書的宣講對庶民道德價值觀的確立有不可忽略的功能。這對文人士紳而言，不僅是文化的傳承，同時也因鸞書往往記錄了鸞堂當時的活動概況，能確實的反映當時民眾日常生活的社會情境與意識形態，

〔註49〕鄭志明，《中國善書與宗教》（台北：台灣學生書局，1988），頁 1。

〔註50〕因此，大多數鸞堂都從事扶鸞造書的活動。

民國三十六年（1947）育化堂所著造的《破迷針》是開堂以來的第一本善書。分為松、竹、梅三部，內容主要有讚2首、頌1首、律詩127首、絕詩467首、連環體詩10首、迴文體詩15首、行述11則、地府判案20件等〔註51〕，從10月6日開始啓造，至12月29日完成，由堂主蘇樹木主其事。書的開頭有一段話是這樣說的：「……自開育化堂至今未曾著造一篇之善文，者番因諸生同意，虔求上疏請旨。天帝因接本育化之文疏，龍顏大喜，隨即降下玉旨，准本育化著造，此乃本堂無上之光榮，而諸生之心望達矣。」〔註52〕書中借用許多審判陰魂的事例來勸人勿做惡事，也引用許多修善者死後被拔擢為神的事例，甚且現身降筆，像是擔任陝西省城隍的施啓東（施百川）即前來降筆說明成神的經過，〔註53〕還有擔任「本堂福神」的蘇新伙也降筆結緣，〔註54〕均是希望藉由鸞書的宣化來達到「賞善罰惡」的勸善目標。

台灣鸞書著造始於光緒十七年（1891）澎湖馬公一新社樂善堂，以演說因果報應的故事來宣講社會倫理，而在台灣本島的鸞書，較偏重在論說社會秩序與人際倫理的道德文章。〔註55〕如《破迷針》中太白仙翁奉玉旨降筆：

> 朕坐靈霄，輒聞三尸呈奏刻刻憫念下情，而知行善者少，日見為非者多。朕本有好生之德，每寬而更宥，昔年諸卿，請旨下凡，飛鸞闡教，啓自新之路，晨鐘暮鼓，喚醒迷津之輩。〔註56〕

七十九頁：

> 飄飄門外降神仙。鐘聲響。磬韻傳。醒迷夢。勸善賢。休登楚館貪花樂。莫向秦樓醉醉酒顛。醉酒顛。醉酒顛。醉酒貪花惹禍纏。萬惡淫為首。百善孝為先。登覺路。脫迷淵。有過須當改。勤修福自綿。宜培善果陰兒樂。莫作奸雄受苦煎。遵聖訓。莫遲延。勸諸子。善勉旃。……

一百二十二頁：

> 文武判官到詩

〔註50〕同上，頁5。

〔註51〕埔里育化堂，《破迷針》，目錄（南投：埔里育化堂，1947），頁1～11。

〔註52〕同上，頁3。

〔註53〕施百川為埔里懷善堂的創建者。埔里育化堂，《破迷針》，頁361，。

〔註54〕同上，頁321～322。蘇新伙是育化堂堂主蘇樹木之父。

〔註55〕鄭志明，《台灣民間宗教論集》（台北：學生書局，1984），頁99～103。

〔註56〕埔里育化堂，《破迷針》，頁4。

綱常罔守犯科條　　試看陰邪罪不饒

魂到冥司還受苦　　恍如引火把身燒

其二

善超惡墜律無偏　　害命謀財惹禍纏

陽世為非斯日慘　　寒水地獄苦綿綿

當時世道動亂，使隱身在鸞堂中的知識份子更趨積極，他們藉眾神之力累積教化詩篇，集聚鸞生與信眾營造出信仰的氛圍，更藉鸞書的廣泛流傳，讓信眾了解生前積善可以換來死後的福報，為非作歹的罪魂會遭到嚴厲的審判，以此來引領信眾改惡向善，因此鸞書也是文人士紳利用神佛力量的一種教化方式。

《引悟線》是繼《破迷針》之後，於民國三十八年（1949）繼續著造的善書，也是由堂主蘇樹木主其事。《引悟線》並未分部、卷，也不雜入絕詩，全書詩體均以七言律詩為其特色，內容主要包括例言、詔書、序、賦各一，律詩 440 首、歌 3 首、詞 7 首、行述 8 則、案 5 件等，〔註57〕較特別的是所記錄的「案」都很長，例如最長的「謀財害命惡報證」就長達 58 頁，〔註58〕「貪淫慘報案」有 24 頁，〔註59〕「霸業害命案」也有 20 頁，〔註60〕「長舌害人惡報案」有 21 頁，〔註61〕所有的「行述」並非都是本地人，有幾位是後來遷入埔里者。另有一則較特別的降筆，是西土高賢「萊釋雲氏」以羅馬字體寫出西文的降筆。由於當時在場鸞生無人識得，最後由「主席」擔任翻譯，這是善書中較少見的降筆尊神。〔註62〕《引悟線》一書奉旨助造者為李太白（李白），扶鸞降筆出示皇廷欽差李太白欽奉玉皇大天尊玄穹高上帝詔曰：

天處高而鑒卑，群生有賴　帝居尊而察遠，士庶沾恩。惟末世週來道德顛倒，禮儀淪亡，上下爭利，……朕前懇請著冊，勸化救民，惟深感婆心片片，大德巍巍，無忘振恤生靈。朕衷深悅，親顏冊號，為引悟線，准予聘動上中下界，……〔註63〕

〔註57〕埔里育化堂，《引悟線》，目錄（南投：埔里育化堂，1949），頁 8。

〔註58〕同上，頁 277～334。

〔註59〕同上，頁 343～366。

〔註60〕同上，頁 369～388。

〔註61〕同上，頁 391～411。

〔註62〕同上，頁 337。

〔註63〕同上，頁 3。

此書著造完成時，顏回降筆撰序：

> 嗟夫人心不古，澆風習延，廉孝節義罔存，人倫義理泯滅，……我
> 夫子仲尼，繼釋達李耳，體天宣道，著書立說，刪詩定禮以正天下
> 乖倫孽動。……蒙恩准繼造金篇，膺上帝親定篇號曰引悟線。……
> 〔註64〕

由序文中可看出，鸞堂信仰的「扶鸞造書」一方面受儒家思想的影響，強調忠孝節義的善行，另一方面也受佛家輪迴轉世與功過觀念的影響；在世修得善果，除了自己有福報外，更可庇蔭子孫，而非為亂作者，死後將身受嚴刑或甚而永不得轉世。因此，書中也常援引在地人修鍊成神的實例：

> 城隍林 詩
>
> 參鸞把筆醒迷津　善惡分明報應眞
> 國法休欺行正道　天條沒犯作良民
> 虧心滅理貽災禍　達孝修功感聖神
> 世態潮流堪浩嘆　淵深苦海莫沉淪
>
> 其二
>
> 慚吾本是一農民　命寒昔如范叔貧
> 克儉成家完世事　安心閉目脫凡塵
> 生前沒有欺天理　死後幸能莅地神
> 兒建奇功堪可慰　陰余加級喜難陳〔註65〕

詩中所言之人乃員林人林花，年幼失怙，隨母親移居埔里。當時埔里匪賊盛出，日軍入埔里掃蕩，見他雖為人傭工，但任勞任怨、堅剛淳樸，即雇他為炊事。林花事母至孝，有一天母親不慎跌倒梯下，已沒氣息，林花因覺母親心頭未冷，不忍即刻埋葬，細心觀察一週後，母親突然甦醒，更囑林花夫妻勤修善事，如此使母親壽延一紀（12年）。林花五十七歲時，因勞力過甚染病而卒，陰魂到了冥府，得到冥王嘉獎，初時被任命為湖水坑福神，後因其兒子林再添〔註66〕助育化堂著造《破迷針》有功，而得育化堂恩主提拔轉到善天堂接任城隍之職。〔註67〕《引悟線》的內容偏重家庭親情與社會倫理，而

〔註64〕同上，頁16～1。
〔註65〕同上，頁108～109。
〔註66〕林再添，埔里懷善堂正鸞生（1913～1987），曾助育化堂著造《破迷針》、《引悟線》等鸞書。
〔註67〕埔里育化堂，《引悟線》，頁109～112。

由此書可以看出，當時傳統的信仰與價值不再僅是個人單純的追求真理與自身的修行，而是必須與世俗價值結合，藉由與他人處事的因果報應，以及對先人後世的影響，來肯定自我存在的價值。由此不難理解，昭平宮育化堂鸞務的開展，有隨時代環境的變遷以求適應之需要，因此，鸞書的出刊，也順應現實的時空背景，以持續信仰的動力。

圖 4-21《破迷針》著造完成鸞生合影

資料來源：昭平宮育化堂提供

圖 4-22　《引悟線》著造完成鸞生合影

資料來源：昭平宮育化堂提供

　　昭平宮育化堂在出版了《破迷針》與《引悟線》二書後，仍有許多的遺稿未能出版，未免遺珠之憾，乃於民國五十七年（1968）開始，陸續將數十年來久藏累積庫存的揮鸞勸世文章，集結修編成《滄海遺珠》。十月第一集出刊，第二屆主任委員鄭錦修在序中言：

> ……育化堂自數十年來，神聖仙佛往來降筆，絕妙異奇詩話，悉劇心世道，力振衰敝，孜孜矻矻，窮盡心血，雖有破迷、引悟二書刊行於世，尚多遺稿還未集錦編章，恰猶拋於茫海待撈之珠，殊為可惜。因之於丙午之春，遍搜碎玉，罄集鱺珠，訂成一部顏曰：滄海遺珠。……〔註68〕

第三屆副主任委員羅銀漢恭讚：

> ……近奉　恩主命，將該珍藏、傑作、墨寶，一一選閱，依序抄錄，供應刊印，數如雲集，分兩冊為一部，近得完成齊整，尚待命頒佈，供黎民眼福。……〔註69〕

　　《滄海遺珠》內容以詩為主，尤以連環詩為多，像民國四十年（1951）正月一日李長庚（李白）一夜即降筆 30 則七言律詩，頌詠埔里的民風及山水：
〔註70〕

歲次更遷萬物新	重臨恰值此芳辰
酒斟柏葉民無恙	詩頌椒花句有神
鶯囀幾聲千戶曉	梅開數朵五湖春
興來試筆鸞乩動	祝子平安福駢臻

又

鶯轉芳林日影遲	綠湖到處暖風吹
春光浩蕩千山麗	淑氣氤氳萬物宜
拜歲蘭花呈秀色	迎年梅芷露嬌姿
皈兮不得吟情美	勉力推敲幾首詩

又

綠湖春色豁吟眸	自笑詩狂放浪遊
四面環山青似染	千層疊嶂翠如流

〔註68〕埔里昭平宮育化堂，《滄海遺珠，序》，第一集（埔里：昭平宮育化堂，1968），無頁數。
〔註69〕埔里昭平宮育化堂，《滄海遺珠，恭贊》，第一集。
〔註70〕同上，頁 231～247。

櫻花更比蠻花麗　　犰草猶非野草柔

握筆遙遙開極目　　鯉潭水碧好行舟

由這些詩的內容可知，《滄海遺珠》有別於之前出版的《引悟線》和《破迷針》以勸化為主要內容，也由這些詩可以看出鸞堂的教化除了道德的規範、品格的教育外，對於美育及文化的傳承和提升也有一定的催化作用。

　　收錄在《滄海遺珠》的降筆中，有一些提及育化堂前鸞生或現任鸞生的父母，這些鸞生的父母在世時，有些可能對鸞堂的活動不熱衷，但因子弟的虔誠信仰及奉獻，所以能佑及父母成仙佛，如書中收錄有新任天上聖母詩：

凜孝永留萬古香　　若然沉愁自招殃

為人苟沒虧心作　　定享遐齡賜吉祥

又

三尊提拔莅新宮　　膏澤深蒙刻五中

幸獲兒孫知孝道　　滿門榮耀樂無窮

話

吾奉綸音抵宮接任，惟愧才學疏劣，不敢拋磚引玉，但接任之初，誠恐辦事有謬，願各共助一簣之功，庶期後日無過，⋯⋯吾兒阿彬（編輯註：施文彬也）〔註71〕自幼失怙荷蒙諸英匡正至於今日，未聞謗言足慰私心，特再重謝諸英，斯後更希極力教導，此切盼者也。⋯⋯為繼任之初尚有多務，恐有疎虞，在在均須請教前任聖母，無暇多談，且告息筆，吾兒平身。〔註72〕

清德堂釋迦牟尼佛詩：（民國三十七年四月二日）

未收殘局掛心頭　　何用爭名惹罪尤

伸手擎天無一力　　不如養性學真修

又

俗慮拋除效切磋　　虔心禮佛善多磨

休關世態滄桑幻　　矢志勤功達大羅

話

吾乃本鄉人士，姓鄭名奕棋，因前任轉職，故吾奉命往清德堂接掌本職也。

〔註71〕施文彬是埔里望族，日治時期曾任埔里街長。

〔註72〕埔里昭平宮育化堂，《滄海遺珠，第一集》，頁129～131。

堪笑平生無功，乃吾兒（編輯註：鄭錦水也）累功所陰也。吾乃去
月朔日初任，故本夜特來與爾各生初次晤面，相勸各位宜勤修功，
方能陰祖耀宗，切勿憚勞爲盼。〔註73〕

從這些扶鸞而出的詩文中可以看出，昭平宮育化堂除一貫的勸善外，仍以鸞
堂信仰爲目的，鼓勵信眾加入，強調以此行善可以惠及過世的父母，陽世子
弟的鸞堂修爲能陰祖耀宗。在《滄海遺珠》書中還可看到昭平宮育化堂修改
或增列禮儀規矩的降筆：

本堂城隍　詩

揮筆題詩示眾生　改編禮儀要遵行

興儒正教明中道　諸子宜當意用精

吾今夜特示改編幾條禮儀

1. 排班時男前女後勿喧嘩。

2. 祝壽請誥只請受祝聖神誥三遍就可，其他聖神誥省略。

3. 登堂時從周將軍寶誥至孔夫子六誥各請一遍，三相及孔夫子九
　 叩禮，外三叩首。

4. 排班舉香左者右手舉香左手包內，右者左手舉香右手包內。

5. 跪時疊手，左者左手包內，右者右手包內。

6. 拜禮欠身四十五度，立足腳尖四十五度，拜禮跪伏六十度。

7. 插香左者左手，右者右手。

8. 奉茶獻果者舉案齊眉。

9. 送旨送神時向外跪就可，不必再向內跪。

10. 排班時不得在案前橫串，合掌應在胸部，不得叉拳手，行路時
　　 持香照第四條示就可。

11. 來堂者須先向神前敬禮，退廟亦同。

12. 跪拜禮時左邊者左足先，右邊者右足先。〔註74〕

可見儒家的「存乎禮」在鸞堂的進德修業中仍是不可向背的。

　　昭平宮育化堂在民國五十七年出版了《滄海遺珠》第一集後，直至民國
八十五年（1996）第四屆董監事以爲善書勸世乃鸞堂傳統，至爲重要，不應
中斷，因此再集資續出第二集，將民國五十五年（1966）至六十五（1976）

〔註73〕同上，頁36～37。
〔註74〕同上，頁521～523。

－125－

年飛鸞而出的詩文編纂成輯。八十六年（1997）再完成第三集，收錄民國六十六（1977）年至七十五年（1986）間之詩文。綜觀這二十幾年間，昭平宮育化堂扶鸞降筆雖不曾間斷，但一來受限於出版經費，二來收錄的內容仍以勸化詩文為主，私人問事、請藥治病等之降筆已不在出版的範圍，因之拉長了收文的時間。

　　鸞堂宣化雖以著造善書、教化人心為目的，但昭平宮育化堂除造鸞書外，於民國四十一（1952）年還出版《明聖經註解》，由施文彬、陳景賢合著，目的在幫助識字不多的鸞生解決誦經、讀經時的困惑；民國四十八（1959）年再由江榮宗編著《天上聖母經註解》，助鸞生在念誦時容易領會貫通。民國八十四年（1995）漢學班為推廣詩作，激發學習、研究興趣，由董事長黃冠雲編著《作詩要領》；九十三年（2004）再出版《育化詩聲》，將漢學班前後共30期的詩學作品彙編刊行，以為文化資產保存。

圖 4-23 陳景賢像　　　　　　　圖 4-24 施文彬像

資料來源：昭平宮育化堂　　　　　資料來源：昭平宮育化堂

　　民國九十五年（2006）出版《頌春仙藻》，本書有別於以往的鸞書內容，有描寫埔里風光，有頌祝民安物阜文辭，有規勸改過行善的警語，有明喻或暗示修性養命的捷徑，內容計有七言絕句二百五十二首，七言律詩一百九十二首，五言絕句三首，五言律詩六首，合計四百五十三首。序中有言：「本堂董事長蔡茂亮先生不辭辛苦，收集自民國三十八年至九十五年農曆元旦，各

仙翁蒞臨本堂揮筆頌春詩文編輯成冊，並蒙本堂副主席恩主賜名『頌春仙藻』，並刊印出冊供各界參讀。」〔註75〕《頌春仙藻》的內容不再以勸善教化為主，而以宣揚詩教，將育化堂定位於提倡社會教育之宮堂，為社會培育經典人才，以推廣漢學文化為宗旨，前任董事長蔡茂亮在序中即指出了昭平宮育化堂發展的方向：

> 昭平宮育化堂創堂于今九十四年，於埔里鎮以弘揚孔孟思想，宣揚詩教，提倡社會教育之宮堂，自民國七十年起至現在不間斷舉辦漢學研習班傳承古典詩學，社會經典培育人才提昇文化為宗旨。
>
> 鸞堂即以儒為宗，以神為教，以扶鸞為精神信仰，以詩啟迪民心，美化心靈，端整社會風氣，教忠教孝修身養性為主，……詩在我國傳統文化流傳久遠，為使人文風物在南投縣境發揚，彙集至丙戌年（2006）書名經恩主指示賜名為『頌春仙藻』，……宣揚埔里風光之美，促進觀光事業，提昇南投文化風氣，埔里文風之續，……。
>
> 〔註76〕

從昭平宮育化堂鸞書內容的演變可以窺見，鸞堂的宗教道德在順應時代的改變，除勸善教化外，也因應時代需求，配合政令宣導及融入地方特色等元素，使之變成一種社區居民怡情養性，追求心靈成長的地方重要風俗。

表4-7 昭平宮育化堂歷年著書一覽表

時　　間	書　　名	主　編　者
民國 36 年（1947）	破迷針	堂主蘇樹木主其事
民國 37 年（1948）	本堂主席神農大帝離堂記	
民國 38 年（1949）	引悟線	堂主蘇樹木主其事
民國 41 年（1952）	關聖帝君明聖真經註解	施文彬、陳景賢合著
民國 48 年（1959）	天上聖母經解說	江榮宗編著
民國 57 年（1968）	滄海遺珠第一集	主任委員蘇樹木主其事
民國 60 年（1968）	詩人大會特刊第一集	編輯委員會
民國 65 年（1968）	詩人大會特刊第二集	編輯委員會
民國 70 年（1968）	詩人大會特刊第三集	編輯委員會

〔註75〕財團法人昭平宮育化堂董事會，《頌春仙藻》，（埔里：昭平宮育化堂董事會，2006），頁 7。
〔註76〕財團法人昭平宮育化堂董事會，《頌春仙藻》，頁 5～6。

民國 80 年（1968）	詩人大會特刊第四集	編輯委員會
民國 84 年（1995）	作詩要領	黃冠雲編著
民國 84 年（1995）	昭平課題詩選	吳揚誠、李永祥合編
民國 85 年（1996）	滄海遺珠第二集	第四屆董事長黃冠雲
民國 86 年（1997）	滄海遺珠第三集	第五屆董事長黃冠雲
民國 93 年（2004）	育化詩聲	編輯委員會
民國 95 年（2006）	頌春仙藻	第七屆董事長蔡茂亮

圖 4-25 昭平宮育化堂出版著作

第三節　昭平宮育化堂的公益事業

　　台灣社會從日治時期到終戰後，經歷了不同的政權，社會型態也從原本的農業社會，逐漸進入到以工商業爲主的生活方式，鸞堂與地方社會之間的互動關係及發展型態也隨著不同的進程而改變。以一個台灣本土宗教現象來說，昭平宮育化堂不論是對內的信仰內容，或者對外的信仰現象，在臺灣民間宗教團體中，可以說是頗具特色的民間信仰。例如就信仰內容而言，昭平宮育化堂自居於中國儒家正統思想的傳承者，但卻又兼融佛、道的信仰思想；就外在信仰現象來看，昭平宮育化堂有著嚴謹的法人組織結構、「信徒即鸞生」的組織衍生方式、以及自身獨特的科儀與修鍊法門等。以如此活潑、多元的特性，使其更貼近地方住民的需求，也更具公廟「公共」的性質。

　　臺灣公廟向來即具有地方公共事務交流中心的特質，地方公廟不僅是一個祭祀的公共空間，也常常成爲教化的場所，尤其鸞堂信仰本就是孔子聖道的具體實踐，扶鸞的目的是藉神道力量，勸誘老百姓服膺傳統的倫理道德，

因此，扶鸞活動可以說是儒家通俗化、宗教化的表現。〔註 77〕昭平宮育化堂
除早期助鄉民戒除煙害外，尚有宣講勸善、著書、施方濟世及問事等功能。
雖說一般廟宇也有勸善、濟世的功能，也會不定時對貧戶提供佈施，但不同
的是，鸞堂的扶筆問事包羅萬象。對一般民眾而言，他們起初會去親近鸞堂，
常常都是為了解決身體或心理上的痛苦，而鸞堂一般具有這種普遍性的醫療
救濟，此固然是因其飛鸞濟世的宗教性動力，但同時也是地方士紳文人努力
的結果。〔註 78〕台灣鸞堂的創建人多半都是地方上的儒士文人，他們在飽讀
四書五經等儒教經典之餘，許多人也通曉岐黃醫術，昭平宮育化堂的鸞生中
就有中醫師陳景賢、黃冠雲及西醫何其昌、陳石鍊等，他們致力於醫療救濟
固然是「儒醫」〔註 79〕精神的展現，但更要緊的是藉「神道設教」的方式對
庶民進行教化。換言之，醫療救濟重要的不僅是在治病，更在「治心」，藉由
宗教力量來疏導患者情緒，是極佳的醫療方式，這也可以說明日治時期鸞堂
的扶鸞戒煙運動之所以造成風潮的原因，可說是宗教醫療最有成就的例子
了。〔註 80〕

　　鸞堂的問事，不像一般寺廟，信徒僅能靠擲筊方式來獲得祈求的願望是否
可行，鸞堂的降筆問事功能似乎更能貼近信徒渴望得到明確答案的需求。人神
之間立時的有問有答，互動頻繁，在一問一答中，具體的指引，更能符合求神
者的需要，這或許也是鸞堂於日治時期遭日警取締仍能留存下來的原因之一，
鸞堂信仰能夠快速發展，想必這樣的濟世功能起了重大的作用。〔註 81〕

　　鸞堂信仰雖在初創時即以扶鸞降筆為信眾施藥方，解決民眾疾苦，然當
時台灣民眾經濟普遍窮困，鸞堂濟世的經費大多靠地方富商、士紳捐助，一
般信眾對於捐獻寺廟常空有熱情而力有未及。及至戰後在政府的鼓勵下，寺
廟透過管理委員會對外展開具體的慈善活動，捐助寺廟的普遍性才隨著臺灣

〔註77〕王見川，《臺灣的齋教與鸞堂》（台北：南天，1996），頁 187。
〔註78〕李世偉，〈日據時期臺灣鸞堂的儒家教化〉，《臺灣的民間宗教與信仰》（台北
　　　　縣：博揚文化，2000），頁 101。
〔註79〕北宋末葉出現「儒醫」一詞，其意有二，一是指儒者習醫，另一是指醫者對
　　　　於自己社會地位的自覺。因此，「儒醫」必須具備兩種特質：一是醫療技藝必
　　　　須具備一定的水準，二是不必真為儒者，但言行舉止要能合乎儒家的行事標
　　　　準。參閱李世偉，〈日據時期臺灣鸞堂的儒家教化〉，頁 102。
〔註80〕李世偉，〈日據時期臺灣鸞堂的儒家教化〉，頁 103。
〔註81〕鄭寶珍，〈日治時期客家地區鸞堂發展：以新竹九芎林飛鳳山代勸堂為例〉（國
　　　　立中央大學歷史研究所，2008 年），頁 34。

經濟的發展而普及。寺廟的濟世行善，對士紳文人而言，可以說是一種道德自救運動，透過捐獻給廟宇而達到行善的目的，不僅積德，且有地方認同和公德實踐的具體表現；而寺廟也藉由從事各種社會救濟、社會教育、社會醫療等工作來達到宗教所追求的使命和傳教的目的。

一、濟貧賑災

　　日治時期，總督府對於社會慈善救濟事業頗爲重視，再加上日人對於台灣的社會控制日漸強化，不但制定法律及施行條例加以規範，還設立專責的行政機構加以管理。李健鴻便認爲當時的社會福利事業，從一開始就是圍繞在安撫社會不滿的情緒中建構而成的，而其建構的目標在於控制社會問題，避免危害殖民政府。〔註 82〕除了官方的慈善救濟機構外，當時還有許多具有道德性、鄉土性、互助性的私人慈善救濟，其中又以民間宗教團體的力量最不容忽視。其中值得注意的是，鸞堂對所謂「善行」的意義與一般對於慈善救濟的認定稍有不同，除了慈幼、養老、濟貧、施藥、助葬等經常性的慈善救濟外，宣講、助印鸞書，乃至到鸞堂效勞服務對鸞堂來說，都是善行的具體表現。〔註 83〕以昭平宮育化堂來說，其對信徒所捐獻的資財，便多用在宣講教化、例行祭典和祀神的開銷上，因此，並無多餘的信徒獻金可以進行定期的貧戶救濟，故在發揮一般慈善濟世的功能上便覺有限。但本著鸞堂道德實踐的宗旨，民國四十七（1958）夏秋之間惡性流行性感冒蔓延全省時，昭平宮育化堂也隨聘名醫翁新宗開立處方，在廟中安藥灶、煉藥水，施濟病人，並得到縣政府發給獎狀。民國四十八年（1959）、四十九年（1960）分別發生八一、八七二次水災，昭平宮育化堂率先倡導募米、募衣賑救災民；民國八十五年（1996）賀伯颱風肆虐，信義鄉土石流嚴重，董事會隨即撥款賑災，並發動鸞友捐款賑濟；民國八十八年（1999）九二一大地震，埔里地區死傷慘重，該堂也響應政府號召，發動募捐，並提供漢學及幼稚園教室給校園震損的育英國小充當臨時教室；民國九十八年（2009）莫拉克風災造成南部重大災害，董事會也隨即撥款賑災。幾次的重大災害，昭平宮育化堂對社會的公益活動均不落人後，也屢獲政府的頒獎表揚。

〔註82〕李健鴻，《慈善與宰制》（台北縣：縣立文化中心，1996），頁 68。
〔註83〕李世偉，《日據時代臺灣儒教結社與活動》（台北：文津出版社，1999），頁 212
　　　～213。

　　大致而言，昭平宮育化堂的經費多來自鸞生的自由之捐，且大半用於祀神，其中雖有福神會和關帝會的收入，但此二會主要是以凝聚信眾對鸞堂的向心力為主，所收之資財扣除餐會開銷後，剩餘有限。而鸞堂「以儒為宗」，地方文人士紳在意的是文化的傳承，急欲振興的是世道人心，行勸善、濟世、教化、消災解厄的目的是實現儒家思想，因之如何增加宮堂的收入，或如何吸引信徒善款以擴大濟貧的工作，反倒未加注意，因此在賑災、濟貧上無法如其他寺廟功能顯著。從近幾年可見的記錄裡，每年固定捐款有：紅十字會3000 元；捐鎮公所春節、端午節、中秋節各 3000 元勞軍款；贈埔里鎮各中小學 5000 元購字典，當畢業典禮禮物。不定時捐款有：九十三年捐款埔里區三所小學購買公民與道德等書籍，每所小學各十萬元（育英，南光、大成）；九十五年捐款南投縣家扶中心 5000 元；贊助埔里育英國小 60 週年慶活動經費5000 元；九十八年莫拉克風災，捐款 50000 元給鎮公所 88 水災救濟專戶；補助 14500 元給育英國小九十八年祭孔佾生清寒學童畢業旅行費用。〔註84〕

　　賑災濟世對鸞堂公益慈善事業來說是一種傳統行為的表現，也是儒教人士透過教化所呈現的具體行為的體現，可以說是儒家行善思想的實踐。育化堂的慈善事業或許比不上苗栗慈和宮、松山慈惠堂等對慈善事業經營的規模，但從信眾認同昭平宮育化堂的公益慈善事業是長期以來的傳統行為而言，不僅滿足信眾對「公廟」的角色扮演，也凸顯出鸞堂的儒家性格。

二、社會教育

　　王志宇依據宋光宇研究中國宗教功能的分類，將社會教育包括在「普濟」的範圍內，〔註85〕可見社會教育在中國被視為是官方教育外，一般大眾接受知識的主要來源，也是庶民晉身上層社會的重要管道。這樣的社會教育常隱身在宗教的背後，以宣講的方式藉由祠廟展現教化功能，散播的除了正統的價值觀外，也常被官方做為教化的活動。明清時期地方政府便常利用宣講來傳播政令，後雖因功能不彰而式微，但地方士紳與民間宗教團體，卻積極的利用善書宣講的方式來進行社會教化，而有穩定社會秩序的作用。由於鸞堂本身就是為宣揚儒家聖道而設，因此宣講為鸞務活動的重要工作，每個鸞堂

〔註84〕 資料提供，昭平宮育化堂會計詹淑芬小姐。
〔註85〕 王志宇，《寺廟與村落：臺灣漢人社會的歷史文化觀察》（臺北：文津出版社，2008），頁 228。

都設有「宣講生」一職，定期將扶鸞所得的仙佛勸善訓文向鸞生與信眾宣講，而成為鸞堂常態性、制度性的宗教活動。〔註86〕

　　昭平宮育化堂在後殿及大成殿擴建相繼落成後，曾於民國五十四年（1965）舉辦四書講座、瓊林講解及鸞書經典解說，參與聽講者有三百多人，主講者為王梓聖、林家讓、黃大椿、劉守祥等堂內的儒士鸞生。〔註87〕後因大成殿五門建築工程暨大殿兩廂混泥土工程的影響，此進行一年的社會教育被迫停止，直到民國七十年（1981）宮廟各項工程大致落成底定，並奉省政府函示舉辦四書研習班，中斷十多年的社會教育才又於當年的十月二日開辦，並一直持續至今。表4-8例舉民國九十七年（2008）昭平宮育化堂春、秋二季開班課程，另詳參（附錄11）。

表4-8　九十七年度春季班與秋季班開班項目及人數表

班別（春季）	人數	班別（秋季）	人數
1. 傳統詩學吟唱創作班	12	1. 傳統詩吟唱創作班	9
2. 英語會話班（三）	24	2. 英語會話班（四）	25
3. 日語發音基礎班	57	3. 日語會話班	51
4. 宋詞吟唱班	12	4. 宋詞吟唱班	5
5. 成人工筆畫基礎班	8	5. 成人工筆畫基礎班	9
6. 電子琴研習班	21	6. 電子琴研習班	19
7. 成人書法進階班	24	7. 成人書法班	29
8. 孔廟國樂團	22	8. 孔廟國樂團	22
9. 經絡穴道按摩班	20	9. 經絡穴道按摩班	34
10. 英語發音基礎班	21	10. 英語會話班（一）	33
11. 成人水墨畫基礎班	9	11. 成人水墨畫基礎班	15
12. 中小學作文班	13	12. 中小學作文班	15
13. 成人書法基礎班	23	13. 兒童弘學班	6
14. 孔廟聖樂團	21	14. 孔廟聖樂團	18
15. 成人水墨進階班	16	15. 成人水墨進階班	13
16. 太極拳研習班	53	16. 太極拳研習班	43
17. 莊子	6	17. 莊子	3

〔註86〕李世偉，〈日據時期臺灣鸞堂的儒家教化〉，頁104。
〔註87〕育化堂編輯委員會，《昭平宮育化堂簡史》，頁35。

18. 日語會話班（五）	21	18. 日語會話班（六）	16
19. 拼布研習班	22	19. 拼布研習班	19
20. 鸞生讀經班	60	20. 鸞生讀經班	60
		21. 吉他研習班	20
		22. 韻律舞研習班	46
總計	465	總計	509

資料來源：昭平宮育化堂

　　昭平宮育化堂從民國七十年起奉省政府函示恢復社會教育，初期與南投縣國學研究會合辦國學研習班，以講解四書、瓊林與唐詩吟唱等為主要課程，九十四年（2005）以後獲埔里鎮公所的補助與其合辦漢學研習班。由課程內容的安排來看，民國九十年（2001）為分界點，九十年以前以說文解經為主要課程內容；九十年以後，為吸引更多人參與以提高鸞堂教化的功能，以及擴大學習年齡層，春秋二季的漢學班開班日，除請各領域的專家做專題演說外，課程也不再以經文、古書解說為主，而是以學童、婦女的才藝學習為導向，且積極的爭取主辦或協辦政府及各級學校各項文教宣傳，因此屢獲政府表揚（表 4-9）及各界經費補助（表 4-10）。由每季研習班均有百人以上參與可看出，昭平宮育化堂推動社會教化的努力；而如何在佛、道鼎盛的光環下不被邊緣化，昭平宮育化堂大力推廣社會教育的策略，或許能為鸞堂找到永續經營的道路。

表 4-9　臺灣省政府表揚昭平宮育化堂參與社會教育績優事蹟表

年　度	獲　　　獎　　　內　　　容
86 年度	獲頒八十五年度宗教團體興辦社會教化績優寺廟
87 年度	董事長黃冠雲獲表揚為八十六年度興辦社會教化績優人員
88 年度	內政部表揚為興辦社會教化事業績優寺廟之「宗教大愛獎」
89 年度	董事長黃冠雲獲教育部表揚為「全國推展終身學習績優人員」獎
89 年度	獲內政部表揚為「全國興辦社會教化績優寺廟」
90 年度	因屢獲表揚，黃董事長客氣的告之公所要將機會讓給其他廟宇，故 90 年未將成果呈報，而喪失了連續 10 年接受表揚就可獲頒行政院獎。
91 年度	獲內政部表揚為「全國興辦社會教化績優寺廟」
92 年度	獲內政部表揚為「全國興辦社會教化績優寺廟」
93 年度	獲內政部表揚為「全國興辦社會教化績優寺廟」

94 年度	獲內政部表揚為「全國興辦社會教化績優寺廟」
95 年度	獲內政部表揚為「全國興辦社會教化績優寺廟」
96 年度	獲內政部表揚為「全國興辦社會教化績優寺廟」
97 年度	獲內政部表揚為「全國興辦社會教化績優寺廟」

資料來源：《昭平宮育化堂簡史》，35～42 頁；詹淑芬小姐提供內政部 91～98 年獎勵
宗教團體興辦公益慈善及社會教化事業請獎績優事蹟表。

圖 4-26 獲內政部表揚績優宗教團體　　　圖 4-27　新聞報導

資料來源：昭平宮育化堂　　　　　　　資料來源：昭平宮育化堂

　　昭平宮育化堂開辦的各研習班原是以宣講、教化、教授漢學為主要內容，屬義教，早期參與研習者不須繳費，所聘講師也僅提供車馬費，若是堂內鸞生主講，更是完全義務（附錄 12），此應是鸞生本著鸞堂宣講制度設立的初意，「以教化為先，輔助王法之不足，收化民成俗之效。」〔註 88〕鸞堂本來即自認對社會負有相當大的責任，因此由早期的宣講制度、文人箕壇到如今的社會教育，我們不難看出各階段的鸞門子弟，雖身處不同的環境，但對於應該負起的傳承責任及立教精神皆能有所認知和實踐；一方面傳達了來自官方的教育政策，一方面亦借神明的力量在社會的基層推行教化工作，成為民間訓練與實踐基本社會倫理的地方。〔註 89〕

　　近年來由於昭平宮育化堂在社會教育推展上受到各方的肯定，因此獲得

〔註 88〕鄭志明，〈台灣民間鸞堂儒宗神教的宗教體系初探〉，《臺灣民間宗教論集》，（台北：學生書局，1984），頁 95～96。
〔註 89〕鄭志明，《臺灣新興宗教現象》（嘉義：南華管理學院，1999），頁 21。

許多單位的經費補助，為提高參與學員的出席率，使其更珍惜、善用這項資源，董事會遂於民國 95 年（2006）起，對學員酌收報名費。

圖 4-28　傳統詩詞吟唱創作班　　圖 4-29　日語會話班

圖 4-30　太極拳研習班　　　圖 4-31　吉他研習班

攝影：賴榮銹

表 4-10　近年各界補助昭平宮育化堂社會教育一覽表

年　　　度	2005	2006	2007	2008	2009
行政院文化建設委員會	0	50,000	0	20,000	20,000
南投縣政府文化局	20,000	10,000	20,000	20,000	20,000
南投縣政府文化基金會	50,000	50,000	50,000	50,000	50,000
南投縣政府教育局	0	0	0	0	30,000
鎮公所	20,000	20,000	10,000	10,000	10,000
合　　　計	90,000	130,000	80,000	100,000	130,000

資料來源：昭平宮育化堂會計詹淑芬小姐提供

以台灣民間信仰圈而言，宮廟作為人文精神的活動場所之一，自然也肩負了文化傳承的使命，所以一些知識文化與技藝的承傳，尤其是傳統與民俗性質較顯著之技藝，便常需靠著宮廟作為媒介來傳遞。而宮廟開設的社教班與文教活動，除了直接有推廣與延續知識文化的社會功能外，間接也能吸引一些宗教資源的挹注，〔註90〕同時，這樣的社會教育，本身即是所謂的「宗教精神資源」。〔註91〕

三、幼稚教育

民國50年（1961）昭平宮育化堂大成殿落成並成立管理委員會，堂務發展漸具規模與穩定，臺灣社會於此時也漸自戰後的殘破、蕭條與動亂中慢慢恢復。當經濟逐漸發展，生活趨於安定後，子女教育便成為家庭，乃至國家社會重要的議題。臺灣的義務教育始於日治時期，當時台灣地區公學校於昭和18年（1943）正式改為6年制的「國民學校」，民國34年（1945）中華民國政府正式統治台灣，6年國小義務教育繼續在台灣地區實施。雖然義務教育提高了國民就學率，使台灣在短時間內達文明國家之列，然當時學齡前的教育，仍未受到政府普遍重視。為順應地方居民的冀求，昭平宮育化堂遂於民國47年（1958）委託育英國小代為辦理幼稚教育。民國50年（1961）管理委員會成立，同年6月依法組織私立幼稚園董事會，申請教育廳登記立案，委由育英國小代為辦理之幼稚班收回接辦，直至51年（1962）4月教四字第二四八一六核准備案，由第一屆管理委員會推舉羅銀漢組織董事會經營與管理，昭平宮育化堂附屬私立育賢幼稚園正式成立。

昭平宮育化堂自民國51年開辦育賢幼稚園推行幼兒教育，在歷經三十五年後，因八十年代起各國民小學附設幼稚園陸續成立，私立幼稚園從此面臨招生不足的問題。尤其當學區裡的育英國小成立附屬幼稚園後，在無足夠經費提高競爭力的情況下，育賢幼稚園遂於民國八十五年（1996）七月十五日，經昭平宮育化堂第四屆董事會決議，在創園三十五年之後停辦。茲將育賢幼稚園歷屆人事（表4-11）、招生情形（表4-12）說明如下。

〔註90〕可參酌吳永猛，〈民間宗教資源運用之探討〉、鄭志明，〈台灣宗教團體經濟資源的問題〉收入於內政部編，《宗教論述專輯‧第四輯——宗教教育與宗教資源分配運用》（台北：內政部，2002），頁77與頁203。

〔註91〕黃鎮國，〈試探慈惠堂宗教資源之運用與發展——以松山慈惠堂為例〉（台北：松山慈惠堂，2006），頁31。

表 4-11　育賢幼稚園歷屆人事簡表

届別＼名稱	時　間	董事長	園　長	園主任	備　　　註
第一屆	51 年	羅銀漢	陳張滿	巫玉蘭	
第二屆	54 年	羅銀漢	陳張滿	黃春華	
第三屆	57 年	羅銀漢	陳張滿	陳青雲	
第四屆	60 年	蘇樹木	陳張滿		
第五屆	63 年	蘇樹木		王昌瑩	
第六屆	66 年	蘇樹木		李美蓮	68 年蘇董事長過逝，由林耀輝替補
第六屆	68 年	林耀輝		李美蓮	70 年林董事長過逝，由蔡明煌接替
第七屆	70 年	蔡明煌		郭淑姬	
第八屆	74 年	詹元和	郭淑姬		
第九屆	78 年	黃冠雲	何素惠 郭淑姬		
第十屆	81 年	黃冠雲	林欣慧		
第十一屆	84 年	黃冠雲	周玲玉 林欣慧		

整理自黃冠雲，《昭平宮育化堂堂志初稿》第八章第一節。

表 4-12　育賢幼稚園歷屆畢業生人數

届　別	畢業日期	人　數	届　　別	畢業日期	人　數
第 1 屆	51.07.12	**98**	第 19 屆	69.07.12	**154**
第 2 屆	52.07.12	**102**	第 20 屆	70.07.12	**238**
第 3 屆	53.07.12	**114**	第 21 屆	71.07.12	**238**
第 4 屆	54.07.12	**139**	第 22 屆	72.07.12	**166**
第 5 屆	55.07.12	**157**	第 23 屆	73.07.12	**140**
第 6 屆	56.07.12	**157**	第 24 屆	74.07.12	**160**
第 7 屆	57.07.12	**159**	第 25 屆	75.07.12	**162**
第 8 屆	58.07.12	**178**	第 26 屆	76.07.12	**190**
第 9 屆	59.07.12	**175**	第 27 屆	77.07.12	**169**

第 10 屆	60.07.12	**171**	第 28 屆	78.07.12	**170**
第 11 屆	61.07.12	**178**	第 29 屆	79.07.12	**134**
第 12 屆	62.07.12	**186**	第 30 屆	80.07.12	**107**
第 13 屆	63.07.12	**170**	第 31 屆	81.07.12	**103**
第 14 屆	64.07.12	**180**	第 32 屆	82.07.12	**102**
第 15 屆	65.07.12	**183**	第 33 屆	83.07.12	**119**
第 16 屆	66.07.12	**213**	第 34 屆	84.07.12	**58**
第 17 屆	67.07.12	**238**	第 35 屆	85.07.12	**44**
第 18 屆	68.07.12	**195**			

資料來源：黃冠雲，《昭平宮育化堂堂志初稿（第八章）》，頁 7。

　　由上表歷屆畢業生人數變化情形，可以理解招生不足實是育賢幼稚園無法持續經營的主要原因。

圖 4-32　民國 60 年育賢幼稚園創立十週年紀念

資料來源：昭平宮育化堂

圖 4-33 育賢幼稚園第一任園長

圖 4-34　民國 53 年育賢幼稚園第 3 屆畢業生合影

資料來源：昭平宮育化堂

圖 4-35　民國 85 年育賢幼稚園第 35 屆畢業生合影

資料來源：昭平宮育化堂

小　結

　　埔里地區鸞堂的發展，懷善堂雖為前驅，但二戰結束後，卻是昭平宮育化堂使鸞堂信仰在埔里地區發揚，且位居中部重要的地位，雖然比不及前述新竹、苗栗等鸞堂系統的悠久歷史和影響力，但其發展傳播卻有後來居上之勢。六十年代後，臺灣社會各方面在政治安定下呈現持續繁榮的景象，宗教的信仰更是多元繽紛，形成了不少新的宗教團體與宗教教派，進而也衝擊到傳統宗教群體的生態環境；加上社會結構變遷所帶來的各種生存空間的挑戰，在在使得各宗教群體面臨調適的困境。在如此競爭的壓力下，昭平宮育化堂開始於傳統的鸞務活動外，另在漢學的領域上以義教的方式加強深耕，更結合埔里櫻社和南投國學社，從民國 60 年（1971）開始，每五年於開堂紀念日舉辦全國詩人聯吟大會，至民國 70 年（1981）連續舉辦了 3 屆，民國 80 年（1991）再舉辦一次，並將前 3 次的詩作刊印發行。昭平宮育化堂跨足藝文，除了適應時代潮流的轉變外，顯然也欲藉此來和一般民間宗教做一區隔，以提升鸞堂的社會地位。

　　從昭平宮育化堂的堂務運作及宗教儀式的變遷來看，在瞬息萬變的社會脈動中，如何在不變的傳統信仰下開拓出延續的命脈，實是考驗著主事者的智慧。

圖 4-36　民國八十年舉辦第四次全國詩人聯吟大會

資料來源：翻拍自《昭平宮育化堂簡史》，頁 71。

第五章　社會環境變遷與昭平宮育化堂的發展

　　鸞堂爲台灣民間神廟信仰的一環，最大的特色是結合儒與巫，在民間形成了一種傳統的天命宗教。[註1] 鸞堂宗教禮儀表面上是在貫徹儒家的思想，重視的是人倫道德與人際間的倫理文化，使之落實在現實的社會中，重建儒家人文教化的道德秩序；然在本質上仍不脫傳統神廟藉助神靈崇拜，來建構人與天地之間的依存關係，表現在宗教祭祀與禮儀活動上則是帶有濃厚的巫術色彩，利用超自然的聖神力量，將儒家的人文關懷寄託在對神明的信仰上。

　　臺灣的鸞堂在清朝中葉從中國大陸傳入台灣後，落地生根至今，已發展成爲一種區域性的與世俗化的宗教。但隨著社會的轉型與變遷，各區域的鸞堂信仰文化也逐漸在改變之中，或被人們遺忘或排斥，或在內容上發生了質變的問題。從傳統社會的信仰中心到必然要面對的轉型挑戰，鸞堂如何在快速轉型的社會變遷中，突破新舊結構所帶來思想與秩序的衝突，以延續其傳播與發展的契機，昭平宮育化堂也正面臨如此的挑戰。

　　由於現代教育的推動，鸞堂的信仰很難再以其宣講教化、善書勸化等方式來保留住其信仰體系。雖然在宗教祭典上仍有可觀的人潮，卻也只是顯現在神人溝通的儀式上，偏重在扶鸞的靈驗與神蹟，希望藉此持續提高其在信徒心中的地位。但這樣的發展方向，有違文人士子欲藉鸞堂信仰來傳達儒家一貫道統的精神。鸞堂信仰若不能突顯理性的人文教化，只存在宗教禮儀的

〔註1〕　鄭志明，《臺灣新興宗教現象——傳統信仰篇》（嘉義：南華管理學院，1999），
　　　　　頁204。

形式化、巫術化甚或商業化，那麼便無法透過教理來教化民眾，當然更無法擴充其信仰文化的內涵，相較之下，同樣在轉型過程中已開展出新的宗教性格的佛教，便有極爲顯著的成就。〔註2〕

　　本章將就昭平宮育化堂處於埔里地方社會現代化的轉型過程中，面臨信徒年齡層老化、信徒流失、宗教捐獻減少、宗教教義影響力降低等「困境」，思考在現代的社會中，應該如何調整以滿足現代人的需求？如何在適應現代社會的變遷中改變其經營策略？這些都是當今昭平宮育化堂生存發展的重要課題，也是本章將要討論的重點。

第一節　昭平宮育化堂與埔里地方社會的轉變

　　埔里的開發在漢人及平埔族未移墾前，已有埔眉二社以漁撈、狩獵、採集維生，並使用石器、竹器，也發展精巧的編織技術。平埔族移入埔里盆地後，其維生之計也不是漁獵游耕，而是從漢人處習得的水田耕作方式，並且也學會漢人的開築埤圳技巧。隨著拓墾腳步的開展，埔里盆地開始出現水田景象，盆地內的景觀也逐漸從初期的草地荒埔，轉換成水田耕作、定居聚落的農村風貌。清同治年間，隨水利設施的開鑿，水稻面積逐漸擴大，成爲主要糧食來源，埔里盆地的農業生產進入快速發展的階段。〔註3〕此一時期，聚落的規模也跟隨耕作面積和產量的增加而擴張，成就了今日埔里盆地聚落發展的雛型。

　　寺廟的建立與聚落的發展，通常存在著密不可分的關係，不論是文化的傳遞或經濟的活動，彼此不僅互相影響也互相依存，進而成爲生命的共同體。在埔里盆地的拓墾過程中，無論是平埔族還是漢族，宗教信仰中的防番功能被視爲是最初的共同需要，也因爲有這樣的需求，進一步促使昭平宮育化堂的關帝信仰逐漸發展成爲埔里各聚落共同的信仰中心。

　　昭平宮育化堂開堂之初即是以「鸞堂」的角色出現，從其興建的歷程來看，大正元年（1912）創建，主祀三恩主，取堂號爲修化堂；大正十五年（1926）易號爲育化堂，加奉大成至聖先師孔子；民國三十九年（1950）獲賜宮號，更名爲昭平宮育化堂。再從其組織管理來觀察，當時參與建廟者主要爲埔里

〔註2〕　同上，頁198～199。
〔註3〕　洪敏麟，《南投縣志稿（七）住民志平埔族篇》（台北：成文出版社，1983），頁2337。

地區的士紳文人，這些人後來且大都擔任昭平宮育化堂歷屆堂主或主任委員。當時開堂之因，主要爲扶鸞濟世，從其宣講教化等堂務活動來看，儼然儒家的代言，惟其宗教祭祀活動，則屬道教性質，這應與移墾社會民間宗教多受道教影響有關，故昭平宮育化堂雖自奉爲儒教，而一般卻多將其歸爲道教。

　　一般廟宇的興築，必須要有相當財富之地區，才有建廟之實力，昭平宮育化堂的興建即與埔里盆地稻作產業的蓬勃發展有密切的關係。在中部平埔族和漢人陸續拓墾後，除眉溪、南港溪河床之廣大沙石裸露地外，無論平原、臺地、山地皆已充分利用。盆地內 500 公尺以下之地面，以種水稻爲主，其中以灌漑水源最充足的眉溪、南港溪兩扇狀沖積地帶最盛，漸次往高地之處則以旱田爲主。〔註 4〕進入日治時期，由於官方對水利事業的注目，埔里地區水利管理機構，先後歷經了明治四十年（1907）的公共埤圳埔里社圳、大正十二年（1923）的埔里圳水利組合及昭和十三年（1938）能高水利組合等階段，使埔里的灌漑面積由明治四十年的 1,812 甲，到了昭和則增爲 2,522 甲，〔註 5〕稻米的產量也因此大爲增加。由昭平宮育化堂早期加入的鸞生和擴建廟堂各期籌建委員會的主委和委員，如蘇樹木、鄭錦水、林來福、許清和、林耀輝、詹元和等皆爲米商，即不難看出此時期埔里稻作產業的蓬勃所帶來的財富，支持昭平宮育化堂由家廟漸次擴建成爲埔里鎮重要的公廟。

　　日治時期埔里聚落名稱沿襲清制改稱爲庄（見表 2-2），並於明治 31 年（1898）開始實施保甲制，由保甲司記保正和警察主導殖民地的統治事宜，進入殖民統治機制，並引進新的社會制度，成立埔里社地方法院、監獄、郵便局、公學校等等，同時實施土地調查。〔註 6〕自明治二十八年（1895）頒布總督府條例，劃分地方行政區，設立臺灣縣埔里社支廳後，埔里地方社會在日本政府殖民政策漸上軌道，並藉通過屢次的行政改革而達鞏固統治權之目的。明治三十年（1897）年改制爲臺中縣埔里社辦務署，三十二年（1899）改埔里社支署，三十四年（1901）又大改正地方官制，設南投廳改稱埔里社

〔註 4〕　王洪文，〈臺灣埔里盆地之地理特性〉，《國立臺灣大學理學院地理系研究報告》，2 期，1965.11，頁 150。

〔註 5〕　台灣省南投農田水利會編，《台灣省南投農田水利會會誌》（南投：南投農田水利會，1996），頁 720。

〔註 6〕　黃瓊瑩，〈埔里酒香‧酒鄉埔里──埔里酒產業之發展（1917～2000）〉，國立中央大學歷史研究所碩士論文，2003，頁 56。

支廳。三十七年（1904）大埔城進行改建，設埔西區、埔東區，〔註7〕並廢除大租權，小租戶成爲地主，使土地擁有權大爲改變。這樣的改變再加上埔里良好的農業生產條件，自然能吸引許多外來人口移入。此時的埔里盆地不獨番漢土地競爭之慮，如何維持各族群的融合也是一大考驗，除了祈求神明庇佑外，寺廟也常常居中扮演調解的角色，關聖帝君正義的形象便成爲其選擇奉祀的重要對象。

日治中期以後，日人大力發展資本經濟，以供應日本本土之需，埔里盆地因自然資源及地理條件均佳，乃成爲日本帝國和台灣農林生產物的供應地。同時日人爲加速發展殖民資本經濟，藉著山地林野調查，將埔里盆地周圍的山地劃爲官有林地，大肆開採林木，並在埔里盆地低階平原、水利發達、土壤肥沃地帶，獎勵種植稻米和製糖甘蔗；水利設施較難開闢但排水良好的高坡丘陵地帶則推廣甘藷、竹材和阿薩姆紅茶，低坡丘陵則種植香蕉、椪柑等作物，並以埔里街作爲殖民經濟的農林加工中心和農產作物的轉運站。於是製糖廠、專賣局、腦館、木材場、林業實驗林、林務所、水利會、農會等紛紛設立，此爲日本在台所推行的經濟政策與高壓殖民政策的相互結合，以爲增進其國內的最大利益。〔註8〕（表 5-1）爲昭和七年（1932）埔里街重要的工商業。〔註9〕

表 5-1　昭和七年（1932）埔里街重要產業數量表

街庄別	製糖	腦寮	製酒	瓦及煉瓦	製冰	製材	製油	精米
埔里街	1 舊式×1	18	1	3	2	2	1	20

資料來源：能高郡役所，《能高郡管內概況》。單位：間

工商發達加速經濟的繁榮，使擁有財富巨資的士紳具有號召力，容易鳩貲興建寺廟，昭平宮育化堂能於大正十五年（1926）由私壇擴建爲埔里的重要公廟，地方產業的興起和經濟的發展是重要的原因，而由精米廠的家數也可以說明，昭平宮育化堂行政組織重要的成員爲何多爲米商的原因。

〔註7〕　劉枝萬，《臺灣埔里鄉土志稿》卷二（未刊印發行，1951。），頁 211～218。

〔註8〕　王萬富、鄧相揚，《埔里采風》（南投縣：埔里鎮公所，1994），頁 22；郭寶章，〈產物志林業篇〉，《南投縣志稿》（台北：成文出版社，1966臺一版），頁 3245。

〔註9〕　能高郡役所，《能高郡管內概況》（台北：成文出版社，1985），頁 37。

　　日治後期，隨著大東亞戰事的發展，日人更加速對臺灣農工的生產，以支持其南進政策，並通過「皇民化運動」對臺人的意識形態進行改造。這段期間，昭平宮育化堂受日本「內地化」的影響，入鸞者可說寥寥無幾，遑論宮廟的修建和鸞務的推展。

　　民國 34 年（1945）二戰結束，中華民國政府接收台灣，埔里隸屬於台中縣能高區埔里鎮，民國 38 年（1949）國民政府退守台灣，埔里鎮改隸為新設的南投縣轄區。此時期，埔里鎮在政府的農業經濟建設下，逐步發展以稻作為中心的糧食生產和甘蔗、砂糖、柑桔、香蕉等雜作生產的農業產地，並藉由政府的「三七五減租」、「公地放領」、「耕者有其田」等政策，促使土地財富重新分配；同時應用「美援」所提供的肥料，配合水利建設和作物改良、農業組織推廣、水資源開發等政策推動，埔里的農業生產亦得與台灣同步發展，而奠定穩定的成長基礎。〔註10〕昭平宮育化堂隨著這股產業推動的熱潮，也積極的發展鸞務，（表 5-2）顯示，六十年代以前入鸞的鸞生是正成長的，尤其戰後女性鸞生增加的人數比男性鸞生為多，在鸞堂信仰多以男性為主要角色的情況，這時期女性的熱衷參與和對信仰的認同，是一個值得探討的問題。

　　六、七十年代，政府以加工出口經濟發展政策為導向，大規模的加工出口區陸續在西部各大都市周圍設立，農村的青年勞力不斷的被吸引出去，造成農村人口向都市流動，埔里地區的年輕人也大量往都市遷移。但這樣的趨勢卻讓埔里逐步興起「手工造紙」、「聖誕飾物」、「蝴蝶製品」等加工產業，社會型態轉而偏向地方資源型和勞力型的工業。〔註11〕工商業的蓬勃發展，農業所得相對的就顯偏低，埔里地區的農村勞動人口漸漸便流失，連帶也使得以農業人口為主要信徒的鸞堂信仰漸趨沒落。這段期間，由於整個台灣社會處於工商業轉型時期，加上教育普及，對於宗教已不似農業社會時期的高度依賴，昭平宮育化堂不僅入鸞的人數大幅減少（表 5-2），到堂效勞的鸞生也較以前稀疏，連扶鸞日到堂問事的信眾都寥寥無幾。〔註12〕經濟的熱絡對照堂前的冷清，昭平宮育化堂面對的是轉型社會帶來的發展困境。

〔註10〕王萬富、鄧相揚，《埔里采風》，頁 32～33。

〔註11〕同上，頁 33。

〔註12〕根據何肇陽口述，社會的轉型使鸞生減少，連帶也影響了正鸞生的鍛筆，育化堂在民國六十年鍛鍊了第八筆正鸞生後，隔了三十年，到民國九十年才又練第九筆，2010 年 2 月。

八十年代，台灣社會已邁入穩定的工商業社會，但由於埔里處於中部丘陵盆地上，聯外交通僅有台十四、台二十一線道，使得埔里鎮經濟發展速度緩慢。儘管加工產業為埔里帶來豐厚的經濟利益，但截至民國八十八年（1999）的統計，埔里鎮十五歲以上就業人口還是以從事農林漁牧業等一級產業人口最多，佔 59%，其次為社會及個人服務業，佔 12%，顯示埔里鎮仍以農業生產為主，農業仍佔居埔里鎮經濟相當重要的地位。〔註13〕由（表 5-2）顯示，民國八十年以後入鸞的男女鸞生再度大幅的增加，是否表示埔里鎮的加工產業已沒落，農業取而代之又成為埔里鎮的經濟主力。而由鸞生入鸞人數變動情形分析，經濟活動模式對宗教信仰是否具有影響力，也是值得深入研究的。

表 5-2　昭平宮育化堂鸞生入鸞年度人數統計表

年　　度	男　鸞	女　鸞	合　　計
民國 10～19 年	7	0	7
民國 20～29 年	17	2	19
民國 30～39 年	28	24	52
民國 40～49 年	30	49	79
民國 50～59 年	32	46	78
民國 60～69 年	9	37	46
民國 70～79 年	12	30	42
民國 80～89 年	30	50	80
民國 90～99 年	48	65	113

資料來源：整理自昭平宮育化堂歷年鸞生名冊

埔里都市計劃係國民政府遷台後，根據日治時期所頒佈的都市計劃，於民國四十四年（1955）經內政部公告後，歷經數度變更，始有如今的市區規模和主要道路（附錄 13）。都市計劃的實施和市地的開發，提供了就業的機會，吸引了鄉村農業人口往市區遷移，帶動埔里市區的商業活動。昭平宮育化堂因位居埔里鎮市區，〔註14〕隨著社會結構的轉變，民國九十年以後，雖申請入鸞的人數持續增加，但以農業為其職業者卻逐年減少，相對的，工商等行業的鸞生漸漸成為鸞堂的主要信仰者（表 5-3）。

〔註13〕南投縣綜合發展計畫——埔里鎮發展綱要計畫。http://gisapsrv01.cpami.gov.tw/cpis/cprpts/NANTOU/NAN-C/C-DOC/02/0204.doc（2010.2.10）。
〔註14〕昭平宮育化堂的地址是埔里鎮清新里南興街 381 號。

　　市鎮的改造使產業結構因而改變，許多勞動力被迫釋放，造成人口必須到市區以尋求發展的契機，亦或是住家因都市更新重劃而改變職業取向。民國九十四年（2005）以後，昭平宮育化堂的信徒〔註15〕人數開始呈現遞減的情形（表 5-3），而根據埔里鎮戶政事務所對埔里鎮人口的變動統計發現，埔里鎮人口在民國八十七年（1998）時有 88,271 人，為歷年統計最高峰，此後便逐年下降。這雖然不無與台灣省衛生處在民國五十三年（1964）全面推行家庭計劃，並運用中美基金補助婦女避孕，形成少子化的現象有關，〔註16〕但地方產業結構的改變，導致人口外流，也有可能才是主要的原因，而這樣的結果，或許也可以解釋昭平宮育化堂信徒減少的原因。雖然九十年代入鸞的鸞生有增加（表 5-2），但成為信徒則必須奉獻時間到堂效勞，因遷就工作外移他住的鸞生，必然無法時時到堂效勞，也就欠缺符合成為信徒的資格。其次，就信徒的職業性質來看，以從事自由業和商業的為多，大抵也是因為工作時間較具彈性，能配合鸞堂的鸞務需要，提供服務。由昭平宮育化堂鸞生和信徒增減變化的情形，我們可以瞭解，產業結構的改變不僅影響地方經濟的興衰，同樣地也影響地方廟宇香火興盛與否。

表 5-3　昭平宮育化堂 90～98 年度信徒職業人數統計表

職業\年度	男									女				總計
	農	自由	醫	商	工	公	服務	不詳	合計	家管	補教	不詳	合計	
90 年	12	20	1	19	13	2	2	4	73	117			117	190
91 年	11	19	2	22	12	2	2	12	82	115		20	135	217
92 年	11	19	2	22	12	2	2	12	82	115		21	136	218
93 年	11	16	2	22	12	2	2	13	80	119		21	140	220
94 年	9	16	2	21	12	2	2	13	77	134			134	211
95 年	8	13	2	20	11	2	1	11	68	118			118	186
96 年	8	20	2	20	11	2	1	8	72	118			118	190
97 年	6	20	2	19	11	3	1	9	71	116	1		117	188
98 年	7	20	2	18	12	3	1	11	74	118	1		119	193

資料來源：整理自昭平宮育化堂歷年信徒名冊

〔註15〕昭平宮育化堂的信徒資格是必須在入鸞為鸞生一年後，才可向董事會申請信徒的身份，經董事會再考核一年後，認為符合鸞規及鸞堂服務精神，才提請信徒大會表決，經信徒大會通過後，即為信徒大會之成員。
〔註16〕許雪姬策劃，《臺灣歷史辭典》（台北：遠流出版公司，2004），頁 636～637。

　　再就信徒里別分析，昭平宮育化堂的信徒大多以居住在鄰近廟堂的里別
爲多，如西門里、同聲里、清新里、薰化里、大城里等，大抵因地緣的關係，
方便就近參與宗教活動；和一般公廟一樣，昭平宮育化堂也是居民日常聚會、
活動的場所。由圖 5-1、圖 5-2 昭平宮育化堂 90 年度和 98 年度男女信徒里別
分佈的情形來看，再對照第四章的鸞生簡表（表 4-6）中，擔任要職鸞生的居
住里別，也就不難理解公廟與地方居民關係密切和鸞堂深具在地化的原因了。

圖 5-1　昭平宮育化堂 90 年度信徒里別統計圖

圖 5-2　昭平宮育化堂 98 年度信徒里別統計圖

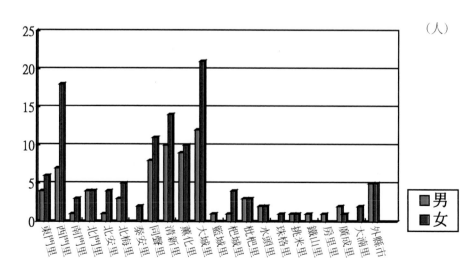

　　台灣社會在經過七十、八十年代的蓬勃發展後，民眾的經濟條件逐漸好轉，開始有餘力從事戶外休閒活動。埔里因田野遼闊，氣候溫和，富有自然優美景觀，加上水質良好，使得埔里農業產品特別多，正適合開發觀光休閒產業。近年來農業生產更朝精緻農業方向發展，著名特產有花卉，種植面積約 270 公頃，苗圃及盆花面積約 150 公頃，種茶面積約 80 公頃、紅甘蔗 450 公頃、茭白筍 1,290 公頃，其他青果 1036 公頃（包括木瓜、百香果、梅、荔枝、香菇、柑橘、蕃石榴等）。另外，埔里因水質良好，石灰質和鐵質含量少，有造紙的絕佳條件，造出的紙質潔白，所以紙廠逐水源地設立；尤其埔里昔日周遭山林遍佈，造紙用的構樹和相思樹取得方便，故從日治時代起埔里鎮即是台灣地區造紙重鎮。埔里手工造紙業在民國七十年代興旺時期，甚至多達二十餘家。現今雖然手工造紙廠所剩無幾，多為機械造紙取代，但其中「廣興紙寮」轉而致力於推動紙業教育文化，開發各種精緻的手工紙。而屬於鎮內較具規模的工廠——埔里酒廠，原創始於日治時代的民間製酒株式會社，光復後為菸酒公賣局接收。埔里酒廠出產聞名全省的紹興酒，甚受歡迎，現今更致力發展酒廠文化觀光事業，並成立了全國首座「酒文化館」。〔註17〕在官民通力合作下，產業轉型，帶動了休閒旅遊事業的興盛，埔里也成為民眾假日休閒的絕佳選擇。這種觀光利多因素，頗吸引外流人口返鄉，或外地移民遷入經營庭園咖啡、優質民宿及休閒農園，加速了埔里的觀光產業。為配合發展出多元的產業文化，鎮內並常舉辦各種大型活動，以促銷人文、地理、生態等等，藉以帶動地方經濟發展。

　　這一時期，昭平宮育化堂亦轉變原先只重視堂內傳統的宗教活動，和不問俗事的保守心態，開始運用本身資源，並與鎮內各單位配合，結合觀光產業，推展文化事業，如民國九十年（2001）協辦南投縣餐飲講座，並承辦埔里酒廠的「仿蘭亭曲水流觴」吟詩活動；民國九十一年起，年年於春節期間與鎮公所合辦「年俗親子文化活動」；九十二年起更為提升鎮內學子的文化素養，與鎮公所合辦書法比賽、寫生比賽、兒童讀經比賽和各種傳統藝文表演等一系列文化活動（附錄11），使昭平宮育化堂恢復戰後初期的活動力，也讓地方居民與信眾對其信仰宗旨更加認同。（圖 5-3）顯示，信徒人數在民國九十四（2005）年以後雖呈現減少，但尚能維持穩定，昭平宮育化堂經營策略

〔註17〕王萬富、鄧相揚，《埔里采風》，頁 80；南投縣綜合發展計畫——埔里鎮發展綱要計畫，〈經濟與產業分析〉。

的轉變應發揮了一定的作用。

圖 5-3　昭平宮育化堂 90～98 年信徒人數變動圖

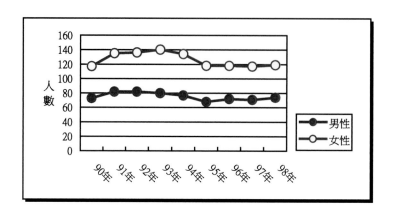

圖 5-4　縣府消保官許麗真小姐　圖 5-5　協助埔里鎮南光國小校
　　　　宣導活動演講　　　　　　　　　外教學活動

圖 5-6　書法比賽　　　　　　　圖 5-7　日月潭櫻花季吟詩表演

圖 5-8　埔里酒廠「仿蘭亭曲水　　　圖 5-9　重陽節敬老活動
　　　　流觴」吟詩活動

資料來源：昭平宮育化堂

第二節　昭平宮育化堂的對外關係

　　台灣地區鸞堂依王世慶根據日治時代的總督府公文類纂等資料，認為臺灣鸞堂最早係於咸豐三年（1853）由福建傳入澎湖，再傳入臺灣，至日治時期因扶鸞戒煙的成功，而將鸞法傳到全臺各地，鸞堂信仰遂成為台灣人民主要民間信仰之一。台灣鸞堂的發展是由母堂逐漸分出諸多的子堂而自成系統的，雖然沒有嚴格的權利義務關係，但藉由鸞法的傳承、鸞堂的人際關係網絡、共同擁有的意識型態而逐步擴大影響，〔註 18〕因此鸞堂可以說是一種地方性的宗教。就目前掌握的資料來說，臺灣的鸞堂至少有三大系統，一是由宜蘭喚醒堂分香而出的新竹宣化堂、淡水行忠堂系統。二是新竹復善堂系統。三是澎湖一新社系統。這些鸞堂雖然淵源各不一樣，但其性質卻有共同之處，最明顯的共同點是：當時的鸞堂都是由讀書人所組成的。這些知識分子扶鸞的目的是藉神道力量，勸誘老百姓服膺傳統的倫理道德，因之臺灣早期的鸞堂具有非常濃厚的儒家色彩，且拒斥一般民間宗教信仰。〔註 19〕

　　台灣鸞堂的發展，在日治初期的宗教政策上，因尊重舊慣的統治策略，對其發展影響不大，然大正 4 年（1915）的西來庵事件給予臺灣總督府加強了宗教寺廟管理的藉口，而因戒煙運動蓬勃發展的鸞堂在這波日人的高壓手

〔註18〕李世偉，〈戰後臺灣有關民間宗教研究的回顧與評介〉，國科會人文學中心主辦：五十年來臺灣宗教研究成果評估研討會，2002。

〔註19〕王見川，《臺灣的齋教與鸞堂》（台北：南天，1996），頁 187。

段下便受到了抑制，熱潮逐漸退去。到了中日戰爭爆發，臺灣總督府配合皇民化運動，開始寺廟整理運動，並燒毀臺灣傳統神像。在此影響下，部分神明被移放置信徒家中藏匿，臺灣寺廟於此階段發展受阻，鸞堂的宣講教化、飛鸞降筆也因此轉而於私人的住宅秘密進行，直到二戰結束。

　　台灣鸞堂雖有其傳播的系統淵源，且均具有跨區域傳播的現象，但是在發展上，每個子堂的主要成員卻都是以當地人士為主；子堂與母堂的親疏關係往往受正鸞生本身的人際關係，或正鸞生遷移到他地活動的影響，如劉旺進在大湖神農廟鍊筆，搬家到埔里成為育化堂的正鸞生，但據昭平宮育化堂老鸞生說法，劉旺進雖是育化堂第一筆正乩生，但堂內鸞生卻無人跟大湖神農廟有過往來，因此兩堂之間並無母堂、子堂的關係，彼此是互不相屬。究其原因，蓋因為鸞堂的組織嚴密，每個鸞生在儀式中的角色、執掌都有清楚的規定，每個月又有固定的扶鸞日期需要鸞生積極的參與，因此子堂成立後的鸞務必須有當地人士和地方民眾支持，鸞堂的地域性色彩濃厚，此其為重要的原因。〔註20〕

　　昭平宮育化堂由防番害的關帝信仰轉型為飛鸞戒煙的鸞堂信仰，在政治上，經歷了日治時期到二戰後不同的政權；在社會型態上，也經歷了從原本的農業社會，逐漸進入到以工商業為主的社會。對於不同的時期，背後的社會關懷也就不盡相同。隨著戰後政府對宗教管理的放下，昭平宮育化堂於初期不管是再鍛新乩、著造善書都傳承不斷，甚至有餘力協助其他宮堂鍊乩、著書、建堂廟，且接受協助的宮堂也不限於埔里地區，也擴及至草屯、南投、魚池、國姓、仁愛，甚至遠到臺南佳里開設分堂昭清宮。

　　昭平宮育化堂雖因第一筆正鸞劉旺進使其成為鸞堂信仰，而劉旺進鍊筆的大湖神農廟卻不能確定是否屬於上述的三大系統，只能就前人研究的資料來看，中部客家地區鸞堂的源頭大多來自九芎林鸞堂。〔註21〕依據昭平宮育化堂本身的記錄及蔡茂亮先生的說法，育化堂鸞法的傳承、鸞堂的堂規暨扶鸞儀式及對外傳播等均是由第三筆的正鸞生王梓聖所確立和延續下來。昭和6年（1931）李永祥、王梓聖等人即協助麒麟里的黃佛緣設堂，立堂號為「文華堂」，開始發展對外關係。昭和9年（1934）王梓聖再協助魚池鄉大林村

〔註20〕周怡然，《終戰前苗栗客家地區鸞堂之研究》（中央大學客家社會文化研究所碩士論文，2008），頁38。

〔註21〕鄭寶珍，《日治時期客家地區鸞堂發展：以新竹九芎林飛鳳山代勸堂為例》（國立中央大學客家社會研究所碩士論文，2008），頁130。

的「啓化堂」改建，並訓練新乩；昭和 11 年（1936）助魚池鄉新城村著造善書《七政金篇》；昭和 12 年（1937）應草屯王賜家開設「惠德堂」。光復後，民國 34 年（1945）協助國姓鄉大石村原是齋堂的清德堂改爲鸞堂，沿襲「清德堂」爲堂號，民國 36 年（1947）並協助該堂完成錬乩。〔註22〕昭平宮育化堂之所以能大力的推展對外關係，實因本身已鍛成了 5 筆的正、副鸞生，是以有能力可以協助其他宮堂創堂、錬乩及著書。民國 37 年（1948）以後，中部地區許多接受協助開設堂號、錬乩的宮堂都成爲其子堂，昭平宮育化堂儼然成爲埔里地區鸞堂的龍頭，並自成系統，茲將開設之子堂分述於下：

（一）協助宣平宮醒覺堂建堂廟

民國 37 年（1948）11 月，應溪南里辜添泉之聘，至辜家開設堂廟並扶鸞，但未命堂號，至民國 49 年（1960）已由辜家私壇成爲醒覺堂的主席關聖帝君降筆，冀望建設該堂正殿，旋即組織籌建委員會，由恩主派定育化堂鸞生鄭錦水擔任主任委員，許清和爲副主任委員，江榮宗爲經理，王梓聖、施文彬、蕭再福等均參與協助，歷時半年完成，並賜號「宣平宮」。

民國 60 年（1971）再協助醒覺堂建築三穿，亦是由鄭錦水主其事，許清和、王梓聖、蕭再福等參與之。〔註23〕

（二）開設牛眠山衍化堂

民國 39 年（1950）11 月，爲方便牛眠里居民對恩主的祭祀，應當地士紳之請，開設衍化堂，由第四屆堂主蘇樹木主其事，陳錦賢、陳石錬、施文彬、王梓聖、陳南要、林來福等多人協助，恩主並賜號「恆山宮」，成爲牛眠社區居民重要的信仰中心。〔註24〕

（三）開設史港昭德堂

民國 40 年（1951）12 月，應欉德興之邀，由堂主蘇樹木主事，將史港里葉進德私壇之忠聖堂改設爲鸞堂，易堂號爲「昭德堂」，並助其完成練筆；民國 95 年（2006）再助其完成新乩鍛練。〔註25〕

〔註22〕育化堂編輯委員會，《昭平宮育化堂簡史》（南投：財團法人昭平宮育化堂董事會，2001），頁 30〜31。

〔註23〕育化堂編輯委員會，《昭平宮育化堂簡史》，頁 31〜33。

〔註24〕同上，頁 31〜32。

〔註25〕同上，頁 32。

（四）開設霧社德龍宮

民國 40 年（1951）12 月，劉旺進偕同楊來發、童仕寬、吳善元、王海清、沈枝年等，在霧社地區原是日本神社舊址開設德龍宮潮天堂，使其成為霧社地區之信仰中心；民國 96 年（2007）更助其重新改建，以利鸞務之推行。〔註26〕

（五）開設梅仔腳導化堂

民國 46 年（1957）梅仔腳人士劉景宗、陳南要、曾永昌等人請求協助籌建麒麟閣導化堂，經恩主命派陳石鍊為主任委員，全體育化堂鸞生鼎力集資興建，翌年完成並舉行鎮座大典。〔註27〕

（六）協助藍田書院開設濟化堂

民國 48 年（1959）南投藍田書院為維護書院之不墜，當地士紳吳振福、吳重禮、彭華錦、蕭國治等人請求協助鍛鍊新乩林梓儀、陳榮達，開鸞濟世，由堂主蘇樹木主其事，完成後並賜堂號為「濟化堂」，後又多次助其鍛筆，並協助著造善書《渡迷橋》二部刊行於世，藍田書院因此儒風鼎盛，成為南投市之文教中心。〔註28〕

（七）開設佳里昭清宮

民國 54 年（1965）3 月，應臺南縣佳里鎮民翁金章、林木、李瑞池、林天國、黃神助、蔡先茂、蔡阿進、施信牟等之請，到佳里協助開設「育善堂」，並贈與聖像、匾額等，另賜堂號「昭清宮」，是佳里地區重要的文教暨信仰中心。〔註29〕此後，昭清宮每逢建堂 5 週年即回母堂割香，如民國九十九年（2010）建堂 45 週年，即於 5 月 2 日回昭平宮育化堂舉行割香禮，彼此交流不斷。

（八）開設南投永豐宮

民國 58 年（1969）協助南投市永豐里民張朝土開設永豐宮，並助陳萬福、施朝明二位正乩完成鍛筆；民國 92 年（2003）10 月，再協助鍛鍊二位新乩完成練筆。〔註30〕

〔註26〕同上，頁 32。
〔註27〕育化堂編輯委員會，《昭平宮育化堂簡史》，頁 32。
〔註28〕同上，頁 32～33。
〔註29〕同上，頁 33。
〔註30〕同上。

（九）輔導文華堂為公廟

昭和 6 年（1931）李永祥、王梓聖等人協助麒麟里的黃佛緣建立之家廟「文華堂」，於民國 58 年（1969）因其堂主黃永長爲使此堂能持續鸞堂之濟世，並擴展鸞務，在育化堂的李永祥輔導下，由家廟轉爲公廟。〔註31〕

（十）開設梨山聖德宮

民國 80 年（1991）應梨山陳金地之請，由董事長黃冠雲、經理賴敏修主其事，至當地扶鸞、設堂、贈扁額，並賜堂號「聖德宮」。〔註32〕

表 5-4　昭平宮育化堂對外關係一覽表

時　間	堂　號	地　區	事　蹟	參　與　人　員
民國二十年	文華堂	麒麟里	協建黃佛緣私家聖廟	王梓聖、李永祥
民國二十三年	啓化堂	魚池鄉大林	協助改建並訓練新乩	王梓聖
民國二十六年	惠德堂	草屯鎮	應王賜家開設惠德堂	陳景賢、蘇樹木、林來福、施文彬、王梓聖
民國三十四年	清德堂	國姓鄉大石村	協助開堂	陳景賢、蘇樹木、鄭錦水、林金海
民國三十六年	清德堂	國姓鄉大石村	協助練乩	鄭錦水主其事
民國三十七年	未命名醒覺堂前身	溪南里	助辜添泉家設聖堂	陳景賢、蘇樹木、鄭錦水、林來福、王梓聖、潘坤珠
民國三十八年	懷善堂	南門里	協助著造《打痴鞭》	王梓聖、陳景賢
民國三十九年	衍化堂	牛眠里	協助開堂	陳景賢、蘇樹木、王梓聖、林來福、施文彬、陳南要、陳石鍊
民國四十年	昭德堂	史港里	協助葉進德私設之忠聖堂煉筆並易堂號爲昭德堂並協助練乩。	劉旺進、王梓聖、陳景賢、施文彬、陳石鍊、施文戰、施能秀、陳金連、何忠信

〔註31〕同上。
〔註32〕同上，頁 34。

民國四十年	德龍宮潮天堂	霧社	於神社舊址設堂號	劉旺進、楊來發、童仕寬、吳善元、王海清、沈枝年
民國四十六年	麒麟閣導化堂	梅仔腳	由育化堂全體鸞生協助集資興建	陳石鍊為籌建主任委員
民國四十八年	藍田書院濟化堂	南投市	協助練乩，開鸞濟世	
民國四十九年	醒覺堂	珠格里	協助籌建該堂正殿	鄭錦水、許清和、江榮宗、陳南要、蔡　益、施文彬、王梓聖、蕭再福
民國五十年			倡組埔里鎮寺廟聯誼會	首任主席許清和、副主席羅銀漢、陳南要
民國五十四年	昭清宮育善堂	台南縣佳里鎮	協助開設堂號，並贈聖像、匾額等	鄭錦水主其事
民國五十八年	永豐宮	南投市永豐里	協助開設堂號，並助煅練陳萬福、施朝明二位正乩完成濟世	邱天佑、徐能和、王梓聖、蕭再福、蔡茂亮、何肇陽、許元發、葉鐵雄
民國五十八年	文華堂	麒麟里	協助重振文華堂，促進獻公管理。	李永祥主其事
民國六十年	醒覺堂	珠格里	協助建築三穿	鄭錦水、許清和、王梓聖、蕭再福
民國六十年			舉辦全國詩人聯吟大會	許元發主其事
民國六十五年			舉辦全國詩人聯吟大會	林耀輝、葉鐵雄主其事
民國七十年			舉辦全國詩人聯吟大會	蔡明煌、蕭再福主其事
民國八十年	聖德宮	梨山	協助開設堂號，致贈匾額	黃冠雲、賴敏修
民國八十年			舉辦全國詩人聯吟大會	黃冠雲、蔡茂亮主其事
民國八十九年			參與中國儒教會	黃冠雲當選理事兼南投縣辦事處主任

民國九十年	山東曲阜 洛陽關林 山西運城		朝謁至聖先師、復聖、亞聖廟迎祖廟關帝神像，回宮奉祀	男、女鸞生數十人
民國九十二年	德龍宮振育堂	魚池鄉 五城	協助鍛鍊二位正乩完成濟世	蔡茂亮、何肇陽、黃冠雲
民國九十二年	永豐宮	南投市 永豐里	協助鍛鍊二位正乩完成濟世	蔡茂亮、吳揚誠

資料來源：整理自《昭平宮育化堂簡史》，頁 28～34 和蔡茂亮先生、何肇陽先生口述（2008 年 8 月 5 日）。

圖 5-10 昭清宮進香謁祖黃條　　圖 5-11　周倉將軍於埔里鎮入口處迎接

圖 5-12　　全體鸞生列隊歡迎　　　圖 5-13　　昭清宮鸞生謁祖

圖 5-14　昭清宮香爐　　　　圖 5-15　母堂、子堂神人藉扶筆相
　　　　　　　　　　　　　　　　　　　　互交誼

圖 5-16　刈香　　　　　　　圖 5-17　惜別禮

圖 5-18　降筆詩文

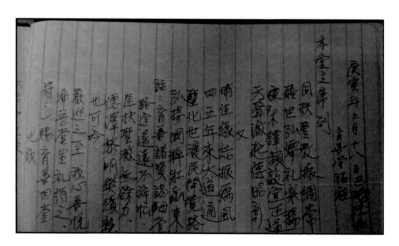

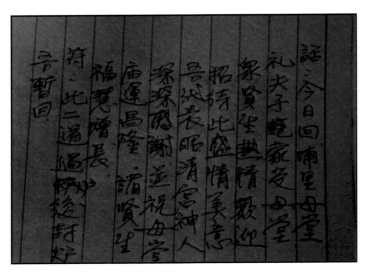

何艷禧攝　2010/05/02

圖 5-19　埔里地區主要鸞堂位置圖

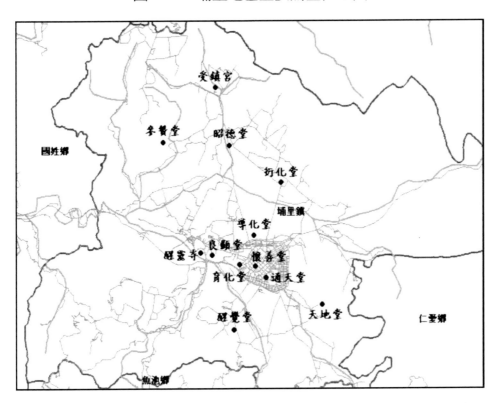

資料來源：康豹、邱正略，〈鸞務再興——戰後初期埔里地區鸞堂練乩、著
　　　　　書活動〉，頁 33。

　　昭平宮育化堂對子堂的傳承方式大約是協助建堂並賜堂號，再由正鸞幫忙完成新乩的鍛筆。子堂的鸞務要能順利推行、各鸞生的執事項目要能駕輕就熟，都需要母堂長時間人力、物力的支持。戰後二十年可說是昭平宮育化堂對外發展的黃金時期，究其因，或可解釋為台灣人長時間處於被殖民的不平等地位，就連精神寄託的宗教亦被壓抑的情況下，在解除心靈枷鎖後，急欲重新尋求慰藉；尤其戰後百業蕭條，各行各業在重建的壓力下，更需要藉宗教來凝聚力量，給予重生的希望。鸞堂信仰的儒家色彩，在如此的氛圍下，更是以道統的承襲者贏得居民的認同，昭平宮育化堂蓬勃的對外發展，想來當是時勢造成的結果。

第三節　昭平宮育化堂發展的困境

　　臺灣社會型態本是一大型的信仰團體，無固定組織，沒有明顯經典，其信仰與儀式混合在其他制度與風俗習慣之中，有學者稱之為「普化宗教」，即所謂的民間通俗信仰。其中以巫覡的宗教活動深入民心，成為社會和諧穩定的整合力量，而扶鸞即是常見的巫覡活動。〔註33〕台灣自清末以來，面對西方強勢的政治、文化衝擊，許多傳統型的知識份子於是利用扶鸞降筆，以「神託」來強化傳統文化，凝聚民族自信。戰後台灣鸞堂的興衰，也可以從國民黨提倡儒學，發揚中華文化運動的脈絡來看。早在台灣光復之初，為了清除日本文化的影響，台灣省行政長官公署教育處，公佈了五大教育方針，其中第二條指出：「台省被日本帝國主義者竊據達五十年，更須著重民族文化之培養。」〔註34〕但當時因受限於人力、物力、財力之不足，特別是教師奇缺，因此，能發揮的影響力有限。民國三十八年（1949）國民政府遷台後，挾其強大的政治優勢與文化優勢，貫徹了「祖國化」教育，遂迅速增強了台灣民眾的民族文化觀念。〔註35〕對政府來說在兩岸分裂、國共對立的環境下，為確立其政權的正當性與合法性，以爭取海內外中國人的認同與支持，除了加強反共宣導外，在實際的文化改造中，推動儒學為核心的道德教育也是重要

〔註33〕鄭志明，〈台灣民間鸞堂儒宗神教的宗教體系初探〉，《台灣民間宗教結社》（嘉義：南華管理學院，1998），頁81。
〔註34〕台灣省文獻會，《台灣省通志》（台中：台灣省文獻委員會，1956），頁192。
〔註35〕李世偉、王見川，〈臺灣軒轅教的考察〉，《臺灣的民間宗教與信仰》（台北縣：博揚文化，2000），頁172。

的途徑。〔註 36〕而鸞堂信仰中心的儒家理念，頗符合國民政府提倡的振興傳統文化與儒學運動的目的，這就不難理解，戰後昭平宮育化堂能迅速的拓展對外關係的原因，鸞堂的傳統文化價值被賦予濃厚的政治色彩。

　　一個宗教信仰的興衰，確實與政治權力有密切的關係，從民國四十一年（1952），規定用陽曆 9 月 28 日來慶祝孔子的生日並舉行祭孔大典來看，有無官方的支持關係，就不是鸞堂信仰的存續與否，而是興盛問題。就昭平宮育化堂來說，也因爲地方政府參與了宗教祭典活動與社會教育，而助其提升地位，使其成爲埔里地區重要的信仰中心。僅管如此，隨著整個社會結構由農業轉型到工商業，昭平宮育化堂也和大部分鸞堂一樣面臨了發展的困境。

一、鸞生老化

　　昭平宮育化堂鸞務的傳承與發展最大的難題是鸞生老化，以 98 年度昭平宮育化堂男女信徒的年齡分析（圖 5-21）可以發現，98 年度信徒年齡層男性以 50～59 歲、60～69 歲及 70～79 歲這三個年齡層的人數最多，在 74 名男性信徒中，各有 19 人、18 人、16 人，佔 25.7%、24.3% 和 21.6%，80 歲以上人數也不少，有 11 人，佔 12.1%，這四個年齡層的鸞生佔所有信徒人數的 83.3%，形成 50 歲以上的男性信徒佔 8 成 3 的比例；30～39 歲、40～49 歲這二個男性年齡層，在鸞堂裡頭只佔 13.5%，沒有 30 歲以下的年輕人加入。女性信徒則以 60～69 歲、70～79 歲及 80～89 歲這三個年齡層的人數最多，各有 25 人、31 人和 30 人，佔全部女性信徒 119 人的 21%、26% 和 25.2%，60 歲以下的女鸞有 26 人，佔有 21.8%，也沒有 30 歲以下的年輕女性加入。在全球「宗教世俗化」的趨勢下，〔註 37〕宗教對社會的影響力降低，由昭平宮育化堂的信徒年齡層清楚可見。

〔註 36〕 周克勤，〈戰後國民政府與儒家思想〉，《跨世紀臺灣的文化發展國際學術研討會論文集》，臺灣大學主辦，1998，頁 6～11。

〔註 37〕 宗教世俗化的全球化現象一般指上教堂的人數越來越少，在教堂舉行婚禮的人越來越少，無神論者越來越多，宗教教義對人的拘束力也越來越弱；教會的教育能力及財富影響力減低，宗教習俗越來越不受重視。簡言之，宗教在 20 世紀之後，受到國家及科學的影響，宗教思想沒落，人們的宗教信仰破碎化，信徒的宗教參與衰退，宗教制度對社會的影響力降低。張家麟，〈現代鸞堂發展困境與策略〉，《內政部宗教論述專輯》，第七輯（2005），頁 2 註 3。

圖 5-20　昭平宮育化堂 98 年度信徒年齡層統計圖

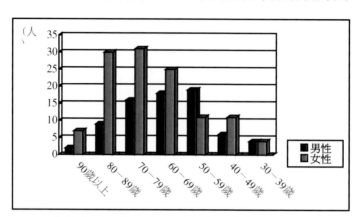

資料來源：整理自昭平宮育化堂鸞生名冊。

　　除了鸞生老化以外，鸞生人數也是逐年減少，這種現象在傳統宗教的基督教、天主教、佛教、道教與伊斯蘭教等，也一樣出現信徒流失的窘境。年輕信徒少有增加，而維持鸞堂運作的效勞生年紀老化，造成扶鸞儀式的斷層。鸞堂如果沒有正視此問題，鸞堂衰退將不可避免。因此，鸞堂領導人應該思索，鸞堂信仰如何能獲得年輕人的認同而願意加入，唯有年輕人願意參加宗教儀式和活動，宗教才得以延續，宗教背後的隱性教化〔註 38〕才能對下一代產生影響。

圖 5-21　昭平宮育化堂鸞生年紀普遍偏高

何艷禧攝　2009/11/13

〔註38〕鸞堂在民間進行宣揚儒教、傳承漢學的工作。李世偉，〈日據時期臺灣鸞堂的儒家教化〉，《日據時代臺灣儒教結社與活動》（台北：文津，1999），頁 112。

二、扶鸞活動的斷層

　　鸞堂舉行扶鸞儀式時，正、副鸞生通常是儀式的焦點，尤其是通過鸞筆，正鸞生在砂盤上扶出鸞文以傳達仙佛的旨意，因此，他是扶鸞儀式的核心；如果他無法扶出鸞文，儀式就無法進行，可見正鸞生在鸞堂儀式中的關鍵角色。正因為正鸞生是扶鸞儀式的核心，所以他也經常是鸞堂興亡的關鍵人物。然而，正鸞生的青黃不接，正是現代鸞堂共同面對的問題。昭平宮育化堂目前共有 3 位正鸞生，賴琦文 45 歲，柯建堂 58 歲，陳界同 50 歲，雖都屬青壯年，但也面臨沒有年輕鸞手接棒的問題。如前所述，鸞堂都由傳統文人主持，但在日本統治台灣以後，引進西方學校制度，排除漢學，台灣人雖然可以在書院或私塾中習讀「漢學」，但大多數的人還是習慣以進入公學校做為學習的主要途徑，尤其日治後期「皇民化運動」的推行，更加速漢學的沒落。國民黨遷台以後，學校教育以白話文學為主流，白話文變成台灣地區主要的流行語言；當大多數的讀書人不再學習古典文學時，以七言律詩和七言絕句為主要語體的鸞文，便成為艱澀難懂而令人怯步，這應是造成正鸞生青黃不接的重要原因。

　　除了正、副鸞生需要有紮實的漢學基礎外，唱生、筆錄生、校正生和宣講生也都是要由熟悉經文、通文墨的讀書人來擔任。畢竟鸞文主要是用來教化信徒，而使用七言絕句或七言律詩仍是鸞文的主流，這項傳統即使到現代，仍被參與鸞務的效勞生所認同。因此，當鸞手斷層時，人神之間缺乏溝通的橋梁，鸞堂也就無法透過扶鸞儀式來宣講仙佛的旨意，因而降低了鸞堂的教化功能，成為當今許多鸞堂漸趨沒落的原因。

表 5-5　民國九十九年昭平宮育化堂扶鸞儀式執事鸞生表

職　務	姓　名	學　歷	年　齡	職　業
正鸞	賴琦文	高職	45	商
正鸞	柯建堂	初中	58	商
正鸞	陳界同	高職	50	農
副鸞	劉銀漢	小學	61	工
副鸞	邱清松	初中	60	農
副鸞	楊柏君	國中	53	商
校正生	黃冠雲	中醫特考及格	68	醫

筆錄生	都煥釗	初中	62	農
筆錄生	林得才	大學	63	教
筆錄生	賴芳正	高中	54	商
筆錄生	薛瑞坊	高中	73	公
筆錄生	羅建一	大專	52	代書
筆錄生	李嘉榮	高中	60	公
筆錄生	賴琦元	高職	43	商
宣講生	都煥釗	初中	62	農
唱生兼掃砂	李明欽	初中	75	商
唱生兼掃砂	邱水俊	初中	66	農
唱生兼掃砂	施清雄	高職	71	公
唱生兼掃砂	林松雄	小學	69	農
茶果生	陳金水	小學	81	農
茶果生	許再成	小學	78	商
鐘鼓生	由效勞生輪流擔任			
接駕生	由效勞生輪流擔任			

資料來源：整理自昭平宮育化堂鸞籍簿和何肇陽口述資料（2010 年 1 月 28 日）。

從目前昭平宮育化堂參與扶鸞儀式的執事人員觀察（表 5-5），其學歷雖以以高中職以上之鸞生為多，佔 47.5%，其中筆錄生幾為高中、大專以上學歷，但因年齡均偏高，因此扶鸞活動也面臨斷層的危機。

三、社會功能的被取代

鸞堂雖是一宗教結社，但其倡立者多為地方儒士，在農業社會教育不普及的年代，鸞堂不單只是提供了知識份子宣揚儒教、提倡漢學的文化場所，也是民眾祈福求方之所在。透過鸞堂扶鸞著書立說，文人士紳教導一般大眾做人做事的原則，其所出版的鸞書甚且傳達了懲惡勸善、行善積德的作用，於當時確實發揮了教化庶民的功能，〔註 39〕這樣的功能更被文人士紳具體實踐在日治時期的戒煙運動上。文人士紳利用扶鸞儀式，教誨當時吸食鴉片的信眾戒食的效果宏大，引發了鸞堂信仰的蓬勃發展，就當時來說，鸞堂對

〔註39〕李世偉，〈日據時期臺灣鸞堂的儒家教化〉，頁 110～111。

信徒具有相當大的影響力，更在無形中成為社會穩定的潛在力量。然而，現代鸞堂在經營與發展上明顯有不如清代及日治時期，甚至比不上戰後的榮景，雖然有其因時代變遷的直接因素，但社會功能的被取代，無疑是一重要的原因。埔里地區有些鸞堂只剩下少數的信徒及上了年紀的鸞生苦撐，如醒靈寺；有些則只剩一般的神佛祭祀而沒有了鸞生和扶鸞儀式，如懷善堂，都是因為在現代化的發展架構下，往日鸞堂為社區、村落大量投入的宣講勸善、鸞書著作、慈善救濟等教化功能已逐漸失色，甚而被取代的結果。

（一）教育普及取代鸞堂教化的功能

國民義務教育普及，由國家負起教育人民的責任提升，一般人在學校的學習，取代過去在鸞堂內的學習。國民中、小學的公民教育，猶如鸞堂的道德宣化，當大部份人民都受國家的基礎教育，鸞堂的宣講制度就容易被學校取代。〔註40〕台灣省政府在民國七十年（1981）雖公布「台灣省加強鼓勵寺廟推行中華文化復興工作實施要點」，其中有關舉辦文化活動方面，鼓勵寺廟舉辦國學研習班。〔註41〕昭平宮育化堂和台灣地區許多寺廟一樣，也配合政府的政策，往政府鼓勵的方向發展，於七十年開始開辦四書研習班。然而由七十年代每期參與人數不足百人來看（附錄11），國學研習班顯然沒能引起埔里鎮民參與的風潮，鸞堂欲藉此達教化的目的也就顯得欲振乏力了。

（二）知識普及降低鸞堂消災解厄的功能

鸞堂除了教化功能外，在資源貧乏的年代，也是善男信女扣問病症及家常事務的重要場所，正鸞生透過扶鸞儀式讓仙佛臨身，在砂盤上「斷事」、賜「天方」或開「藥方」，是信徒消災解厄的重要依賴。教育普及後，民智大開，加上科技發展日新月異，家用電腦普遍，資訊取得方便，一般民眾的常識也相對提高，過去到鸞堂求神問卜，扣問仙佛這類情事便漸趨減少。

〔註40〕張家麟，〈現代鸞堂發展困境與策略〉，頁 7。
〔註41〕臺灣省民政廳編，《宗教禮俗法令彙編》（南投：台灣省政府民政廳，1983），頁 230～231。

圖 5-22　仙佛透過鸞筆畫靈符

何艷禧攝　2009/11/13

　　八十年代之後，台灣社會福利政策推動，政府實行全民醫療保險、學生助學貸款、退休撫恤等制度，導致鸞堂的「濟世」、「醫療」功能無法發揮，鸞堂信仰對民眾的吸引力降低，入鸞成為鸞生的誘因也就跟著減少，鸞堂的生存與發展也因此受到限制。〔註42〕昭平宮育化堂遂於民國九十四年（2005）起，在傳統的經文課程外，另開闢語文和各項才藝研習班，並定期延請專家作專題演講（附錄11），其目的不無順應社會的變遷，提高鸞堂的社會功能，以爭取民眾的認同來吸引更多的信徒加入。

圖 5-23　98 年漢學班專題講座

資料來源：昭平宮育化堂提供

〔註42〕張家麟，〈現代鸞堂發展困境與策略〉，頁 7。

四、行政管理人才的不足

　　就宗教團體與寺廟的管理而言，不論是宗教儀式或公益活動的籌辦、資源的招募與運用，都有賴管理，而管理則依賴組織與領導，才能發揮規畫和控制的機能。一般鸞堂組織的運作幾乎都是由宣誓入鸞的鸞生效勞，事實上，昭平宮育化堂在民國十五年（1926）具文請殖民政府批准遷於現址後，就有為數不少的地方士紳志願當效勞生，在宮廟裏面分工、職司各項堂內宗教聖事與宗教庶務，例如誦經、獻祭、執事、宣化、廚房服務和對社會的急難救助、慈善關懷等，甚至於在各期的擴建工程中，效勞生亦提供了相當的幫助。雖無嚴謹的分工，但經年累積下來，倒也運作得井然有序，有許多人甚至效勞終身。這段時間，雖然沒有制度化的組織，〔註43〕但往往因人際關係、發願、信仰等因素，每遇大型的祭祀儀式或活動時，也常常有許多的鸞生組成臨時的分工組織。然而，隨著鸞生老化問題的出現，昭平宮育化堂在堂務的行政管理上也面臨人才不足的窘困，許多重要的行政工作大約都是由老鸞生擔任。

表 5-6　昭平宮育化堂第八屆董事會執事人員表

職　稱	姓　名	性別	年齡	職　業	學　歷	入鸞日期
董事長	蔡茂亮	男	80	公（退休）	高等科	38 年 2 月
榮譽董事長	黃冠雲	男	67	中醫師	特考及格	60 年 5 月
常務董事	吳楊誠	男	69	商	小學	49 年 7 月
常務董事兼電器組長	李明欽	男	74	商	初中	50 年 9 月
常務董事兼社教部主任	林得才	男	62	教（退休）	大學	95 年 3 月
常務董事	邱清松	男	59	農	初中	83 年 3 月
董事兼設備組長	許重祥	男	68	商	初中	79 年 11 月
董事兼採購組長	邱水俊	男	65	農	初中	60 年 5 月
董事兼總務組長	都煥釗	男	61	農	初中	79 年 11 月
董事兼祭典組	許再成	男	77	商	小學	43 年 5 月
董事兼總務（疏文）	賴芳正	男	53	商	國中	81 年 9 月
董事兼公關組長	薛瑞坊	男	72	公	高中	93 年 12 月
董事	戴春雄	男	71	商	初中	93 年 12 月

〔註43〕民國五十年（1961）管理委員會制成立，才粗具制度化的組織規模，黃冠雲，
　　　　《昭平宮育化堂堂志初稿（第六章）》，頁 2。

董事兼電器組	巫添龍	男	55	公	高職	95 年 7 月
董事兼檔案組長	郭淑雲	女	53	商	高職	83 年 3 月
董事	黃 熟	女	75	家管	小學	91 年 1 月
常務監事	施清雄	男	70	公（退休）	高職	72 年 6 月
監事	羅建一	男	51	代書	大專	80 年 2 月
監事	鐘玉華	女	46	家管	大學	96 年 1 月
顧問	邱天佑	男	86	公（退休）	高職	43 年 6 月
顧問	何肇陽	男	78	農	高中	52 年 3 月
顧問	賴敏修	男	82	農	小學	36 年 6 月
候補董事	賴沛泉	男	66	商	高中	81 年 6 月
候補董事兼設備、圖書組	黃錦源	男	76	公（退休）	小學	81 年 11 月
候補董事	黃秋增	男	59	農	初中	93 年 12 月
候補董事	沈善得	男	39	‘商	高職	90 年 8 月
候補董事兼祭典組	林松雄	男	68	農	小學	90 年 8 月
候補監事	林欣慧	女	52	教	大專	79 年 10 月
經理	賴榮銹	男	70	商	初中	50 年 2 月
副理	潘春雪	女	56	家管	小學	80 年 12 月
會計	詹淑芬	女	49	家管	高職	86 年 11 月
財務組	李嘉榮	男	59	公	高中	89 年 9 月
圖書組長	藍清標	男	84	商	初中	65 年 1 月
採購組	蔡文華	男	49	工	國中	96 年 6 月
總務（鸞籍）	范惠玉	女	50	公	高中	95 年 7 月
文書組長	何錫鈴	女	57	公	大專	95 年 7 月
文書組	李添丁	男	59	自由業	初中	96 年 12 月
祭典組長	劉曜銓	男	51	農	高職	79 年 11 月
祭典組	楊栢君	男	59	商	初中	90 年 7 月
祭典組	黃桂蘭	女	53	家管	高中	90 年 10 月
祭典組	游政旭	男	65	農	小學	52 年 2 月
祭典組	陳金水	男	80	農	小學	79 年 11 月
聖樂團團長	林朝賢	男	53	公	大專	98 年 4 月
營繕組長	林松土	男	58	農	初中	90 年 10 月
膳食組長	黃麗美	女	72	家管	小學	78 年 6 月
膳食副組長	賴淑珍	女	52	家管	國中	88 年 7 月
膳食廚師	李陳昭	女	72	家管	小學	88 年 7 月

設備組	劉銀漢	男	60	工	小學	63 年 3 月
設備組	林萬和	男	79	商	小學	88 年 6 月
設備組	劉南泉	男	65	商	小學	52 年 6 月
設備組	王義和	男	37	商	高中	95 年 3 月

資料來源：整理自昭宮育化堂鸞籍簿；董事會第八屆執事人員表。

由（表 5-6）可知，各執事人員不僅年齡偏高，學歷也是以中小學程度者爲多數，佔了 57%，高中職爲 29%，大專以上程度只佔了 14%。在現今社會，宗教知識水平與信眾自我意識不斷提高的時代，組織的活動力是決定廟務推動和發展的重要因素，而以昭平宮育化堂現今的組織成員來看，在在都需要新血的注入及能力的提升，才得以延續其活動力與生命力。一般而言，宗教效勞志工的人力資源管理，除了業務範疇的設計規畫與專業化之培訓以外，還涉及效勞義工的心態與領導統御的技巧，外加宗教理念的共識教育與戒律。〔註 44〕有鑑於此，昭平宮育化堂目前除應努力地在志工人力上進行有效的管理外，也應著手規畫執事義工之培訓課程，以期能夠讓有心效勞的鸞生在奉獻中達到自我成長與修行的目的，更以此吸引年輕信眾入鸞，爲社會提供更優質的宗教人力資源。

五、女性鸞生地位的迷思

昭平宮育化堂的宗教儀式和過去許多比較公開的、傳統的儀式一樣，都是由男性擔任主祭，居於主導，女性只能居於比較次要的地位，這本是源自中國傳統「重男輕女」的文化現象，加上以男性爲尊的儒家勢力在西元前一世紀左右抬頭之後，在其所設計的宗教體系中，祭祀的權力幾乎完全被男性所壟斷，像歷代政府嚴禁婦女拜祭孔廟一事，最能反映這個事實。〔註 45〕但是，隨著女性主義抬頭、教育程度提升、工作能力增強，現代台灣女子自主性大幅提升，鸞堂也深受影響，女鸞生的加入呈後來居上的情形（表 5-2）。而由（圖 5-3）昭平宮育化堂 90～98 年信徒人數變動的情形顯示，女性鸞生一直約爲男性鸞生的 2 倍來看，受到女性主義思潮的影響，婦女社會地位提升，鸞堂不再只是男性活動的場所，女性除了傳統的神佛祭拜外，也能參與

〔註44〕黃鎭國，〈試探慈惠堂宗教資源之運用與發展——以松山慈惠堂爲例〉（台北：松山慈惠堂，2006），頁 11。

〔註45〕林富士，〈女性與中國宗教〉，《北縣文化》，第 38 期（1993），頁 23～26。

鸞堂的宗教活動和堂務的運作（表 5-7）。但僅管如此，昭平宮育化堂的女鸞生參與扶鸞儀式被接受的程度仍很低，像扶鸞時女效勞生不得進入內堂，扶鸞儀式中的重要角色，女性鸞生也無法擔任，只能從事傳遞信徒問事的工作和在堂外排班作讚、誦經；尤其女性逢月事時，更得暫停到堂效勞，而平時的堂務工作也多以灑掃、炊事等為主。至於管理決策等重要事項或職務，就男、女人數來說，女性參與的比率仍是偏低。

圖 5-24　女效勞生於扶鸞日在內堂外排班恭候仙佛駕臨

何艷禧攝　2009/11/13

　　張家麟在對當代台灣扶鸞儀式的變遷作調查時發現，鸞堂的正鸞生現在已經有女性出現，不僅如此，記錄生、唱生等扶鸞儀式中重要的職務也有由女性擔任的現象。女性已經由扶鸞儀式的配角，逐漸轉化成主角，過去她們不得進入鸞堂的內殿，現在已經「升堂入室」，成為神的代言人。〔註46〕昭平宮育化堂在現代化過程中，就整個組織運作，特別是志工的部分大多是由女性鸞生擔任，女性鸞生在協助經營策略的轉變上，發揮了莫大的助力。因此，若不能排除女性在鸞堂地位的偏見，在吸引不到更多年輕男信徒，而女性參

〔註46〕張家麟，〈當代台灣扶鸞儀式變遷〉，《第一屆宗教儀式會議——扶鸞儀式的傳統與創新》（台中：中華玉線玄門真宗主辦，2004），頁4。

與宗教活動日增，及女子教育程度提升，已具有成為神佛代言人的能力之際，除了「尊重女性」的價值觀與行為外，如果能意識到，讓女性在一些重要的儀式擔任較主導性與重要的地位，並且正視未來鸞堂可能接納女性扮演扶鸞儀式的重要角色，或成為鸞堂的領導人，也許可以解決鸞堂發展的困境。

小　結

　　隨著社會生活型態的不同，昭平宮育化堂的經營方式也有所轉變，相較於一般的廟宇，雖然仍保有過去扶鸞問事的傳統，但由於傳承不易，加上鸞生普遍老化，其經營由過去以宣講淨化人心，發揮宗教教化的功能，轉而透過文教表演或活動，以寓教於樂的方式，向社會大眾傳遞宗教信仰，甚至配合政府的政策將文教活動融入宗教活動中，希冀提高民眾加入的意願。在適應現代社會快速變遷下，我們若仔細回顧昭平宮育化堂的創立經過和鸞務祭典的起落興衰，當能明瞭宗教、社會與經濟三層面之間，的確是共存共榮的。昭平宮育化堂的轉變是否真能迎合時代的需求，其經營的策略能否再掀鸞堂信仰之波瀾，實有待日後持續觀察。

圖 5-25　女鸞志工

資料來源：昭平宮育化堂

第六章　結　論

　　隨著漢人拓墾的腳步，關公信仰也由西部平原來到中部平埔族最後的落腳處——埔里盆地，雖然平埔族受漢人的影響，也接受了漢人的宗教信仰，但埔里地區的鸞堂信仰卻遲至日治初期（1902 年以後），受到客家地區扶鸞戒煙活動的影響後，才逐漸發展。客家鸞堂在埔里多族群的社會中所扮演的角色如何？本研究藉探討昭平宮育化堂與埔里地方社會間的關係，將其置於埔里的社會發展背景下進行分析，綜合前述各章的討論，歸納出以下結論：

一、埔里盆地的拓墾與鸞堂信仰的興起

　　漢人尚未進入埔里地區開墾前，整個埔里地區是「水沙連番地」的一部份，是原住民的世界，屬於界外番地。但從康熙末年，移民禁令鬆弛後，大陸來台者日漸增多，西部平原區的開墾在幾近飽和的情形下，不但擠壓了原住民的生活空間，漢族墾民為了土地或水源的取得，競爭更形激烈，可以說開發到哪裡，械鬥就到哪裡。爭奪如此的激烈，不論是漢人或平埔族，因此被迫往內山地區尋找生活空間，而地廣土肥的埔里盆地，無疑地，是被覬覦深具開發潛力的處女地。乾隆末年實施「番屯政策」，這項政策原是清政府提供給曾助清軍打仗的熟番的「養贍埔地」，但因政策的瑕疵，造成平埔族多半將土地贌耕給漢佃，讓漢人有機會接近盆地邊緣，於是在清帝國尚未解禁之前，不論是漢人或平埔族，都能以私墾的方式進入埔里盆地。

　　在眾多潛越番界、私墾的行動中，以嘉慶年間發生的「郭百年事件」影響最為重大，此事件不但改變了埔里盆地的族群生態，更是中部平埔族大舉遷移入埔里盆地的關鍵。自道光三年以降至咸豐末年間，陸續遷入之平埔族

計有洪安雅（Hoanya）、拍瀑拉（Papora）、道卡斯（Taokas）、巴布薩（Babuza）與巴宰（Pazeh）等五部族，共計三十餘社，是中部地區有史以來最大規模的移民潮。平埔族成爲埔里盆地的主要族群，也成爲開墾埔里盆地的先驅，而由平埔族建立的聚落，更成爲日治及國民政府時代建置行政區域的基礎。

清末「開山撫番」後，埔里盆地的沃野，成爲拓墾者的新天地，民間信仰也隨著漢人社會的興起而建立。關帝信仰在埔里地區的發展大致可以分成三個時期，第一個時期是清代拓墾開發時期，此時的關帝信仰出現在與原住民接近的近山地區，屬於拓殖守護神的型態。第二個時期則是日治時期，受到鸞堂戒煙運動的影響，鸞堂呈現文人結社的型態，關帝以恩主公形象大興於埔里地區的鸞堂，成爲埔里地區的重要信仰。第三個時期是二戰結束後，隨著政權的轉移，鸞堂透過文人士紳彼此交流傳遞的文人結社，發展日趨多元，不但展現了鸞堂信仰的活力與彈性，也奠定了在埔里地區的宗教地位。

二、昭平宮育化堂的興起與地方文人網絡

昭平宮育化堂的創立，主要受到日治初期台灣各地鸞堂戒治鴉片蓬勃發展的影響，其鸞務則源自苗栗大湖的客家鸞堂。昭平宮育化堂草創後不久，西來庵事件發生，殖民政府爲恐台灣人民借神佛名義宣揚抗日行動，因此強力打壓台灣人的宗教信仰，致使鸞堂的扶乩降筆活動一度轉向地下化。

昭平宮育化堂在戰後迅速恢復鸞務活動，發展更爲蓬勃，在鸞生積極的闡教下，信徒日漸增多，宮廟的修築和擴建也在地方士紳和信徒的協助下漸成規模。尤其第三筆正乩生王梓聖，爲傳承漢學、延續民族精神和開展昭平宮育化堂的鸞務，以其在宮堂旁的住家廳堂開設書房。受王梓聖的影響，他的門生大多數人甚且隨他加入昭平宮育化堂爲鸞生，蔡茂亮、邱天佑、黃冠雲、何肇陽、呂耀彩、劉守祥、吳揚誠等人後來不管在鸞書的著造、堂務的推動、新乩的鍛鍊、子堂的開設、漢學的傳授等都肩負起重要的工作，而王梓聖無疑地，更是其中重要的推手。

知識分子大量投入鸞堂的教化工作，除了希望透過鸞堂的宗教活動，尋求個人心靈平靜與累積功德外，更希望藉由宣講勸善、鸞書著作、慈善救濟等的教化工作肯定自我，也建立起在地方宗教活動的地位。以昭平宮育化堂來說，早期加入鸞生的知識分子，以醫生、米商和日治時期曾任公職者居多，在教育不普及的年代，這些地方精英藉由鸞堂的勸善濟世、施方解藥、宣講

著書等管道，延續其教化權力，並持續擁有在地方上的威望，和維持原有的
勢力。同時，也透過鸞堂的文人結社性格，和利用文人階層交織成的網絡，
彼此互有往來，使鸞堂信仰在埔里地區盛極一時。雖是如此，但鸞堂受文人
結社屬性的影響，顯然也較難掙脫地域的限制。

三、昭平宮育化堂的宗教活動與堂務發展

　　昭平宮育化堂在 1950 至 70 年代，可說是堂務活動的顛峰時期，不獨鸞
生信徒欲藉鸞堂的教化功能傳達孔道，執政當局更以此為統治策略，使鸞堂
信仰儒教宗教化的性格更被清楚的呈現，因此，鸞堂的祭孔釋奠和關帝祀典
儀式，可以說是儒教宣講教化的具體實現。民國六十九年起，配合教師節，
南投縣轄境三處（昭平宮育化堂、日月潭文武廟、草屯德惠宮）孔子廟輪流
舉辦全縣祭孔釋奠典禮，關帝祀典儀式則在關聖帝君誕辰日（農曆六月二十
四日）的前一晚舉行，所有典禮前的籌備或典禮的活動進程，主要執事人員
皆為昭平宮育化堂的鸞生，這些鸞生透過祭祀活動，將鸞堂作為人文精神的
活動場所，除了肩負文化傳承的使命，也藉此機會提供鸞堂的資源，以得到
官方與地方居民的認同。

　　80 年代後，埔里地區佛、道寺廟紛紛興起，且社會型態及價值觀也大幅
改變，致使鸞務活動日趨沉寂，但昭平宮育化堂仍以其獨具特色的管理組織
及堂務運作，獲得多數居民的認同，而成為當地重要的廟宇。

　　昭平宮育化堂成立之初，除了曾推動戒煙，也透過扶鸞降筆來支持社會
規範與建立人存在的價值，因此，能嫻熟經文義理和掌握扶鸞技巧的鸞乩，
便成為鸞堂鸞務能否順利推展的重要因素。在近百年的歷史中，昭平宮育化
堂共培育了十筆的正、副鸞，在民國四十、五十、六十年代醫藥尚未普及、
民智且未全開的時代，鸞堂的扶鸞降筆，確實發揮穩定社會的功能。

　　就鸞堂而言，扶鸞儀式是主要的鸞務工作，扶鸞儀式在通過人神的交感
作用下，推動桃筆在砂盤中寫字，成就一篇篇的鸞文，集結而成一本本的鸞
書。昭平宮育化堂共出版鸞書《破迷針》等七冊、經書註解二冊、詩作七冊，
從其參與編造的人員觀察，王梓聖、林再添、許聰稿、劉國賓、陳景賢、施
文彬、蘇樹木、江榮宗、黃冠雲、蔡茂亮等人，亦經常參與中部地區廟宇興
建、鸞書的編造及鍊乩、宣講等工作，顯見昭平宮育化堂絕非獨立運作，而
是透過這些鸞生的交流網絡，與友堂相互聯繫與支援，從而確立其在中部地

區鸞堂的重要地位。

昭平宮育化堂的堂務發展除了著書、宣講等寺廟教化外，也配合政府「復興中華文化」政令，每年的關帝聖誕及孔子誕辰日，除隆重舉行祀典典禮外，民國八十四年（1995）以後，在關聖帝君誕辰日當天，更以「文化活動」取代往日的遊行繞境。民國七十年（1981）宮廟各項修築工程大致落成底定後，每年的春秋二季均舉辦漢學研習營，直至今日。民國九十年（2001）以後，為因應社會變遷與居民的生活需要，提高鸞堂教化的功能，國學研習課程擴及學童、婦女的才藝學習，因而屢獲政府表揚。

在管理組織方面，昭平宮育化堂於民國六十九年（1980）由管理委員會改制為董監事會，由於在日治時期即有完善的管理與財務制度，雖然收入最大的來源為鸞生的奉獻金，但也足夠維持堂內的運作，至於支出則以祭典與供佛費用為最多。而以鸞生為主要成員的志工團隊，則是堂內活動的重要人力資源，透過董監事會和鸞生的凝聚力，帶動昭平宮育化堂一次又一次的轉變與發展。

四、昭平宮育化堂與地方社會關係

埔里地方社會的經濟發展，主要肇因其土壤肥沃、氣候宜人，雖地處內山，交通不便，但豐富的自然資源，每每成就地方的繁榮。然地方產業發展，除受官方決策影響外，安定民心、激發居民鄉土意識，創造屬於地方特色的最大關鍵，往往是民間信仰，昭平宮育化堂正是扮演著此種角色，同時，昭平宮育化堂的興建也與埔里盆地稻作產業的蓬勃發展有密切的關係。昭平宮育化堂早期加入的鸞生和擴建廟堂各期籌建委員會的主委和委員，如蘇樹木、鄭錦水、林來福、許清和、林耀輝、詹元和等皆為米商，當時由於埔里稻作產業的蓬勃發達，因此支持昭平宮育化堂由家廟漸次擴建成為埔里鎮重要的公廟。

六、七十年代，政府以加工出口經濟發展政策為導向，農村的青年勞力不斷的被吸引出去，埔里地區的農村勞動人口逐漸流失，連帶也使得鸞堂信仰漸趨沒落。尤其民國四十四年（1955）以後，內政部根據日治時期所頒佈的都市計劃逐漸實施市地開發，帶動埔里市區的商業活動。經濟的發展，雖然提供了就業機會，吸引鄉村農業人口往市區遷移，但也因工商業活動的性質，使位居埔里鎮市區的昭平宮育化堂於六、七十年代時，入鸞的鸞生相對

減少，加上整個台灣社會正處於工商業轉型時期，對於宗教已不似農業社會
時期的高度依賴，昭平宮育化堂不僅入鸞的人數大幅減少，同時也面對轉型
社會帶來的發展困境。八十年代，台灣社會已邁入穩定的工商業社會，但由
於埔里鎮處於中部丘陵盆地上，聯外交通僅有台十四、台二十一線道，使得
埔里鎮經濟發展速度緩慢，農業取而代之又成為埔里鎮的經濟主力，男女入
鸞的人數再度大幅增加。但隨著都市計劃的實施，農地重劃的結果，昭平宮
育化堂從事農業的信徒逐年減少，相對的，工商等行業的信徒漸漸成為鸞堂
的主要成員。

市鎮的改造使產業結構因而改變，農村許多勞動力被迫釋放，造成人口
必須到市區尋求發展的契機，而住家往往也因都市更新重劃而改變職業取
向。民國九十四年以後，昭平宮育化堂的信徒人數呈現遞減的情形，尤其一
向比男性鸞生人數為多的女性鸞生，成為信徒的人數更是大幅減少。這樣的
改變是否意味著經濟模式導致信仰行為的改變？雖然昭平宮育化堂的鸞生們
仍然熱衷於宗教的活動和鸞務的工作，但由於職業的關係，對於成為信徒後
所需奉獻的心力和時間，顯然是他們最大的考量，這也許可以解釋民國九十
四年以後男女信徒無法再增加的原因。

昭平宮育化堂由第一筆正鸞劉旺進使其從防番害的關帝信仰，轉型成為
飛鸞降筆的鸞堂信仰，在政治上，經歷了日治時期到終戰後不同的政權；在
社會型態上，也經歷了從原本的農業社會，逐漸進入到以工商業為主的社會。
對於不同的時期，背後的社會關懷也不盡相同。然而不管是再練新乩、著造
善書、義教漢學或宗教禮儀，昭平宮育化堂都傳承不斷，甚至有餘力協助其
他宮堂練乩、著書、建堂廟。同時也因為地方政府參與了其宗教祭典活動與
社會教育，而助其提升地位，成為埔里地區重要的信仰中心。但隨著整個社
會結構由農業轉型到工商業，昭平宮育化堂也和大部分鸞堂一樣面臨了發展
的困境，尤其教育普及後，鸞堂的社會功能被學校取代，加上家用電腦普遍
化，資訊取得更為方便，一般民眾的常識也相對提高；過去到鸞堂求神問卜、
扣問仙佛這類情事便漸趨減少，鸞堂信仰對民眾的吸引力降低，入鸞成為鸞
生的誘因也就跟著減少，使得參與扶鸞儀式的執事人員年齡普遍偏高，造成
鸞手青黃不接，扶鸞活動面臨斷層的危機，鸞堂的生存與發展也因此受到限
制。昭平宮育化堂為此在漢學研習班，另開闢語文和各項才藝研習，並定期
延請專家作專題演講，其目的不無順應社會的變遷，提高鸞堂的社會功能，

爭取民眾的認同以吸引更多信徒的加入。

近年來埔里鎮農業生產逐漸朝向精緻農業發展，在官民通力合作下，產業轉型帶動了休閒旅遊事業的興盛，頗吸引外流人口返鄉，或外地移民遷入經營庭園咖啡、優質民宿及休閒農園，加速了埔里的觀光產業。為配合發展出多元的產業文化，鎮內並常舉辦各種大型活動，以促銷人文、地理、生態等等。昭平宮育化堂也開始運用本身資源，與鎮內各單位配合，結合觀光產業，推展文化事業，甚至配合政府的政策將文教活動融入宗教活動中，希冀提高民眾加入的意願。昭平宮育化堂如此的改變，除了展現其適應時代變遷之韌性外，在埔里地方社會歷次的產業變動中，也始終扮演著重要的角色。

從本研究的探討顯示，昭平宮育化堂對於埔里地方社會有著莫大的影響力，居民日常生活中的疑難問事、求神避禍、進德修業、娛樂需求都能透過昭平宮育化堂而得到滿足。由此不難看出，公廟可以凝聚地方居民，形成一個聚落的共同體，同時，聚落本身也是一個祭祀的共同體。

昭平宮育化堂在適應社會轉型，顯然漸漸從文人結社的性格中跳脫，走入普化的宗教信仰，但為不失其鸞堂的儒家色彩，我們也看得見祂的努力，事實上也證明，埔里地方社會透過昭平宮育化堂發展成地方公廟的歷程，而逐漸凝聚出地方社會的力量。

參考書目

一、史　料

（一）檔　案

1. 《台灣總督府公文類纂・元臺北縣》，明治三十四年，永久保存第四十六卷，第三門警察，高等警察，降筆會案卷。
2. 《台灣總督府公文類纂與專賣局數位化檔案資料庫》。
3. 台灣慣習研究會原著，《臺灣慣習記事》，自明治三十四年（1901）起至明治四十年（1907）爲止共刊行七卷。
4. 台灣日日新報編輯部，《臺灣日日新報》，臺灣日日新報社，昭和 10 年 11 月 18 日。
5. 丸井圭治郎，《臺灣宗教調查報告書》卷 1，台北：捷幼出版社，2006。
6. 能高郡役所，《能高郡管內概況》，台北：成文出版社，1985。

（二）鸞　書

1. 宣平宮醒覺堂管理委員會，《覺醒鸞聲》，南投：財團法人醒覺文教基金會，2006。
2. 埔里育化堂，《破迷針》，南投：埔里育化堂，1947。
3. 埔里育化堂，《引悟線》，南投：埔里育化堂，1949。
4. 高紹德編，《打癡鞭》，南投：懷善堂，1950。
5. 財團法人昭平宮育化堂董事會，《頌春仙藻》，埔里：昭平宮育化堂董事會，2006。
6. 崇德堂，《導化金篇》，卷一，南投集集：崇德堂，1914。
7. 聖賢堂扶鸞著作，《聖賢眞理》，台中：財團法人台灣省台中聖賢堂，2010。

8. 蔡錦川編著，《參贊碎錦第三集》，南投：埔里鎮真元宮參贊堂，2002。

9. 醒修堂，《洗甲心波（一）》，苗栗：苗栗縣文化局，2005。

10. 懷善堂，《懷心警世金篇》，埔里：懷善堂，1902。

（三）方　志

1. 台灣省文獻委員會，《台灣省通志》，台中：台灣省文獻委員會，1956。

2. 台灣省文獻委員會，《臺灣省通誌》，卷二，台北：眾文圖書公司，1971。

3. 台灣省南投農田水利會編，《台灣省南投農田水利會會誌》，南投：南投農田水利會，1996。

4. 台灣省文獻委員會，《重修臺灣省通志》，卷九，臺灣省文獻會，1998。

5. 伊能嘉矩，《南投縣志稿（十一）埔里社林圯埔地方誌》，台北：成文出版社，1983。

6. 朱仕玠，《小琉球漫誌》，台北：成文出版社，1984。

7. 林朝棨，《南投縣地理志地形篇稿》，台北：成文出版社，1983。

8. 洪敏麟，《南投縣志稿（七）》，台北：成文出版社，1983。

9. 姚瑩，〈埔裏社紀略〉，收錄於《東槎紀略》，台北：成文出版社，1984。

10. 唐贊袞，《臺陽見聞錄》，卷下，台灣文獻叢刊第35種，台北：台灣銀行經濟研究室，1959。

11. 郭寶章，《南投縣志稿》，台北：成文出版社，臺一版，1966。

12. 陳炎正主編，《台中縣岸裡社開發史》，豐原：台中縣立文化中心，1986。

13. 黃叔璥，《臺海使槎錄》，台北：成文出版社，1983。

14. 熊一本，〈條覆籌辦番社議〉，卷三，收錄於《治臺必告錄》，臺灣文獻叢刊第17種，台北：台灣銀行經濟研究室，1959。

15. 劉枝萬，《臺灣埔里鄉土志稿》，卷一，未刊印發行，1951。

16. 劉枝萬，《臺灣埔里鄉土志稿》，卷二，未刊印發行，1951。

17. 劉枝萬，《南投文獻叢輯（二）》，南投：南投縣文獻委員會，1953。

18. 劉枝萬，《南投縣沿革志開發篇稿》，南投：南投縣文獻委員會，1958。

19. 劉枝萬，《南投縣風俗志宗教篇稿》，南投：南投縣文獻委員會，1961。

20. 劉韻珂，〈奏開番地疏〉，《治臺必告錄》，卷三，臺灣文獻叢刊第17種，台北：台灣銀行經濟研究室，1959。

21. 鄧傳安，〈水沙連紀程〉，《彰化縣志》，南投：台灣省文獻會，台灣文獻叢刊第156期，1993。

（四）其　它

1. 王昌淳等編，《王梓聖詩集》，埔里：文慈電腦打字排版社，1997。

2. 台灣省政府民政廳編印，《宗教禮俗法令彙編》，南投：台灣省政府民政廳，1983。

3. 育化堂編輯委員會，《昭平宮育化堂簡史》，南投：財團法人昭平宮育化堂董事會，2001。

4. 宣平宮醒覺堂，《宣平宮醒覺堂誌》，埔里：宣平宮醒覺堂管理委員會，2004。

5. 涂進萬等人主編，《水沙連》，第 1 期，南投：水沙連雜誌社，1995。

6. 眞元宮參贊堂，《慶祝開堂壹佰週年紀念慶典特刊》，埔里：眞元宮參贊堂，2002。

7. 移川子之藏，〈從承管埔地合同約字看埔里之熟番聚落〉，《南方土俗》，第一卷第二號，1931。

8. 陳松明主編，《宣平宮醒覺堂誌》，南投：宣平宮醒覺堂管理委員會，2004。

9. 黃冠雲，《昭平宮育化堂堂志初稿》，南投：財團法人昭平宮育化堂董事會，2009。

10. 趙翼，〈關壯繆〉，《陔餘叢考》，卷 35（河北：人民出版社，1990），頁 622 ～623。

11. 潘祈賢編，《埔里瀛海城隍廟沿革》，南投：埔里城隍廟管理委員會，1996。

12. 鄧鏗揚、賴敏修主編，《埔里區寺廟弘道協會紀念特刊》，南投：埔里區寺廟弘道協會，2006。

13. 醒靈寺編印，《醒靈寺專刊》，埔里：埔里醒靈寺，1978。

二、專 書

1. 王洪文，《南投縣地理志氣候篇稿》，台北：成文出版社，1983。

2. 王世慶，《清代台灣社會經濟》，台北：聯經出版社，1994。

3. 王萬富、鄧相揚，《埔里采風》，南投縣：埔里鎮公所，1994。

4. 王見川，《臺灣的齋教與鸞堂》，台北：南天，1996。

5. 王志宇，《台灣的恩主公信仰：儒宗神教與飛鸞勸化》，台北：文津出版社，1997。

6. 王志宇，《寺廟與村落：臺灣漢人社會的歷史文化觀察》，台北：文津出版社，2008。

7. 石璋如、劉益昌，《大馬璘》，台北：中研院史語所，1987。

8. 宋光宇，《宗教與社會》，台北：東大圖書公司，1995。

9. 李健鴻，《慈善與宰制》，台北縣：縣立文化中心，1996。

10. 李世偉，《日據時代臺灣儒教結社與活動》，台北：文津，1999。

11. 李世偉，《臺灣的宗教與文化》，台北：博揚，1999。

12. 李世偉、王見川，《臺灣的民間宗教與信仰》，台北縣：博揚文化，2000。

13. 李亦園，《宗教與神話論集》，台北：立緒文化，2004。

14. 阮昌銳，《中國民間宗教之研究》，台北：台灣省立博物館，1990。

15. 林永根，《鸞門暨台灣聖堂著作之善書經懺考》，台中：聖德雜誌社，1982。

16. 林勝俊，《臺灣寺廟的職權與功能之研究》，台北：文史哲出版社，1988。

17. 林滿紅，《茶、糖、樟腦業與臺灣之社會經濟變遷（1860~1895）》，臺北：聯經出版社，1997。

18. 林文龍，《台灣中部的開發》，台北：常民文化，1998。

19. 林正珍，《台中樂成宮——旱溪媽祖遶境十八庄》，台中：財團法人台灣省台中樂成宮，2007。

20. 胡慶鈞，《皇權與紳權》，上海：觀察社，1948。

21. 洪麗完，《熟番社會網絡與集體意識》，台北：聯經出版社，2009。

22. 張勝彥，《南投開拓史》，南投：南投縣政府，1984。

23. 張家麟，《臺灣宗教儀式與社會變遷》，台北：蘭臺網路，2008。

24. 陳玲蓉，《日據時期神道統治下的台灣宗教政策》，台北：自立晚報社文化出版部，1992。

25. 鳥居龍藏原著，楊南郡譯註，《探險台灣》，台北：遠流出版公司，1996。

26. 許地山，《扶箕迷信之研究》，北京：商務印書館，1999。

27. 許雪姬策劃，《臺灣歷史辭典》，台北：遠流出版公司，2004。

28. 溫振華，《臺灣原住民史政策篇（清治時期）》，南投市：臺灣文獻館，2007。

29. 鈴木清一郎，《臺灣舊慣習俗信仰》，台北：眾文圖書公司，1978。

30. 詹火生，《社會政策要論》，台北：巨流，1987。

31. 董芳苑，《探討台灣民間信仰》，台北：常民文化充版，1996。

32. 董芳苑，《台灣人的神明》，台北市：前衛，2008。

33. 歐大衛、焦大年，《飛鸞——中國民間教派的面面觀》，香港：中大出版社，2005。

34. 增田福太郎，《臺灣本島人の宗教》，台北：古亭書屋，1935，1975重印，合併於增田福太郎，《台灣宗教論集》，南投：台灣省文獻委員會，2001。

35. 鄭志明，《臺灣民間宗教論集》，台北：學生書局，1984。

36. 鄭志明，《中國善書與宗教》，台北:學生書局，1993。

37. 鄭志明，《台灣民間宗教結社》，嘉義：南華管理學院，1998。

38. 鄭志明，《臺灣扶乩與善書現象——善書研究的回顧》，嘉義：南華管理

學院，1998。

39. 鄭志明，《臺灣新興宗教現象——傳統信仰篇》，嘉義：南華管理學院，1999。

40. 潘英，《台灣平埔族史》，台北：南天書局，1996。

41. 魏志仲，《台灣儒宗神教法門著造善書經懺史鑑》，台北：清正堂，1977。

三、論　文

（一）期刊論文

1. 王洪文，〈臺灣埔里盆地之地理特性〉，《國立臺灣大學理學院地理系研究報告》，2 期（1965 年 11 月），頁 142～157。

2. 王世慶，〈民間信仰在不同祖籍移民的鄉村之歷史〉，《清代臺灣社會經濟》（台北：聯經出版社，1994），頁 295～372。

3. 王見川，〈光復（1945）前台灣鸞堂著作善書名錄〉，《民間宗教》，第一輯（台北：南天書局，1997），頁 173～194。

4. 王志宇，〈廟會活動與地方社會——以臺灣苑裡慈合宮為例〉，《逢甲人文社會學報》，第 12 期，2006。

5. 石再添等，〈濁大流域的聚落分佈與地形之相關研究〉，《臺灣文獻》，28 卷第 2 期（1977 年 6 月），頁 75～94。

6. 宋光宇，〈地獄遊記所顯示的當前社會問題〉，《民間信仰與社會研討會論文集》（南投：省府民政廳，1982），頁 116～136。

7. 宋光宇，〈清代臺灣的善書與善堂〉，《民間信仰與中國社會國際研討會論文集》（台北：漢學研究中心，1993），頁 75～93。

8. 宋光宇，〈解讀台灣的第一本善書《覺悟選新》〉，《中研院史語所集刊》，65 卷第 3 期（1994），頁 673～723。

9. 宋光宇，〈臺灣的善書及其社會文化意義〉，《第一屆臺灣本土文化學術研究會論文集》，下冊（台北：臺灣師範大學國文系，1995），頁 781～807。

10. 宋光宇，〈從最近十幾年來的鸞作遊記式善書談中國民間信仰裡的價值觀〉，《宗教與社會》（台北：東大圖書公司，1995），頁 263～289。

11. 宋光宇，〈宗教與禮俗〉，收錄於《臺灣近代史文化篇》（南投：台灣省文獻委員會，1997），頁 191～275。

12. 李亦園，〈台灣民俗信仰發展的趨勢〉，《民俗信仰與社會研討會論文集》（台中：台灣省政府民政廳，1982），頁 89～101。

13. 李亦園，〈民間宗教儀式之檢討〉，《民間宗教儀式之檢討研討會論文集》，第 23 期（台北：中國民族學會，1985），頁 1～7。

14. 李亦園，〈中國文化中小傳統的再認識〉，刊於《現代與傳統》，第 8 期（1995），頁 16～24。

15. 李世偉，〈苗栗客家地區鸞堂的調查研究〉，收錄於《臺灣的民間宗教與信仰》（台北：博揚，2000），頁 321～338。

16. 李世偉，〈戰後臺灣有關民間宗教研究的回顧與評介〉，國科會人文學中心主辦：五十年來臺灣宗教研究成果評估研討會，2002。

17. 吳永猛，〈民間宗教資源運用之探討〉，《宗教論述專輯・第四輯——宗教教育與宗教資源分配運用》（台北：內政部，2002 ），頁 77。

18. 岡田謙著，陳乃蘗譯，〈臺灣北部村落之祭祀範圍〉，《台北文物》，第 9 期（台北市：文獻委員會，1960），頁 14～29。

19. 林美容，〈由祭祀圈來看草屯鎮的地方組織〉，《中央研究院民族學研究所集刊》，第 62 期（南港：中央研究院民族學研究所，1987），頁 53～114。

20. 周克勤，〈戰後國民政府與儒家思想〉，《跨世紀臺灣的文化發展國際學術研討會論文集》，臺灣大學主辦，1998。

21. 林富士，〈女性與中國宗教〉，《北縣文化》，第 38 期（1993），頁 23～26。

22. 林滿紅，〈財經安穩與國民健康之間：晚清的土產鴉片論議（1833～1905）〉，《財政與近代論文集》（台北：中央研究院近代史研究所，1999），頁 501～551。

23. 施振民，〈祭祀圈與社會組織——彰化平原聚落發展模式的探討〉，《中央研究院民族學研究所集刊》，第 36 期（南港：中央研究院民族學研究所，1973），頁 165～190。

24. 施添福，〈清代臺灣「番黎不諳耕作」的緣由〉，《中央研究院民族學研究所集刊》，69 期（台北：中央研究院民族學研究所，1990），頁 67～91。

25. 許嘉明，〈彰化平原福佬客的地域組織〉，《中央研究院民族學研究所集刊》，36 期（1973），頁 165～190。

26. 張珣，〈祭祀圈研究的反省與後祭祀圈時代的來臨〉，《國立台灣大學考古人類學刊》，58 期（1987），頁 78～111。

27. 張勝彥，〈臺灣教育的發展〉，《臺灣近代史（文化篇）》（南投：台灣省文獻委員會，1997），頁 1～70。

28. 張家麟，〈當代台灣扶鸞儀式變遷〉，《第一屆宗教儀式會議——扶鸞儀式的傳統與創新》，台中:中華玉線玄門真宗主辦，2004。

29. 張家麟，〈現代鸞堂發展困境與策略〉，《內政部宗教論述專輯》，第七輯（台北：內政部，2005），頁 89～123。

30. 康豹、邱正略，〈鸞務再興——戰後初期埔里地區鸞堂練乩、著書活動〉，國立暨南大學主辦：水沙連區域研究學術研討會，2008。

31. 黃鎮國，〈試探慈惠堂宗教資源之運用與發展——以松山慈惠堂為例〉，

台北：松山慈惠堂，2006。

32. 蔡懋棠，〈台灣現行的善書〉，《台灣風物》，第 24 卷第 4 期（1974），頁 21～93。

33. 蔡懋棠，〈台灣現行的善書（續）〉，《台灣風物》，第 26 卷第 4 期（1976），頁 84～123。

34. 鄭喜夫，〈從善書見地談「白衣神咒」在台灣〉，《台灣文獻》，32 卷第 3 期（1981），頁 120～167。

35. 鄭志明，〈台灣宗教團體經濟資源的問題〉，《宗教論述專輯·第四輯──宗教教育與宗教資源分配運用》，台北：內政部，2002。

36. 鍾幼蘭，〈平埔族群與埔里盆地──關於開發問題的探討〉，《平埔族群的區域研究論文集》（南投：台灣省文獻委員會，1998），頁 141～162。

37. 簡史朗、劉益昌，〈埔里盆地及周緣地區調查概報〉，《台閩地區考古遺址普研究計畫》，第七期（中央研究院人文社會科學研究中心考古學研究專題中心主辦，2004），頁 273～286。

38. 簡史朗，〈西部平埔族群入墾埔里時之聚落形成〉，國立暨南大學主辦：水沙連區域研究學術研討會，2008。

（二）學位論文

1. 邱正略，〈清代臺灣中部平埔族遷移埔里拓墾之研究〉，私立東海大學歷史研究所碩士論文，1992。

2. 周怡然，〈終戰前苗栗客家地區鸞堂之研究〉，中央大學客家社會文化研究所碩士論文，2008。

3. 范良貞，〈獅山勸化堂與南庄的地方社會〉，中央大學歷史研究所碩士論文，2007。

4. 許玉河，〈澎湖鸞堂之研究〉，臺南師範學院，臺灣文化研究所碩士論文，2004。

5. 陳建宏，〈公廟與地方社會──以大溪鎮普濟堂為例（1902～2001）〉，中央大學歷史研究所碩士論文，2004。

6. 黃瓊瑩，〈埔里酒香·酒鄉埔里──埔里酒產業之發展（1917～2000）〉，國立中央大學歷史研究所碩士論文，2003。

7. 蔡相煇，〈臺灣寺廟與地方發展之關係〉，文化大學史學研究所碩士論文，1976。

8. 鄭寶珍，〈日治時期客家地區鸞堂發展：以新竹九芎林飛鳳山代勸堂為例〉，國立中央大學客家社會研究所碩士論文，2008。

9. 劉奕宏，〈台灣信仰型非營利組織治理活動與模式之研究──以五個信仰型非營利組織為例〉，國立中央大學法律研究所碩士論文，2009。

四、網路資料

1. 打里摺文史數位資源中心：
   http://dore.gia.ncnu.edu.tw/textdb/pingpu/index.html（2010 年 2 月 24 日）。

2. 南投縣綜合發展計畫——埔里鎮發展綱要計畫：
   http://gisapsrv01.cpami.gov.tw/cpis/cprpts/NANTOU/NAN-C/C-DOC/02/02
   04.doc（2010 年 6 月 10 日）。

3. 葉連鵬，〈斷裂？！再生——日治時期澎湖古典文學發展析論〉，《文化研究月報》，第 25 期（2003 年 3 月）：
   http://hermes.hrc.ntu.edu.tw/csa/journal/25/journal_park169.htm（2009 年 11 月 9 日）。

附　錄

附錄 1

昭平宮育化堂鸞規

第一條：為鸞徒者，宜守聖門規訓，入堂衣冠必須整齊，身體猶當潔淨，勿帶酒氣，而舉動尚要輕細，入則鞠躬，退則頓首。

第二條：既入聖門，應知孝敬雙親，尊奉長上，兄弟姊妹當友愛，夫婦姒娌要和睦，鄰朋必須相顧，對一般鸞友猶宜和氣。

第三條：凡遇聖誕等請詣之時，全體宜嚴肅整列排班，各要舉香或合掌鞠躬，不可在旁室閒談取笑。

第四條：凡來堂者，宜先虔誦經文，後則勤究經書，而堂中諸事猶要幫忙，切勿懶惰怕勞。

第五條：男女鸞徒研究經書，須要分別。而女鸞室除指導者以外，男徒不可濫進，但遇有集團講說之時即不在此限。

第六條：鸞內事戒勿誇張或毀謗，對友堂鸞友宜以恭謙相待，互相提攜，力謀相親相愛。

第七條：長幼尊卑，切須明白，貧富不可差別。禮儀信用，尤應嚴守，鸞友中如遇有喪喜事，宜當協力幫忙。

第八條：嚴戒奸淫賭盜，及食牛犬。更須敬惜字紙，勿濫棄於污穢，以尊重聖蹟。

第九條：擇交善友，以修養身心，對新鸞友猶宜善導，勿自稱先輩而自誇自高。

第十條：嚴守國法，善守鸞規，以自正風紀，而得扶持地方善政。

附錄 2

財團法人臺灣省南投縣埔里鎮昭平宮育化堂捐助暨組織章程

第一章　總則

第一條：本堂定名為財團法人臺灣省南投縣埔里鎮昭平宮育化堂（以下
簡稱本財團）。

第二條：本財團事務所設於臺灣省埔里鎮清新里南興街三八一號。

第三條：本財團崇奉儒教以宏揚教義維護中華文化重整道德暨興辦公益
慈善事業為宗旨。

第二章　任務

第四條：本財團任務如下：

1. 奉祀神像及舉行宗教祭典事項。

2. 宣揚教義維護中華傳統文化。

3. 興辦公益慈善、教育、文化事業，增進社會福利事項。

4. 確保廟產，加強財務管理，維護宗教建物暨美化環境事項。

5. 謀求信徒親睦自強互助事項。

第三章　財產

第五條：本財團之財產由昭平宮育化堂捐助，土地價值總額新台幣肆仟
捌佰零玖萬伍仟陸佰伍拾壹元正為基金，所有不動產如附表所
示。

第四章　信徒

第六條：本財團信徒資格如下：

1. 原置備信徒名冊，經主管機關登記有案者。

2. 中華民國國民品德端正，且具有純正宗教信仰者，並合于內
政部頒訂信徒認定原則之人組織之。

前項願新加入信徒者，應自行填寫申請書，經董事會審查通過
後報請主管機關核備。

第七條：本財團信徒滿二十歲以上均有選舉權，除法令另有規定外，年
滿二十三歲以上均有被選舉權。

第八條：本財團信徒應遵守政府有關法令，服從教義及章程暨決議事項。

第九條：本財團信徒如有左列各款情事之一者應予除名處分。

　　1. 違背章程規定或各種會議決議事項。

　　2. 侵佔廟產或公款，經法院判決確定刑事處分者。

　　3. 違法行為而損害本財團信譽或權益者。

　　4. 書面聲明自願放棄信徒資格者。

　　5. 無故缺席信徒大會連續三次以上者視為自願放棄信徒資格。

　　6. 死亡者。

　　前項被除名處分之信徒，經董事會審查通過後報請主管機關核備，被除名處分之信徒，如係現任董監事或擔任本財團各項職務者，同時解除其職務。

第五章　組織及職權

第十條：本財團信徒大會之權職如下：

　　1. 選舉、罷免董監事。

　　2. 聽取監事人員決算稽核報告。

第十一條：本財團置董事十五人，候補董事五人，監事三人，候補監事一人，均由信徒大會就信徒中選出組織董事會及監事會，董事互選常務董事五人，再由董事就常務董事中推選一人為董事長，監事互選一人為常務監事。

　　前項選舉應依照政府有關法令或依宗教儀式辦理，其任期一律四年，連選得連任。

第十二條：本財團董事長或常務董事因故出缺時，由董事互選遞補董事長或常務董事，常務監事因故出缺時，由監事互選遞補之。董監事因故出缺時，由候補董監事依次遞補，但均以補足本屆任期為限。

第十三條：本財團董事長之職權如下：

　　1. 綜理董事會經常會務事項。

　　2. 召開董事、監事聯席會議及執行決議事項。

　　3. 對外代表本財團，對內負責指揮監督一切廟務。

第十四條：本財團視會務須要得置副董事長一人，其產生及職權等另定之。

第十五條：本財團常務董事之職權如下：

    1. 董事會休會期間依本章程規定及董事會決議事項經常執行廟務。

    2. 董事會休會期間，緊急事件之商討與執行。

第十六條：本財團董事會職權如下：

    1. 召開信徒大會。

    2. 廟產及財務管理事項。

    3. 擬定事業計劃並編制經費收支預（決）算事項。

    4. 任免財團經理、副經理、組長員工事項。

    5. 有關信徒異動增減審議事項。

    6. 辦理祭典、宗教活動及本章程第四條之規定事項。

第十七條：本財團常務監事之職權如下：

    1. 執行監事議決事項。

    2. 綜理監事會會務事項。

第十八條：本財團監事會之職權如下：

    1. 審核經費收支帳簿及會計憑證事項。

    2. 審核廟產管理情形。

    3. 審核事業計劃執行情形。

第十九條：本財團董事、監事、經理、副經理、組長均爲義務職。

第六章　會　議

第二十條：本財團信徒大會，每年春季召開一次，但經信徒人數三分之一以上連署請求或董事會認爲必要時，得召開臨時大會，開會時由董事長爲主席，董事長因故不能出席時，由常務董事互推一人代理主持會議。

第廿一條：本財團董事、監事會，每六個月召開聯席會議一次，由董事長召開，並爲主席，如董事、監事人數各三分之二以上連署請求時，得召開臨時會議。

第廿二條：本財團信徒或董事、監事因故不能出席會議時，得以書面委託本財團之其他出席人（信徒或董事、監事）代表出席，但被委託人只能接受一人爲限，其投票表決及法定人數之計算，亦自應以一人爲準。

第廿三條：本財團各種會議除法令另有規定外，應有各該人數二分之一以上出席，始得開會，對議案之表決，須經各該出席人數二分之一以上贊成始得通過，可否同數取決於主席。

第廿四條：本財團財產之處分變更，應徵董監事三分之二以上出席，並須經出席人數三分之二以上贊成通過，報請主管機關核准後施行之。

第七章　經費

第廿五條：本財團經費之來源如下：

1. 本章程第三章廟產各項收入。

2. 信徒油香，祭典捐款收入。

3. 一般善男信女樂捐收入。

第廿六條：本財團會計年度以每年一月一日起至十二月卅一日止，於每年度開始前三個月編造年度預算，至年度結束後三個月內編造決算，連同上年度經費收支情形報告董事會後，報請主管機關核備。

第八章　教育事業

第廿七條：本財團辦理私立育賢幼稚園，幼稚教育事業。

第廿八條：育賢幼稚園，屬於財團法人昭平宮育化堂監督指揮。

第廿九條：該園董事會置董事九人，其中二人曾經研究或從事教育工作或具有辦理相當學校經驗之人員充任，其餘由財團法人昭平宮育化堂董事長、常務監事、經理三人充任為當然董事長及董事，另再從本財團熱心董監事中互選四人組成之。

第九章　附則

第三十條：本財團辦事細則由董事會另定之。

第卅一條：本財團章程未盡事宜，悉依政府有關法令規定辦理之。

第卅二條：本章程經由捐助人制作，並報請主管機關核備後實施之，如有修改之必要時，應依民法有關規定辦理。

第卅三條：本財團法人解散時，其賸餘財產歸屬地方政府所有。

本章程於：

民國六十九年三月十六日經昭平宮育化堂管理委員會第六屆第四次信徒大會審議通過。

民國七十年七月七日董監事聯席會議修改通過。
民國七十三年三月廿六日董監事聯席會議修改通過。
民國八十年二月四日董監事聯席會議增訂第卅三條條文通過。
民國八十一年八月十日董監事聯席會議修改通過。
民國九十三年三月十五日董監事聯席會議修改通過。
民國九十八年三月十二日董監事聯席會議修改通過。

附錄 3

財團法人臺灣省南投縣埔里鎮昭平宮育化堂董事會辦事細則

第一條：本辦事細則依據本財團捐助暨組織章程第卅條規定訂定之。

第二條：本財團處理廟務，法令及組織章程另有規定外，悉依本細則辦理。

第三條：本財團體係宗教團體，各執事人員，應基於合作，服務精神，盡忠
　　　　職守，依有關法人章程，辦事細則執行職務，並應遵守左列事項：

　　　（1）應誠實、廉潔、謹慎、勤勉、不得有足以損害團體名譽之行為。

　　　（2）執行職務應力求切實，不得畏難，規避、推諉稽延或挑撥是非。

　　　（3）公款、公物非因職務需要不得動用。

　　　（4）保管文書財物應盡責，不得毀損、變換私用或私自供與他人使
　　　　　用。

　　　（5）對於信徒、來堂客人，應竭誠服務，態度謙和，辦事力求速
　　　　　簡。

　　　（6）未經許可不得以私人代表對外發表談話。

第四條：依據組織章程第五章第十六條第四項之規定聘任之經理、副經理、
　　　　總務、會計各一名，司香及其他組員若干名，均應承董事長之命，
　　　　並依據本細則辦理各該當事務。

第五條：經理為本財團幕僚長掌管本團一切內務，督率廟務工作，並直接對
　　　　董事會負責，其任期與董事長同進退。

第六條：公關部：1. 如何發展本堂廟務設計並推動。

　　　　　　　　2. 與有關機關、友堂加強連繫促進密切關係。

第七條：總務處設主任一人，督導業務推動。

　　　　總務處設文書組、社教組、會籍組、財務組、檔案組、公關組、祭
　　　　典組、營繕設備組、採購組、膳食組、各置組長一人；並承經理之
　　　　命辦理有關各組之業務處主任督導之。

　　　（一）總務組：1. 友堂及社會團體來函邀請，均負責隨時處理以免
　　　　　　　　　　　有失敬之處。

　　　　　　　　　　2. 本堂慶典神明會應辦之事務請帖均屬之。

　　　　　　　　　　3. 信徒、鸞生、婚喪喜慶之連繫。

（二）文書組：1. 印信保管、收發文、登計歸檔、擬辦有關規章、年度工作計劃及工作報告、會議通知、整理議事錄等業務。因本堂文書處理較特殊，文書組應辦事項由會計組辦理，最後之文書歸檔保管仍由文書組歸檔。

2. 祭武聖祭孔典禮、漢學班籌備申請補助資料、接洽公文，乃由文書組負責。

3. 特殊慶典活動，擬辦法規章等並繕造。舉辦文化活動比賽一切所須文件及書寫均屬之。

4. 向友堂各社教團體發邀請函，均負責隨時處理。

（三）社教組：1. 闡發儒家眞理，宣揚固有文化，推展有益社會教化事業。

2. 春秋二季辦理漢學班、才藝班、語言班，策劃招生公告、講師遴聘及向有關單位申請補助計劃。

3. 開課課程符合社會需要，提董事會審查後公告之。

（四）會籍組：信徒增減、鸞生異動及有關記事登記編造名冊。

（五）財產組：財產增減之登記管理、保管、不動產管理、年度結束後編造年報表。

（六）檔案組：1. 會計組送來公文列冊編號管理。

2. 各種傳票如油香簿、安太歲簿、光明燈簿、消災簿等之簿冊送交檔案列編號管理。

3. 各種重要文獻、書籍、書法字墨寶編號列冊管理。

（七）祭典組：式場佈置、祭祀疏表。

（八）營繕設備組：慶典會場佈置、水電裝設及營繕。

（九）採購組：物品採購。

（十）膳食組：1. 廚房用餐及必須用品由組長、副組長加強管理。

2. 各項會議祝壽活動需會餐時應準備自助餐，大型會餐包括外燴由經理、組長負責籌劃辦理。

第八條：會計處

會計處設會計組、出納組，各置組長一人並承經理之命辦理有關各組之業務。

（一）會計組：現金收支、製傳票、記帳、簿冊及保管有關會計文件並編製年度預算表。

（二）出納組：負責本會一切財務（金錢）出納工作（本會目前尚無設置之必要，由會計組長兼任）。

（三）會計處理出納稽核上認為支付不符者，得拒絕受理，並報董事長裁決。

第九條：本財團一切款項經董事會受權董事長指定之金融機關，以本財團董事長、經理、會計名義寄存之。經費動支權限如左：

（一）新台幣貳萬元以內須經理會計之認可。

（二）新台幣伍萬元以內須董事長之認可。

（三）新台幣參拾萬元以內須常務董事會之認可。

（四）新台幣參拾萬元以上須董事會之認可。

（五）年度歲出預算項目以外之開支，另由董事會議訂定以特別費處理。

以上動支如同一性質者，不得分攤或另立項開支。

第十條：本財團之不動產登記註明土地或建物座落、面積、公告地價、購置、變賣日期、所有權力範圍、地籍謄本、圖面、建物構造、各項稅捐、使用情形等。

第十一條：本財團董事會會同監事會，每年一次勘查財產管理情形，並於信徒大會時提出報告。

第十二條：本會為統一處理堂務程序，促進堂務改革、提高工作效率，悉依下列準則行之：

甲：公文處理準則：

（一）無論對外內公文一律用「函」、或「書函」行文。

（二）收到來函註明「機密」或「主管親拆」不得拆開，應原封送主管拆閱。

（三）拆封後信函逐件分類、編號，登記於收文簿內，分送各承辦單位呈閱判行。

（四）發文前檢查有無漏蓋印章、附件、編號登記。

乙：開會通知、記錄準則：

（一）任何單位來文開會通知或本會召開之開會通知均視速件處理，

最少會期前三日內送達出席人員。

（二）開會結束十日內呈報上級機關或分發有關人員。

（三）會議討論事項記錄，具有公文同等效力，其辦理執行情形，提下次會議報告。

丙：會計業務處理準則：

（一）設置收支分類帳、收支傳票、總分類帳。

（二）會計憑證（原始憑證）於下列注意事項辦理：

    1. 會計審核憑證，首先記載事實金額、立據日期、統一發票或收據之抬頭是否與本會名稱相符、立據人住址簽章等以資證明。

    2. 油香簿、樂捐簿、感謝狀等收款應記載捐款人姓名、金額、日期、須經收人簽章，送交會計簽收。

（三）會計科目處理準則：

    1. 收入科目：依據章程第廿五條之規定收入（信徒油香、祭典捐款收入、一般善男信女樂捐收入）經董事會會議通過之不定期募捐以特別款收入。

    2. 支出科目：

    水電費：電費、自來水費。

    文具印刷費：本堂辦公文具、紙張。

    糖果香費：糖果、水果、香、金紙。

    祝壽費：公辦聖誕費用，聖誕時做粿等什品支出。

    消耗費：天然氣、洗衣粉、報紙、其他消耗品。

    什項支出：廟祝及本會典禮、活動參加工作人員之中、晚餐費、消災、乩日用祭品、代辦信者求謝、平安祭品。

    營膳費：修建、建築、水電及什項修理。

    購置費：屬於財產性質；如購買器具、圖書及其他財產。

    人件費：廟祝、會計臨時人員津貼。

    工資：僱用臨時工工資。

    會議費：董監事會及信徒大會或臨時會。

    應酬費：友堂慶典往來，信徒、鸞生慶弔，對外應酬費用。

　　　　旅費：車資、雇用組團進香車費、出差旅費。

　　　　郵電費：電話費、郵資。

　　　　文化教育活動支出：舉辦社會教育、祭孔、重陽節敬老、
　　　　　　　　　　　　　　鎮內學校文化活動等支出。

　　　　其他支出：項目外支出。

　　　　公益事業：包括社會公益、慈善救濟事業支出。

　　3. 資產類科目：

　　　　現金：金融機關存款、乙種存款、定期存款。

　　　　暫付款：係支付某種費用或性質未定之科目皆屬之。

　　　　應收款：應收未收之款屬之。

　　　　現存財產總值統制科目：包括土地與建築物及其他土地改
　　　　　　　　　　　　　　　良物、器具、其他財產等應由總
　　　　　　　　　　　　　　　務記入財產台帳每年與會計核
　　　　　　　　　　　　　　　對。

　　4. 負債科目：

　　　　借入款：包括向金融機關或個人借入之款屬之。

　　　　暫收款：收入之款係屬臨時保管或一時無相當科目或性質
　　　　　　　　尚未定者屬之。

　　　　應付款：凡應付而實際尚未支付之一切費用皆屬之。

第十三條：本財團為樽節經費開支與控制預算起見，若超支預算動用預備
　　　　　金，由經辦人填請購單，經會計、經理核章後，呈送董事長核准
　　　　　方能動支。

第十四條：依照章程第廿六條規定，編造新年歲入出預算書，舊年度歲入出
　　　　　決算書，有關會計憑證、帳簿，應於召開信徒大會十五日前提交
　　　　　監事會監查。

第十五條：本財團之帳簿、憑證，除為緊急避免不可抗力災害損失或有關因
　　　　　公調閱外，應留置本會以備監督官署或監事會隨時查核；監事會
　　　　　每季查核一次為原則，有關機關因公調閱憑證時，必須董事長核
　　　　　准，同時會同辦理。

第十六條：本細則第八條第一款所規定各項帳冊及會計帳簿均為永久保存，
　　　　　會計憑證至少保存十年。

第十六條：本堂神像之增減須經董事會議決通過，然後提請交信徒大會追認。

第十七條：本財團除廟祝、會計及臨時雇工外，各執事人員均為義務職。

第十八條：本財團內物品，於公私借用時，須經理之認可，以憑條始可准借。

第十九條：本細則經董監事聯席會議通過之日起施行；修改時亦同。

　　　　　本細則於民國八十一年十月十一日經董監事聯席會議審查通過。

　　　　　本細則於民國九十七年十二月十五日經董監事聯席會議審查通過。

附錄 4

財團法人南投縣埔里鎮昭平宮育化堂董事會廟祝等志工服務管理辦法

一、宗旨

財團法人南投縣埔里鎮昭平宮育化堂董事會、以下簡稱本會，為推行廟務工作，以及為善信大眾服務，招募廟祝、會計及清潔服務員等志工，特訂定廟祝等志工服務管理辦法，以下簡稱本辦法。

二、各志工編制及對象

1. 本辦法編制暫訂為廟祝二人，會計一人，清潔服務員一人。凡年滿十八歲以上之本廟鸞友，願意運用空暇時間參與志願服務者中遴選之。
2. 廟祝二人，會計一人，由經理提報，董事長同意後，提報董事會通過後，聘任之。
3. 清潔服務員一人，由經理提報，董事長同意後，聘任之。
4. 上述廟祝及清潔服務員等志工，均應接受董事長及經理之指揮及監督。會計除應接受董事長及經理之指揮及監督外，尚須接受監事會之查核。

三、各志工服務內容

（一）：廟祝

1. 廟內守衛，經常巡視，如有異狀，隨時與經理或有關人員聯絡，代收信件及公文書。
2. 按時敬茶、獻菓及上香、請誥。
3. 聖神仙佛聖誕以及法會佈置式場。
4. 收受油香、捐款。
5. 為善男信女解說籤詩。
6. 為善男信女登記消災、點燈、掩運及安太歲等等服務工作。
7. 來賓及各友堂來訪參香，必須隨時聯絡董監事。
8. 友堂來訪即時與經理聯絡。請董監事來堂接待。
9. 信者供獻物品應隨時登記。

10.其他。

（二）：會計

1. 編製下年度預算表。

2. 編製上年度結算表。

3. 嚴格控制預算。

4. 辦理傳票、憑證、記帳等出納業務。

5. 各項油香、捐款，以及現金收入及付款。

6. 協助文書收發登記及公文擬辦處理歸檔。

7. 代打公文書、會議記錄及其他表報等等。

8. 其他。

（三）：清潔服務員

1. 盥洗設備之打掃及消毒。

2. 廟堂內外之打掃。

3. 其他。

四、服務時間

（一）：廟祝

1. 上午班為早上六點鐘起到下午二點鐘止。

2. 下午班為下午二點鐘起到晚上十點鐘止。

（二）：會計

不規定上下班時間，採責任制，可帶回家工作，但隨機點收廟祝收受油香、捐款等現金及核對單據。

（三）：清潔服務員

不規定上下班時間，採責任制。

五、一般原則

1. 廟祝因服務時間連續，補助誤餐費。

2. 廟祝須為善信解說籤詩或聖神仙佛臨堂所降詩詞歌賦，要有體力精神，且隨時要研究學識，請教學者專家，由本會酌給研究費，稱廟祝津貼。

3. 會計使用自己的電腦代打公文公文書、會議記錄及其他表報等等，電腦及其他配件之維修及耗材之補充，由本會酌給維修及耗材之費用，稱會計津貼。

4. 清潔服務員針對清潔需要，自備清潔用品，本會酌給費用，稱清潔服務員津貼。

5. 以上所述之誤餐費，廟祝津貼、會計津貼、清潔服務員津貼，其金額均由本會議決決定，如需調整亦由本會議決決定。

6. 本會為上述之志工投保意外事故險，每人每年投保壹佰萬元意外事故險及參萬元醫療險。如果被保人不符合保險之規定，本會就無法為其辦理投保意外事故險及醫療險。

六、各志工請假

（一）：廟祝

1. 事假應由兩人協商互調，並向經理請准。

2. 病假亦應由兩人協商互調，並向經理請准。

3. 病假未滿一個月，得請經理商請臨時志工，津貼由董事長及經理決定。

（二）：會計

1. 事假應事先向董事長請假，由董事長指派經理或董事代理。

2. 病假亦應向董事長請准，並由董事長指派經理或董事代理。

3. 臨時事故，應設法通知董事長，好讓董事長商請經理或董事代理。

（三）：清潔服務員

1. 事假或病假應向經理請准，由經理商請其他志工代理。

2. 臨時事故，應設法通知經理，好讓經理商請其他志工代理。

（四）：特殊事故

上述之廟祝、會計、清潔服務員，因故須告假一個月以上，本會為持續廟務之推行，得逕行解聘，並另行聘用其他適合之志工繼任。

七、各志工獎懲

1. 上述之廟祝、會計、清潔服務員，因一時疏忽，致本會之財物受到損失，則由該當事人負責賠償。

2. 上述之廟祝、會計、清潔服務員，因一時衝動或酗酒，致本會之廟譽受到嚴重損害，或本會之財物受到嚴重損失，本會得逕行解聘，並向該當事人員求償或依法提出告訴。

3. 上述之廟祝、會計、清潔服務員，全年度沒有本條第 2 款之嚴重錯失者，發給獎勵津貼，於春節前發給，以相當一個月之津貼為原則。

八、離職交代

上述之廟祝、會計、清潔服務員，因故離職須辦妥離職交代手續。拒辦或藉故延遲致推行廟務受到損害，或本會之財務受到損失，本會得逕行依法提出告訴求償。

九、條文修改與解釋

1. 條文有不合宜者，本會有權隨時修改之。
2. 條文內容有爭議者，悉依本會之解釋為準，此項解釋須以書面為之。

十、本辦法經本會通過後，由董事長宣佈實施後生效。

本法於民國九十七年十二月十五日經董監事聯席會議審查通過。

附錄 5

財團法人臺灣省南投縣埔里鎮昭平宮育化堂董事會鸞生及廟祝等福利實施辦法

第一條：財團法人昭平宮育化堂董事會（以下簡稱本會）爲照顧本會鸞生及廟祝等以安定服務爲宗旨，特訂定實施本辦法。

第二條：本會視實際需要及財務狀況辦理左列事項及給付標準辦法。

一、喜慶祝賀部份：本人或子女結婚及其他喜慶。

辦法：（一）本人結婚，由本會致賀儀或禮品現值 2000 元。

（二）直系親屬結婚，由本會致賀儀或禮品現值 2000 元。

二、康樂活動部份：舉辦自強活動或聯誼活動，敬老活動等。

辦法：（一）自強活動：依據工作計劃每年舉辦自強活動乙次，所需車輛由本會統籌辦理租用支出，參加人員每人之食宿費自理，但所需經費經董監事會認爲必要補助者得由本會補助之。

（二）敬老活動：依據工作計劃由本會籌辦理。

（三）聯誼活動：本會開堂紀念或慶典，經董監事會決議，舉辦聯誼活動餘興節目時，參加人員須繳參加費始得參加同樂（金額另定之）。

三、急難救助慰問部份：本會鸞生有急難或重大災害損失時，視實際狀況調查輕重酌予補助。

辦法：（一）補助金額 3000 元以內者，授權本會經理核定補助。

（二）補助金額 5000 元以內者，授權本會董事長核定補助。

（三）補助金額 5000 元以上者，提交董監事會審議核定補助。

四、傷害慰問部份：

辦法：（一）因公傷害在家治療或住院治療者，隨時派員慰問，並致贈慰問金 2000 元，住院期間超過半個月以上者，再派員慰問並比照急難救助辦法授權各層級致贈慰問金，另外住院治療期間醫療費用視實際狀況經由董監事會決定由本會酌情負擔部份醫療費以減輕患者之負擔。

    （二）一般受傷或因病住院者，由本會致贈慰問金或現值1000
        元慰問品，住院超過一個月以上者再派員慰問並再致贈
        慰問品現值1000元，但乙次為限。

五、亡故慰問部份：
    辦法：（一）本人亡故致贈奠儀3000元，本董事會幕僚人員另送罐
           頭組一組或花籃一對。
        （二）直系親屬致贈奠儀3000元。
        （三）賜輓聯者其費用不在此限辦理之。

六、在職廟祝亡故慰問部份：本會在職廟祝亡故按照本辦法服務年資辦
    理之。
    辦法：（一）連續服務三年以上未滿五年者，一次給付慰問金以當月
           薪津一個月。
        （二）連續服務五年以上未滿十年者，一次給付慰問金以當月
           薪津二個月。
        （三）連續服務十年以上者，一次給付慰問金以當月薪津三個
           月為限。

第三條：本會辦法限於本會鸞生及本會幕僚人員為對象，不包括信徒在內。

第四條：依照第二條規定給付標準，每年經費視實際需要編列該年度預算。

第五條：本辦法經董監事聯席會議決議通過實施，修改時亦同。

第六條：本辦法未盡事宜，得隨時提請董監事會修改之。

附註：本會辦法經於民國九十四年六月八日第七屆第二次董監事聯席會議通
    過即日公佈實施。

附錄6

昭平宮育化堂入鸞申請書

入鸞申請人

為篤信儒教，謹皈依昭平宮育化堂為鸞生，發心扶持正道，恪守下列常德：

一、發仁心─體上天好生之德，利人愛物，不妄殺生靈。

二、重義氣─不貪他人之物，勇於改過，更能輔導他人向善，自渡渡人，自立立人。

三、遵禮節─謙恭禮讓，切忌傲慢，非禮勿視、非禮勿聽、非禮勿言、非禮勿動。

四、廣智慮─探求真理，辨別是非，是道則進，非道則退。

五、講信用─信守諾言，言必由衷，不誇張，不妄言，不兩舌。

入鸞人：　　　　　　　簽章

介紹人：　　　　　　　簽章

入鸞人與介紹人之關係：

相片一張
一張固定
張浮貼

審　查　欄

附錄 7

入鸞宣誓書

具宣誓人　　為篤信儒教　謹向

本堂主席恩主宣誓，志願為本堂鸞生，斯後必凜遵聖訓，恪守鸞規，進而

參研教義，弘道利人，如有違背，願受神祇制裁，絕無異議。

此　誓

昭平宮育化堂主席恩主　寶座前　洞鑑

　　　　　　　　　謹　呈

　　　　　　　　　　　　宣誓人

　　　　　　　　　　　　監誓人

附錄 8

南投縣紀念大成至聖先師孔子二五五九週年（2009）誕辰釋奠典禮執事表

正　獻　官：李縣長朝卿
東配分獻官：陳主任秘書正昇
西配分獻官：劉處長仲成
東哲分獻官：林分局長漢堂
西哲分獻官：馬鎮長文君
糾　儀　官：吳議長棋祥
監　禮　官：吳議員國昌--
陪　祭　官：

（以下陪祭官名單，直行由右至左讀）

燕源槐琳達魁慶詮雲明俊
王彭林宋游張李戴王吳洪黃全謝吳陳魏黃施柯陳周
麗貴聰懷宏經崇世彩元丞鈴俊正孟永啓志聰文韞俊伊
旺華光輝春霖堂平甘祥君欣融鈞貞山僅萬岳昇金雄美
朝雯國昇芳沛垂一阿振豫佳政和淑木瑞進倍貴成寅麗
陳辜曾陳曾簡陳劉許振卓尚賴謝許莊郭易陳吳蕭張邱
隆盛祥如輝倫霞昌道良棋芬成漢維生文清煙彬
仁振瑞勝憶永錦素國政木章世英淑志宗昭春永見錦文
曾陳蘇何林張陳許吳劉黃陳潘黃王陳李廖詹吳徐
福福賢豐興政佑合雄法家華娟仲玲義生造棋福富開
進春嘉棋添忠誌義榮儷興惠文月昌國忠文萬榮清亭
吳鄭顏吳李賴廖康周陳徐甘何蔡張徐周劉周潘彭羅潘
容鏘平仁斌雄女助全明香雯莉鴻桃雄雪財賢淵桃成春
麗煥俊龍文盛秀宜一秋明麗美景森美文清洙秀志進
何蕭熊廖莊洪黃蔡潘松張曾彭李鐘劉劉王曾賴游
姜魏洪林賴蔡林陳李廖洪黃吳曾蔡林蔡張林黃廖林何
君錫文聰燕明永淑增志竹瑞勝秀秋忠鳳鴻輝金明瓊阿

主　祀　官：蔡茂亮
讀　祝　官：柯建堂

司　佾

佾　長：楊曜銓校長
副佾長：學務主任　郭家益
指　導：蕭飛龍主任
助理指導：謝裕隆、林佩瑾、黃瓊慧、廖之勤
管　理：劉姍佩老師
佾　生：郭　盈　李佳怡　徐翊倫　王冠惟　賴崇倫　張博淵　黃勝楷　蔡昀展
劉昀益　莊能傑　李紫菱　鄭瓊瑤　胡郁玄　蔡政軒　徐振捷　徐仕杰
朱宥瑋　游勝弦　曾士丞　林士維　游翊弘　葉家慈　李宛臻　黃　麒
蔡巧凡　郭姵妤　吳映萱　李濰雲　邱于芳　郭芝余　鍾沅芳　蓋沛濼
莊子青　賴柏儒　游勝旻　徐瑋辰　呂銘哲　蔡鎮維　黃家和　陳佳鈴
廖敏秀　陳怡潔　張峰旭　張廷鴻　陳宛宜　王苡人　馬嘉宜　馬瑞竹

司　禮

通　　贊：張乃豪
副 樂 長：王昌淳
指　　揮：張淑愼
引　　贊：賴芳正　都煥釗　劉曜銓　賴沛泉　羅建一　戴春雄　薛瑞坊
林得才　黃秋增　林松雄
啓　　扉：何肇陽　吳楊誠　陳界同　鄧煣揚　黃仁虯　賴琦文
瘞 毛 血：邱水俊　許重祥
盥 洗 所：由育英國小四位學童擔任
內 正 案：楊　君　邱清松
東 配 案：詹昭霖　糠獻山
西 配 案：劉銀漢　許重祥
東 哲 案：石文村　游政旭
西 哲 案：邱水俊　陳光耀
外　　案：黃錦源　柯輝雄
司　　鼓：賴琦元　許再成
司　　鐘：劉南泉　蔡登安
司　　燈：王義和　蔡登甲
司　　爐：謝天送　林萬和
司　　斧：巫添龍　何錫鈴
司　　鉞：張文貴　潘信行
司　　扇：沈有財　梁平芳
司　　繖：蔡宗明
打　　柷：粘俊芳
打　　敔：沈善得
燎　　所：陳建文
程序禮生：賴翌璧

```
司　　　樂
團　　　長：陳文淵　林朝賢
樂　　　生：賴敏修　許寶玉　藍清標　林秋香　黃魏昭　張秀珠　王瑞珠
　　　　　　羅瓊櫻　陳玫君　塗德成　朱秀雪　徐玉芹　張淑琴　張光復
　　　　　　邱金泉　楊秀鳳　陳瓊蘭　張潮生　范靜昭　石文村　許正富
　　　　　　王光華　王登貴　施佩芳
```

資料來源：詹淑芬小姐提供之紀念至聖先師孔子二五五九週年誕辰釋奠典禮執事表

至聖先師孔子二五五九週年（2009）誕辰釋奠典禮籌備工作人員名單

```
召　集　人：馬文君
副 召 集 人：林芳仔　周進喜　彭仁輝
總　幹　事：蔡茂亮
副 總 幹 事：賴榮銹　施清雄　賴敏修　陳宗儀
總　務　組：羅建一　都煥釗　賴芳正　劉曜銓
會　計　組：詹淑芬
儀　服　組：潘春雪　范桂梅　林秀巒　白皎潔　賴淑珍
禮　器　組：陳金水　劉銀漢
採　購　組：邱水俊　謝天送
新　聞　組：中投有線電視台　楊樹煌　余炎昆　佟振國　江萬昌　王國立
　　　　　　張麗盆　陳方瑩
攝　影　組：賴榮銹　黃炫星　沈建隆
文　宣　組：李枝炎
公　關　組：林茂雄
電　器　組：陳光耀
設　備　組：許重祥　劉銀漢　林萬和及全體男鸞
文　書　組：蔡其萬　柯秋男　王萬富
播　音　組：李明欽（聯絡亞珍樂器燈光音響）
服　務　組：黃美富　漢學研習班全體學員
膳　食　組：李林秋香及全體女鸞
接　待　組：薛瑞坊　洪新河　吳楊誠　黃冠雲　賴敏修　蔡宗明　王世英
　　　　　　林得才　胡黃熟　郭淑雲　鐘玉華
祭　典　組：張乃豪　王昌淳　張淑慎　潘春雪　羅瓊櫻　黃桂蘭　劉曜銓
司　樂　組：陳文淵　林朝賢
```

至聖先師孔子二五五九週年誕辰釋奠典禮籌 備會職務負責人及工作項目

總　幹　事：蔡茂亮	綜理一切事宜	
副 總 幹事：賴榮銹	施清雄　　周伊芳 協助總幹事綜理一切事宜 。	
總　務　組：都煥釗	文書處理、資料 印製、聘函寄發、簽到簿製作、場地佈置 。	
儀　服　組：潘春雪	負責儀服之準備、洗滌、整理工作。	
禮　器　組：蔡文華	負責鸞駕、禮器、祭器之準備工作。	
採　購　組：邱水俊	負責本次活動祭品及一切採購事宜。	
司　樂　組：陳文淵	林朝賢負責樂生之遴選、訓練及樂器之調整。	
接　待　組：薛瑞坊	接待工作及會場秩序之維護。	
文　宣　組：李枝炎	媒體記者之連繫，新聞資料提供發佈。	
攝　影　組：賴榮銹	負責攝影、錄影等事宜。	
公　關　組：林茂雄	負責各組聯絡協調工作、採排演練工作 。	
設　備　組：許重祥	場地佈置各種設備。	
電　器　組：巫添龍	負責電器各種設備。	
膳　食　組：黃麗美	李陳昭負責早點及聖餐。	
文　書　組：何錫鈴	對聯及各種文字書寫 。	
播　音　組：李明欽	負責廣播服務事項。(聯絡亞珍樂器燈光音響)	
會　計　組：詹淑芬	負責概算擬定及財務收支事宜 。	
祭　典　組：張乃豪	負責司禮一切事宜 。	
服　務　組：黃美富	負責其他服務工作。	

資料來源：詹淑芬小姐提供

附錄 9

昭平宮育化堂紀念武聖關公一八五○週年（2009）誕辰釋奠籌備人員

召集人	馬文君
總幹事	蔡茂亮
副總幹事	賴榮銹、周伊芳
總務組	都煥釗、賴芳正、劉曜銓
會計組	詹淑芬
儀服禮器組	蔡文華、范桂梅、林秀鑾、潘春雪、白皎潔、賴淑珍、黃桂蘭、陳珠玉
採購組	邱水俊、陳金水、黃錦源、蔡文華
新聞組	中投有線電視、佟振國、紀文禮、陳方瑩、王昭聖、許朝陽
文宣組	李枝炎
攝影組	賴榮銹、羅建一、黃炫星
聯絡組	林茂雄
設備組	許重祥、巫添龍及全體男鸞
文書組	何錫鈴、李添丁
廣播組	李明欽、賴芳正
服務組	漢學研習班全體學員
膳食組	黃麗美、李陳昭、賴淑珍及全體女鸞
接待組	薛瑞坊、吳楊誠、黃冠雲、張淑慎、蔡宗明、王昌淳、洪新河、胡黃熟、鐘玉華、郭淑雲、黃仲平
祭典組	劉曜銓、楊栢君、黃桂蘭、陳珠玉
招待組	潘春雪、羅瓊櫻、賴淑珍、范桂梅、林秀鑾、白皎潔
司樂組	陳文淵、林朝賢
藝文組	王萬富、林得才、賴沛泉

紀念武聖關公一八五○週年（2009）誕辰釋奠籌備職務負責人及作項目

總幹事	蔡茂亮	綜理一切事宜
副總幹事	賴榮銹、周伊芳	協助總幹事綜理一切事宜。
總務組	都煥釗	處理關帝會有關事宜及簽到簿製作。

會計組	詹淑芬	負責概算擬定及財務收支事宜，並處理一切文書事宜。
儀服組	潘春雪	負責儀服之準備洗滌、整理工作。
禮器組	陳金水	負責禮器、祭器之準備工作。
採購組	邱水俊、	負責本次活動祭品及一切採購事宜。
文宣組	李枝炎	負責媒體記者協調連繫，新聞資料提供發佈。
攝影組	賴榮銹	負責攝影、錄影等事宜。
聯絡組	林茂雄	負責各組聯絡協調工作、採排演練工作。
設備組	許重祥	負責場地佈置各種設備。
文書組	何錫鈴	負責對聯及各種文字書寫。
電器組	陳光耀	負責電器等各種設備。
廣播組	李明欽	負責廣播服務事項。
服務組	林得才	負責各表演事宜的安排及安人員安置
膳食組	李陳昭、黃麗美	負責點心及聖餐。
接待組	薛瑞坊	負責接待工作及會場秩序之維護。
祭典組	劉曜銓	負責司禮一切事宜。
司樂組	陳文淵	負責樂生之遴選、訓練及樂器之調整。
附註		凡昭平宮育化堂全體男女鸞生及漢學班全體學員未派職務者，請自動來宮效勞，並參加觀禮。

紀念武聖關公一八五○週年（2009）誕辰釋奠典禮執事人員

正獻官	馬文君
分獻官	林漢堂、林芳伃
陪祭官	陳榮法、彭仁輝、劉政道、卓振祥、吳元明、洪竹林、張明香、徐儷家黃木良、尚豫君、洪丞俊、黃瑞昌、蘇麗雯、甘興華、陳章棋、賴佳欣曾鈴錫、吳勝輝、曾美莉、黃世芳、何惠娟、謝政融、黃俊祥、曾秀月彭景鴻、蔡文仲、潘英輝、劉文財、劉忠造、陳昭維、陳進萬、魏志忠林輝彰、劉清賢、周文棋、李春生、吳倍岳、黃聰義、黃金生、王洙淵潘萬福、廖永文、蕭貴昇、施文雄、廖明敏、曾秀桃、彭榮華、詹見清張成金、柯韞和、林瓊護、賴志成、羅清富、吳錦煙、羅寅雄、陳俊宏何阿潭、游進春、潘亭開、徐文彬、周伊芳
主祀官	蔡茂亮
讀祝官	陳界同

司禮	
通贊	賴芳正
引贊	都煥釗、劉曜銓
內案禮生	賴琦文、柯建堂、楊栢君、賴沛泉
中案禮生	邱水俊、黃秋增、黃錦源、許重祥
外案禮生	劉銀漢、李添丁、柯輝雄、洪豐修許再成、蔡文華
司鼓禮生	賴琦元
司鐘禮生	劉南泉
燎所禮生	陳建文、游政旭
盥洗所禮生	林秀鑾、白皎潔
司樂	
團長	陳文淵、林朝賢
樂生	賴敏修、許寶玉、藍清標、林秋香、黃魏昭、張秀珠、王瑞珠、羅瓊櫻、陳玫君 塗德成、朱秀雪、徐玉芹、張淑琴、張光復、邱金泉、楊秀鳳、陳瓊蘭、張潮生 范靜昭、石文村、許正富、王光華、王登貴、施佩芳

資料來源：詹淑芬小姐提供之紀念武聖關公一八五〇週年誕辰釋奠典禮執事表

附錄 10

表　文（志願正鸞）

具表文臺灣省南投縣埔里鎮南興街昭平宮育化堂鸞下○○○等幾人 誓願為育化堂正鸞 存

心守法凜聖訓 矢志勤練 倘得蒙天不棄 無才薄德 收錄為徒 幸得一筆成功 奉聖意 勸化施方

濟世或警化等 雖廢寢忘餐 粉身碎骨 萬苦無辭 如有怠惰 故避辛勞 妨公碍事 違命逆理 背負

初心 半途而廢 中途而止者 願受嚴厲處罰 天不容 地不載 絕無怨言 仰望 上聖高眞 鑒察愚

忱 准予錄用 是所切禱之至 誠惶誠恐 稽首頓首

九叩敬呈於

育化堂三相恩主寶座下 伏祈轉奏

玉皇大天尊玄穹高上帝 玉陛下 伏冀 龍顏垂照 參考生等三代善惡評德 論功而符可錄 准蒙得參

為正鸞者 願

當不背前誓 遵天守法 盡所能而服務 決不食言 謹以重申矢志 誓無反叛 誠惶誠恐 稽首

頓首 不勝悚悸

叩頓首再拜

上申

天運　年　月　日

志願人 ○○○ 指模
　　　 ○○○ 指模
　　　 ○○○ 指模
　　　 ○○○ 指模
　　　 ○○○ 指模
　　　 ○○○ 指模

附錄 11

昭平宮育化堂歷年社會教化活動一覽表

時　間	活　動　內　容	修　業　時　間	主　講　人	參　加　人　數
民國 五十四年	四書講座 瓊林講解	一　年	林家讓、王梓聖、 黃大椿、劉守祥	三百多人
民國 七十年	四書研習班	十月二日開辦	王梓聖、謝致遠、 李昆漳、葉鐵雄、 黃冠雲	六十五人
民國 七十年	國學研習班	二月十四日開辦	與南投縣國學研究 會合辦	
民國 七十二年	十五音及唐詩吟唱	六月二日開辦	與南投縣國學研究 會合辦	
民國 七十六年	國學研習班、國畫、書法、 詩學、兒童詩詞、茶道	七月十日開辦	黃國裕、李昆漳、 許保朝、葉柳松	
民國 七十八年	唐詩吟唱、傳統詩入門、彙 音寶鑑	一期三個月	黃冠雲、李昆漳、 官水明、	七十五人
民國 七十九年	四書、瓊林、書畫研習	一期四個月	黃冠雲、李昆漳、 黃國裕、辛水生	七十五人
民國 八十年	論語、國樂、清靜經、南北 斗經、幼學故事瓊林研習班	一期四個月	王梓聖、詹石松、 李昆漳、李文龍、 劉守祥、	八十二人
民國 八十一年	唐詩吟唱、詩學入門、國 樂、故事瓊林、書法研習班	一期四個月	黃冠雲、李昆漳、 詹石松、黃國裕、	八十四人
民國 八十一年	百首籤詩講解、漢學研習班 （四書、千家詩、說人生道 理、三聖經、國樂）	一期五個月	李文龍、王梓聖、 黃冠雲、呂耀彩、 傅阿坪、詹石松	一百一十人
民國 八十二年	漢學研習班二期 （四書、千家詩、禪與人 生、聖經合本、國樂）	各五個月 （春、秋季班）	王梓聖、黃冠雲、 呂耀彩、傅阿坪、 詹石松	一六五人
民國 八十三年	漢學研習班二期 （四書、千家詩、禪與人 生、國樂、唐詩三百首、易 經、書法）	各五個月 （春、秋季班）	黃冠雲、呂耀彩、 詹石松、李文龍、 張乃豪、黃國裕	一七四人
民國 八十四年	漢學研習班二期 （四書、唐詩三百首、易 經、卜卦入門、老子的智 慧、三字經、千字文、書法、 國樂、作詩要領、地理正 宗、禪學初機）	各五個月 （春、秋季班）	黃冠雲、呂耀彩、 詹石松、李文龍、 張乃豪、黃國裕	二五三人

民國 八十五年	漢學研習班二期 （四書、作詩要領、地理正宗、老子、幼學瓊林、唐詩三百首、台語呼音入門、國樂、易經、中國養生學、繪畫入門、彙音寶鑑）	各五個月 （春、秋季班）	黃冠雲、呂耀彩、詹石松、李文龍、張乃豪、孫少英	一二九人
民國 八十六年	漢學研習班二期 （滄海遺珠、作詩要領、地理正宗、老子道德經、人生必讀、瓊林、唐詩三百首、中國養生學、國樂、書法、彙音寶鑑）	各五個月 （春、秋季班）	黃冠雲、呂耀彩、詹石松、劉守祥、張乃豪、陳武雄	一七五人
民國 八十七年	漢學研習班二期 （作詩指導、老子道德經、千字文、瓊林、唐詩三百首、滄海遺珠、孟子、古文觀止、春秋、孝經、書法、彙音寶鑑）	各五個月 （春、秋季班）	四書　　黃冠雲 千家詩　許茂森 孝經　　呂耀彩 古文觀止　張乃豪 滄海遺珠　劉守祥 春秋　　黃世明	春季班：一七五人 秋季班：一七四人
民國 八十八年	漢學研習班二期 （故事瓊林、千家詩、四書、唐詩吟唱、兒童讀經、古文觀止、成人書法、禮記、彙音寶鑑）	各五個月 （春、秋季班 秋季班逢九二一大地震，開課三星期即停課）	四書　　黃冠雲 千家詩　許茂森 禮記　　黃世明 成人書法　陳武雄 兒童讀經　張淑慎 古文觀止　張乃豪	春季班：一四五人
民國 八十九年	漢學研習班二期 （四書、千家詩、儒家的生活智慧、成人書法、兒童讀經、古文觀止、彙音寶鑑、易經、千家詩、滄海遺珠、詩文選讀）	各五個月 （春、秋季班）	四書、易經黃冠雲 千家詩　許茂森 儒家的生活智慧 　　　　黃世明 滄海遺珠　張秋保 書法　　陳武雄 兒童讀經　張淑慎 古文觀止　張乃豪 彙音寶鑑　蔡宗明	春季班：一三四人 秋季班：一一八人
民國 九十年	漢學研習班二期 星期一易經 星期二詩詞吟唱 星期三成人書法 星期四親子讀經 星期五古文觀止 星期六彙音寶鑑、瓊林 星期日國樂	春季班：3月1日 起五個月 秋季班：9月1日 起五個月	黃冠雲 鄭瑞賢 陳長揚 張淑慎 張乃豪 陳武雄 蔡宗明	春季班：一六七人 國樂生：四十五人 秋季班：一六八人 國樂生：四十二人
	協辦南投縣餐飲講座 承辦埔里酒廠「仿蘭亭曲水流觴」吟詩活動	9月1日 9月22日		研習者共六百餘人

	慶祝開堂九十週年及牌樓落成舉辦南、北管演奏及吟師大會	12 月 28 日		參加者八百餘人
民國九十一年	漢學研習班二期星期一易經星期二詩詞吟唱星期三成人書法星期四親子讀經星期五古文觀止星期六彙音寶鑑、詩文選讀、故事瓊林星期日國樂	春季班：3 月 1 日起五個月秋季班：9 月 1 日起五個月	鄭瑞賢蔡宗明張淑慎陳長陽王昌淳黃冠雲	春季班：一六四人國樂生：三十五人秋季班：一九七人國樂生：三十六人
	參贊堂會員大會，黃董事長冠雲以「儒教教義之探討」爲題之宗教專題演講協辦「兒童文化生活小百科」活動，有童玩、詩詞吟唱、版畫創作、兒童折紙、藝術蠟燭創作等多項活動。	7 月 15 日8 月 24～25 日9 月 14～15 日		參與者：一五五人
民國九十二年	漢學研習班二期星期一大學、中庸星期二詩詞吟唱星期三成人書法星期四親子讀經星期五故事瓊林星期六論語星期一、四、五國樂	春季班：3 月 1 日起五個月秋季班：9 月 1 日起五個月	鄭瑞賢蔡宗明張淑慎陳長陽王昌淳黃冠雲	春季班：一五七人國樂生：近百人秋季班：一七一人國樂生：近百人
	彰化社教館長洪華長專題演講「學習是內在的財富」親子陶藝研習	3 月 1 日二十四節課		研習者：一五七人研習者：四六人
民國九十三年	漢學研習班二期星期一論語、宋詞吟唱星期二詩詞吟唱星期三成人書法星期四親子讀經星期五故事瓊林	春季班：3 月 1 日起五個月秋季班：9 月 1 日起五個月	鄭瑞賢黃冠雲蔡宗明張淑慎陳長陽王昌淳	春季班：一五零人秋季班：一四零人
	大葉大學王淑眞教授主講「物換星移心功課，敢作敢當勤學習」專題演講。製作「唐詩吟唱ＣＤ光碟片及內容墊板 2000 份」、編撰「作詩要領」、「育化詩聲」贈送需要之人士，鼓吹文風。捐贈埔里鎮育英、大成、南光三所國民小學各十萬元購買有關教化四維八德等公民與道德方面課外書籍。	3 月 1 日6 月 7 日8 月 5 日		研習者：一二零人

	聘請中國書法教育發展協會蘇理事長作專題演講「在不景氣中談創意」	9月1日		研習者：一四零人
民國九十四年	漢學研習班二期 星期一兒童圍棋入門 星期二詩學入門、成人書法 星期三古典詩詞、西洋花藝設計 星期四台灣俚語賞析 星期五故事瓊林 星期六鸞章講解 邀南投家扶中心林主任平烘先生主講「有效溝通技巧」作專題演講。 提供場所予南投縣稅捐稽徵處辦理94年國小學生認識租稅書法比賽暨統一發票推行宣導活動。 彰化社教館洪館長華長作「兩姓教育與平權」專題演講。 舉辦「94年度九二一重建區國樂研習班。 暑假期中對低收入戶暑期課外輔導，爲期二個月。 南投縣政府文化局擴大對清新里民及薰化里民宣導政令。	春季班：3月1日起四個月 秋季班：8月20日起四個月 3月1日 8月20日 7月4日起13週 7月1日起至8月31日止 9月12、13日	王世英 蔡宗明 鄭瑞賢 張淑慎 陳長陽 黃冠雲	春季班：一三零人 秋季班：一百餘人 初級班：六四人 中級班：二十人 參加里民二五零人
民國九十五年	漢學研習班二期 星期一詩學入門 星期二成人書法、論語的生活智慧 星期三農民曆解說、中小學英語基礎班、作文班、腳底按摩班 星期四成人水墨書畫 星期五故事瓊林、成人國語基礎、西洋花藝設計 星期六鸞章講解、成人日語基礎 邀王淑專老師主講「生活贏家」作專題演講。 提供場所予南投縣稅捐稽徵處辦理95年國小學生認識租稅書法比賽暨統一發票推行宣導活動。 南投縣政府消保官許麗貞小姐作「消費者怎樣保護權益」專題演講。	春季班：3月1日起四個月 秋季班：9月1日起四個月 3月1日 9月1日		春季班：二一零人 秋季班：二五零人

民國 九十六年	漢學研習班二期 星期一詩學入門 星期二成人書法、中小學作文班、宋詞吟唱班 星期三陶笛研習班、英語基礎班、手部經絡穴道按摩班、古文觀止研讀班 星期四成人水墨書畫、國樂研習班 星期五成人日語基礎班、故事瓊林 星期六鸞章講解、拼布研習班 王萬富老師主講「學習之樂樂如何」作專題演講。 提供場所予南投縣稅捐稽徵處辦理 96 年國小學生認識租稅書法比賽暨統一發票推行宣導活 動。 彰化社教館名師作作「不可思議的地球」專題演講。	春季班：3月8日 起四個月 秋季班：9月2日 　　　起四個月 3月8日 9月2日		春季班：二百人 秋季班：二五零人
民國 九十七年	漢學研習班二期 星期一詩學入門、日語基礎、英語會話 星期二宋詞吟唱、成人工筆畫、電子琴研習班、成人書法進階班 星期三國樂團、經絡穴道按摩班、英語發音基礎班、陶笛研習班、英語基礎班、成人水墨書畫。 星期四中小國作文班、成人書法基礎班、孔廟聖樂團、成人水墨畫進階班 星期五太極拳研習班、莊子、日語會話班、拼布研習班 星期六鸞生讀經班、韻律舞研習班 邀蘇董事長文和作「樂在工作樂在生活」專題演講。 提供場所予南投縣稅捐稽徵處辦理 97 年國小學生認識租稅書法比賽暨統一發票推行宣導活動。 潘樵老師作「學習就從現在開始」專題演講。	春季班：3月1日 　　　起四個月 秋季班：9月1日 　　　起四個月 3月1日 5月19日 9月1日		春季班：四六五人 秋季班：五零九人

民國九十八年	漢學研習班二期 星期一傳統詩吟唱創作、英語會話、日語會話、兒童詩韻 星期二宋詞吟唱、成人工筆畫、電子琴研習、成人書法 星期三國樂團、太極拳研習、英語會話二、日語發音基礎、、英語基礎、成人水墨書畫、鸞生漢文 星期四中小國作文、孔廟聖樂團、成人水墨進階、莊子 星期五太極拳進階。日語會話、拼布研習創意真心畫 星期六鸞生讀經班、韻律舞研習班	春季班：2月28日 起四個月 秋季班：9月1日 起四個月		春季班：二五零人 秋季班：二五零人
	王灝老師作「在地文采在地情」專題演講	2月28日		
	提供場所予南投縣稅捐稽徵處辦理97年國小學生認識租稅書法比賽暨統一發票推行宣導活動	4月29日		
	埔里國中校長引領師生691位，來堂舉辦祈福活動	5月13日		
	潘樵老師作「學習就從現在開始」專題演講	9月1日		

資料來源：《昭平宮育化堂簡史》，35～42頁。

附錄 12

昭平宮育化堂歷年授課講師一覽表

講師姓名	主　講　課　程
王梓聖	四書、故事瓊林、傳統詩作法
林家讓	四書
黃大椿	千神詩
劉守祥	故事瓊林、滄海遺珠、南北斗經
謝智遠	論語
李昆漳	大學、故事瓊林、詩學入門
葉鐵雄	唐詩三百首
黃冠雲	四書、老子道德經、易經、周易大傳、唐詩三百首、千家詩、作詩要領、漢音切法、唐詩吟唱、宋詞吟唱、聲律啓蒙、滄海遺珠
官水明	彙音寶鑑
詹石松	國樂
黃國裕	書法
辛水生	國畫
李文龍	清靜經、易經、卜卦入門、地理正宗
呂耀彩	人生道理、禪與人生、老子的智慧、故事瓊林、中國養生學、千字文、孝經
傅阿坪	三聖經、聖經合本
張乃豪	三字經、千字文、唐詩三百首、台語呼音入門、古文觀止、彙音寶鑑、詩詞吟唱
孫少英	繪畫入門
陳武雄	書法
許茂森	彙音寶鑑、千家詩、國樂
黃世明	春秋、禮記、儒家的生活智慧
張淑愼	親子讀經（三字經、千字文、昔時賢文、弟子規、聲律啓蒙、唐詩吟唱、台語發音、台灣諺語）
蔡宗明	彙音寶鑑、故事瓊林、詩文選讀、詩詞欣賞
王昌淳	詩詞吟唱、千家詩、文白音辨析
陳長陽	書法
張秋保	滄海遺珠

資料來源：黃冠雲，《昭平宮育化堂誌初稿（第八章）》，頁 45。

附錄 13

埔里鎮市區街道圖

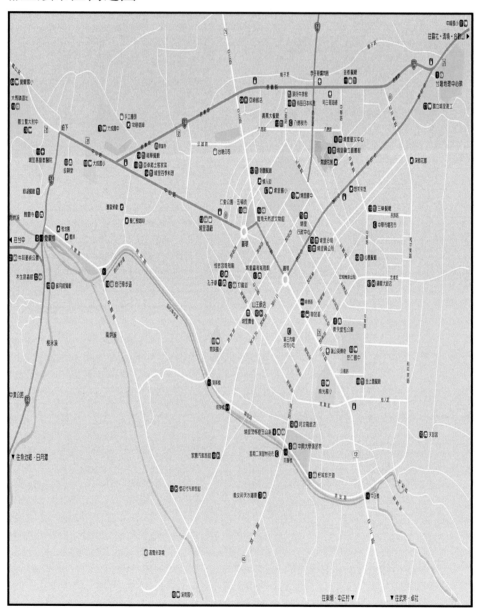

資料來源：埔里鎮公所，《電子地圖》，http://www.puli.gov.tw/3-map-1.htm（2010 年 9 月 24 日）。

附錄 14

南投縣政府財團法人許可證　(吉)投民財字第2693號

茲據昭平宮育化堂申請設立財團法人經查符合規定准予設立特給此證

計開

一、名　　稱　財團法人台灣省南投縣埔里鎮昭平宮育化堂

二、事務所地址　南投縣埔里鎮清新里南興街381號

三、設立目的　宗教佛道(南教)以宣揚儒教成挽頹風申孝文化重整道德登興釋公益慈惠善事業

四、財產額　新台幣柒佰伍拾捌萬貳仟捌佰伍拾元正

五、主持人姓址　南投縣埔里鎮南興街一八七巷三號

　　姓名　蔡明煌

右給　昭平宮育化堂收執

縣長　劉裕猷

中華民國　年　月　二十二日

南投縣政府寺廟登記證　(四)投府民廟字第140號

茲據財團法人台灣省南投縣埔里鎮昭平宮育化堂申請寺廟登記，核與寺廟登記規則之規定尚無不合，准予登記，特給此證。

寺廟名稱　財團法人台灣省南投縣埔里鎮昭平宮育化堂

所在地　埔里鎮清新里十二鄰南興街381號

宗教別　道教

建別　募建

負責人產生方式　董事會選舉

右給　黃冠雲　收執

中華民國　年　月　二十九日

附錄 15

代　號	類　別	編　號
E	01	202

寺 廟 基 本 資 料 卡

名　　　稱		昭平宮育化堂					
地　　　址		埔里鎮清新里西安街381號					
負責人	姓　名	黃冠雲 蓋章			電話：987150		
	住　址	埔里鎮大城里中山路三段206號					
房舍	合　計				961.57	m²	
	大　殿	二 間	336.89 m²	辦公室	1 間	61.48	m²
	經　堂	1 間	138.33 m²	禮　堂	1 間	138.33	m²
	禪　房	1 間	61.48 m²	飯　廳	1 間	163.53	m²
	客　廳	間	m²	香客宿舍	1 間	163.53	m²
場地	合　計	二 處			1072	m²	
	園　地	1 處			370	m²	
	停 車 場	處				m²	
	空　地	1 處			702	m²	
防空	壕　洞	個	m²	容			人
	地 下 室	間	m²	容			人

註：1.類別欄請按廟宇、寺庵、宗祠等分別填註，編號則以類別欄所區分者為準，各賦以其順序號號。
　　2.填卡人係指各寺廟，實際由負責卡者。
　　3.承辦人係指各市、縣（市）政府民政局（課）負責本項調查之承辦人。
　　4.主管單位指各市、縣（市）政府民政局。
　　5.可供徵用判斷，係指供軍事及民防徵用之人員收容與物資准積能量之判斷，依最新異動狀況研判填入。
　　6.防空設施之容人數，依每0.75m²容約一人計算。

附錄 16

中國儒教會會員證書

中儒發字第八九○○九號

茲據聲請加入本會會員經審查合格

特發給證書

此　證

計開

名　稱：財團法人昭平宣育化堂

地　址：南投縣埔里鎮南興街三八一號

中華民國八十九年　四月　　日

理事長　吳花麟

與正本相符

附錄 17

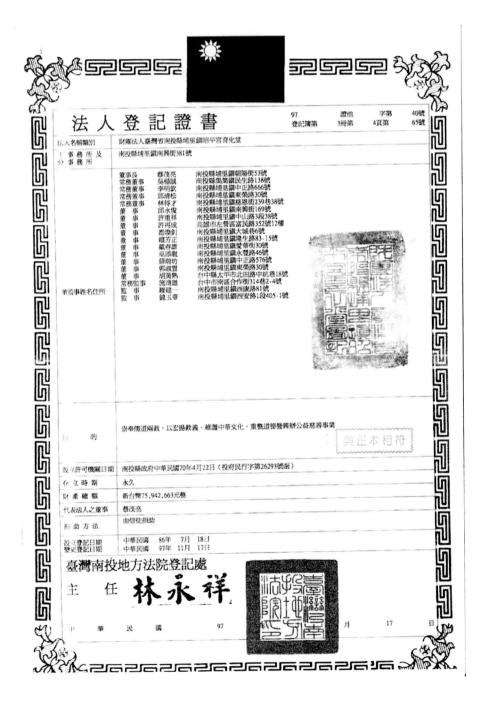

附錄 18

南　投　縣　寺　廟　變　動　登　記　表

寺廟名稱	財團法人臺灣省南投縣埔里鎮昭平宮育化堂				宗教派別	儒教	
所在地	南投縣埔里鎮清新里南興街三八一號				公建募建或私建	募建	

寺廟變動	類　　別	原登記情形	變動後情形	變動原因	偏考
	寺廟名稱				
	所在地				
	信　徒	187人	193人	新增9人減3人	

負責人變動	變動後負責人姓名	性別	法名或道號	出生年月日	職業	住　　址	原負責人姓名	變動原因	偏考

財產變動	不動產	增加或減少	房屋或土地種類	間數或面積（甲）	價值	所在地	變動原因	證明文件	偏考
		增加	土地	86.94 m²	869,700	埔里鎮仁愛段1056號	85年購買滿恨98年補登記	權狀影本	全部
		增加	土地	76.19 m²	761,900	埔里鎮仁愛段1059號	購買	同上	同上
	其他		土地	569.85 m²	5,197,032	埔里鎮仁愛段896-1號	公告現值減少	土地謄本影本	同上
			土地	403.32 m²	1,839,139.2	埔里鎮仁愛段905號	公告現值減少	土地謄本影本	2分之1
			土地	47.77 m²	217,331.2	埔里鎮仁愛段905-1號	公告現值減少	同上	2分之1
法物變動			土地	314.57 m²	2,868,878.4	埔里鎮仁愛段906號	公告現值減少	同上	全部
			土地	1203.94 m²	10,979,932.8	埔里鎮仁愛段907-1號	公告現值減少	同上	同上
			土地	90.77 m²	907,700	埔里鎮仁愛段1050號	公告現值減少	同上	同上
印鑑變動			土地	62.68 m²	626,800	埔里鎮仁愛段1051號	公告現值減少	同上	同上
			土地	61.92 m²	619,200	埔里鎮仁愛段1054號	公告現值減少	同上	同上
			土地	63.87 m²	638,700	埔里鎮仁愛段1055號	公告現值減少	同上	同上
			土地	447.43 m²	4,474,300	埔里鎮仁愛段1057號	公告現值減少	同上	同上
			土地	273.51 m²	2,735,100	埔里鎮仁愛段1067號	公告現值減少	同上	同上
偏			土地	126.23 m²	1,262,300	埔里鎮仁愛段1068號	公告現值減少	同上	同上
			土地	59.67 m²	596,700	埔里鎮仁愛段1069號	公告現值減少	同上	同上
			土地	286.52 m²	2,613,062.4	埔里鎮仁愛段1070號	公告現值減少	同上	同上
			土地	152.04 m²	1,386,604.8	埔里鎮仁愛段1071號	公告現值減少	同上	同上
			建物	42.53 m²	11,800	建號307埔里鎮清新巷100-16號	公告現值減少	建物權狀影本	同上
			未辦理保存登記	1131.90 m²	875,000	埔里鎮南興街381號	公告現值減少	房屋稅籍證明	同上

中　華　民　國　98　年　5　月　4　日

調查員	財事員周伊芳	簽名蓋章	（申請者）負責人	蔡文秀	簽名蓋章